“十四五”职业教育国家规划教材 修订版

职业教育物流类专业“互联网+”创新型教材

物流设备操作与维护

第 2 版

组　编　浙江省教育厅职成教教研室

主　编　商　磊　于丽娟

副主编　孙　妍　蒋莹莹

参　编　季小雄　阮　清　李吉龙　陈晋宇

李水根　冯　期　倪君海

机 械 工 业 出 版 社

本书为“十四五”职业教育国家规划教材修订版，根据职业院校学生的特点和培养目标进行编写，介绍了物流作业中涉及的各类主要的物流设备，包括设备的种类、基本结构，设备的操作，设备在物流作业中的运用，设备的基本维护以及相关的职业素养和能力。本书共分为五个模块，分别为储存设备的操作与维护、装卸搬运设备的操作与维护、流通加工设备的操作与维护、物流信息技术设备的操作与维护、智能物流设备的操作与维护。

本书从学生的学习特点出发，图文并茂，工学结合，理实一体。在内容的选择上，本书力求精实，认知与体验相结合，着重讲怎么做、做成什么样。在结构、形式上力求新颖，贯彻工作过程系统化的教学思想，采用项目、任务组织教学单元，并采用多元化的手段及时进行评价。

本书可作为职业院校物流及相关专业的教材，也可作为物流企业从业人员学习、培训用书。

图书在版编目（CIP）数据

物流设备操作与维护/浙江省教育厅职成教教研室组编；商磊，于丽娟主编．—2版．—北京：机械工业出版社，2023.12

“十四五”职业教育国家规划教材：修订版　职业教育物流类专业“互联网+”创新型教材

ISBN 978-7-111-74928-8

Ⅰ．①物…　Ⅱ．①浙…　②商…　③于…　Ⅲ．①物流—设备—操作—职业教育—教材　②物流—设备—维修—职业教育—教材　Ⅳ．①F253.9

中国国家版本馆CIP数据核字（2024）第015347号

机械工业出版社（北京市百万庄大街22号　邮政编码100037）
策划编辑：宋　华　　责任编辑：宋　华　邢小兵
责任校对：张亚楠　　封面设计：鞠　杨
责任印制：李　昂
河北京平诚乾印刷有限公司印刷
2024年3月第2版第1次印刷
210mm×285mm・14.5印张・285千字
标准书号：ISBN 978-7-111-74928-8
定价：49.80元

电话服务	网络服务
客服电话：010-88361066	机　工　官　网：www.cmpbook.com
010-88379833	机　工　官　博：weibo.com/cmp1952
010-68326294	金　书　网：www.golden-book.com
封底无防伪标均为盗版	机工教育服务网：www.cmpedu.com

关于“十四五”职业教育
国家规划教材的出版说明

为贯彻落实《中共中央关于认真学习宣传贯彻党的二十大精神的决定》《习近平新时代中国特色社会主义思想进课程教材指南》《职业院校教材管理办法》等文件精神，机械工业出版社与教材编写团队一道，认真执行思政内容进教材、进课堂、进头脑要求，尊重教育规律，遵循学科特点，对教材内容进行了更新，着力落实以下要求：

1. 提升教材铸魂育人功能，培育、践行社会主义核心价值观，教育引导学生树立共产主义远大理想和中国特色社会主义共同理想，坚定“四个自信”，厚植爱国主义情怀，把爱国情、强国志、报国行自觉融入建设社会主义现代化强国、实现中华民族伟大复兴的奋斗之中。同时，弘扬中华优秀传统文化，深入开展宪法法治教育。

2. 注重科学思维方法训练和科学伦理教育，培养学生探索未知、追求真理、勇攀科学高峰的责任感和使命感；强化学生工程伦理教育，培养学生精益求精的大国工匠精神，激发学生科技报国的家国情怀和使命担当。加快构建中国特色哲学社会科学学科体系、学术体系、话语体系。帮助学生了解相关专业和行业领域的国家战略、法律法规和相关政策，引导学生深入社会实践、关注现实问题，培育学生经世济民、诚信服务、德法兼修的职业素养。

3. 教育引导学生深刻理解并自觉实践各行业的职业精神、职业规范，增强职业责任感，培养遵纪守法、爱岗敬业、无私奉献、诚实守信、公道办事、开拓创新的职业品格和行为习惯。

在此基础上，及时更新教材知识内容，体现产业发展的新技术、新工艺、新规范、新标准。加强教材数字化建设，丰富配套资源，形成可听、可视、可练、可互动的融媒体教材。

教材建设需要各方的共同努力，也欢迎相关教材使用院校的师生及时反馈意见和建议，我们将认真组织力量进行研究，在后续重印及再版时吸纳改进，不断推动高质量教材出版。

机械工业出版社

前言

“物流设备操作与维护”是中等职业学校物流服务与管理专业的核心课程。党的二十大报告指出：“加快发展方式绿色转型。推动经济社会发展绿色化、低碳化是实现高质量发展的关键环节。”本书从学生的学习特点出发，融入“双碳”理念，着重培养学生绿色物流意识。一方面渗透国家双碳战略的目标与任务，引导学生在生活中践行绿色环保理念；另一方面探索专业+双碳，在教学中积极融入绿色环保理念、可持续发展观等案例，让专业学习与素质培养自然结合；图文并茂，工学结合，理实一体，突出“做中学”和“学中做”，有机整合物流设备操作与维护的专业理论与技术技能，通过对设备的操作体验和认知，提高学生的学习兴趣。本书注重学生的学习特点和行业要求，从物流设备操作与维护的知识体系到每一项实训操作，都有着完整的体例，集知识性、逻辑性、可操作性于一体。

实训操作内容力求精实，认知与体验相结合，着重讲怎么做、做成什么样。以项目教学为主线，体系完备，主要让学生了解物流设备的基础知识，掌握主要物流设备的基本操作技术与维护要求。本书通过实训操作内容，力求提升学生的职业能力，使学生具有一定的物流设备操作能力和创新意识，能够胜任物流企业或者企业物流部门基本设备使用相关工作，为成为具有一定物流设备理论知识和操作技能的物流现场操作人员打下扎实的基础。

本书“从学生需求出发”，围绕浙江省“选择性”构建起来的中职课程体系中的物流专业教学进行编写，以学生的发展为目标，尊重学生的主观意愿，尊重学生的兴趣特长，尊重学生的成长意愿，赋予学生更多的选择课程、选择专业、选择学习方式的权利。本书注重课程的灵活性，从学校实际出发，从教学实际出发，从学生实际出发，采用灵活多样的形式，利用灵活多样的资源，创新灵活多样的途径，充实和丰富课程教学形态。书中主要的设备操作任务均使用二维码链接操作示范视频，方便课堂教学和课后学习。

本书在结构、形式上力求新颖，贯彻工作过程系统化的教学思想，鼓励学生自主学习。知识准备可以让学生打牢理论基础，任务描述、任务准备（场地布置、设备准备）、任务实施（图文并茂的操作步骤 + 操作视频）和项目评价、项目拓展等内容的设置让组织者更加容易教学，学习者更加方便学习。

本书以物流中心作业中主要设备的操作与维护为主线，主要讲解以下内容：储存设备的操作与维护、装卸搬运设备的操作与维护、流通加工设备的操作与维护、物流信息技术设备的操作与维护、智能物流设备的操作与维护。

使用本书进行教学的，建议课时为 72 课时，具体课时分配如下表：

模　块	项　目	建议课时
模块一　储存设备的操作与维护	项目一　托盘的选择与维护	2
	项目二　货架的选择与使用	4
	项目三　集装箱的认识与选择	4
	项目四　周转箱的选择与使用	4
	项目五　仓储笼的安装与操作	4
	项目六　温湿度计的操作	4
模块二　装卸搬运设备的操作与维护	项目一　手动托盘搬运车的操作与维护	4
	项目二　半电动堆高车的操作与维护	4
	项目三　电动搬运车的操作与维护	4
	项目四　叉车的操作与维护	8
	项目五　桥式起重机的认识	2
	项目六　传送带的选择与维护	2
模块三　流通加工设备的操作与维护	项目一　半自动打包机的操作与维护	4
	项目二　台秤的认识与操作	2
模块四　物流信息技术设备的操作与维护	项目一　条码识读与打印设备的操作与维护	4
	项目二　RF 手持终端的操作	4
	项目三　RFID 设备的认识与操作	4
模块五　智能物流设备的操作与维护	项目一　分拣机器人的操作与维护	4
	项目二　无人机投递设备的操作与维护	4

本书由商磊、于丽娟担任主编，负责全书统稿、定稿。参与编写的还有孙妍、蒋莹莹、季小雄、阮清、李吉龙、陈晋宇、李水根、冯期、倪君海。具体分工如下：商磊、阮清、李吉龙、陈晋宇、李水根负责模块一；商磊、季小雄负责模块二；于丽娟、孙妍负责模块三；冯期、倪君海负责模块四；于丽娟、蒋莹莹负责模块五。

在本书的编写过程中，得到了湖州交通学校、杭州市财经职业学校、温州市瓯海职业中专集团学校、宁波市北仑职业高级中学、宁波市鄞州高级中学的支持与帮助。同时感谢夏涛、王铮、郭利在操作视频资源的制作方面给予的无私帮助。

限于时间及编者水平，书中难免有不足之处，恳请读者提出宝贵的意见和建议，以求不断改进和完善。

编　者

小知识索引

小视频索引

目 录

模块一 储存设备的操作与维护

项目一 托盘的选择与维护

项目概述

近年来，国际经济一体化冲击着我国的托盘市场，托盘的设计也发生了相应的改变，市场上的托盘标准也在不断统一中。我国工业化进程的加快和国际产业的转移，进一步刺激了托盘行业的现代化，扩大了托盘行业的规模和市场需求。我国托盘行业的品牌经济发展迅猛，前景良好，产品性能不断提高，技术含量也趋于世界先进水平。

托盘又名栈板、夹板，是一种结构比较简单，用于集装、堆放、搬运和运输的装置，既具有堆存货物的功能，又具有装卸搬运的功能，已经广泛应用于生产、流通、消费各个领域，是应用最广泛、数量最大的物流工具。托盘的材料可以分为木材、金属、胶合板、塑料、合成材料等。托盘常与叉车配套使用，形成有效的装卸系统，大大提高了装卸机械化水平，也有效地提高了物流系统化水平，在现代物流中发挥着巨大的作用。

托盘的选择与维护项目包括两个任务:

任务1　选择托盘

任务2　维护托盘

项目目标

- 能够准确描述托盘的种类及现有托盘的主要规格。
- 能够正确阐述各种托盘的基本构造。
- 能够根据实际情况选择合适的托盘。
- 能够规范完成托盘的简单保养和维护。

知识准备

随堂记

一、托盘的概述

根据我国国家标准《物流术语GB/T 18354—2021》，托盘（Pallet）是指在运输、搬运和存储过程中，将物品规整为货物单元时，作为承载面并包括承载面上辅助结构件的装置。托盘作为一种集装设备，现已广泛应用于生产、运输、仓储和流通等领域，被认为是20世纪物流产业中两大关键性创新之一。托盘给现代物流业带来的效益主要体现在：可以实现物品包装的单元化、规范化和标准化，保护物品，方便物流和商流。

据统计，2022 年我国托盘年产量约为 3.7 亿片；市场托盘保有量约为 17 亿片；托盘池总量超过 3750 万片，同比增长 10.29%。木托盘占有率逐年降低，塑料托盘占有率逐年提升，木托盘和塑料托盘总占有率在 90% 以上。数字化转型中，被赋予信息承载功能的托盘等单元化器具，将是智慧供应链中的基础智能节点，托盘产业也将迎来新的发展机遇。

二、托盘的类型

托盘种类繁多，大致可以分为以下几类：

（1）平托盘。平托盘也称为通用型托盘，是托盘中使用量最大的一种，日常中提到的托盘一般都是指平托盘。平托盘的使用范围最广，通用性最好。平托盘可进一步细分为三种不同的类型。

1）平托盘按台面的不同可分为单面型、单面使用型、双面使用型和翼型四种。单面使用型和双面使用型分别如图 1-1 和图 1-2 所示。

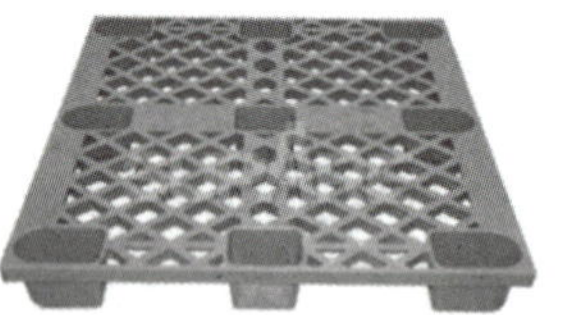

图1-1　单面使用型

图1-2　双面使用型

2）平托盘按叉车插入托盘的方式分为单向叉入型、双向叉入型和四向叉入型三种。双向叉入型和四向叉入型分别如图 1-3 和图 1-4 所示。

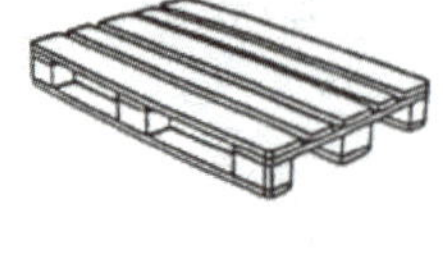

图 1-3　双向叉入型

图 1-4　四向叉入型

3）平托盘按制造托盘采用的原材料分为木制平托盘、钢制平托盘、塑料制平托盘、复合材料平托盘和纸制平托盘五种。

（2）柱式托盘。柱式托盘是在平托盘的四个角装上固定式或可卸式的柱子。其主要作用包括以下两点：一是利用立柱支撑货物重量，方便往高处叠放；二是防止托盘上放置的货物在运输、装卸等过程中发生塌垛情况。柱式托盘如图1-5所示。

（3）箱式托盘。箱式托盘是四面有侧板的托盘，有的箱体上还带有顶板，如图1-6所示。箱式托盘可以分为固定式、可卸式和可折叠式三种。箱式托盘的防护能力很强，除了能装运包装整齐的货物外，还可装运形状不规则的货物。因四周有护板护栏，可有效防止塌垛，防止货损。

图 1-5　柱式托盘

图 1-6　箱式托盘

（4）轮式托盘。轮式托盘与柱式托盘和箱式托盘相比，多了下部的小型轮子，如图1-7所示。因而，轮式托盘显示出能短距离移动、自行搬运以及滚上滚下式的装卸等优势，用途广泛，适用性强。

（5）特种专用托盘。特种专用托盘是根据产品特殊要求专门设计制造的托盘。它与通用托盘的区别在于它具有适合特定货物（或工件）的支承结构，在一些要求快速作业的场合，它可保障更高的作业效率与安全稳定性。如油桶专用托盘，是一种专门装运标准油桶的异型平托盘。托盘双面均有稳固油桶的波形沟槽或侧挡板，油桶放置在此托盘上不会发生滚动，同时还可多层堆码，提高仓储和运输能力。油桶专用托盘如图1-8所示。

图 1-7　轮式托盘

图 1-8　油桶专用托盘

三、托盘标准规格

托盘的尺寸标准是物流单元化的重要标准。托盘与存储的货架、搬

随堂记

运的产品、集装箱、运输车辆、卸货平台以及搬运设施等有直接的关系，因此托盘的规格尺寸是考虑其他物流设备规格尺寸的基点。目前，全世界共有六种托盘标准规格，分别是：1200mm×1000mm、1200mm×800mm、1100mm×1100mm、1140mm×1140mm、1219mm×1016mm、1067mm×1067mm。通常去往美国的货物采用1219mm×1016mm尺寸的托盘，去往欧洲各国、加拿大、墨西哥等国的货物选择1200mm×800mm和1200mm×1000mm两种托盘，去往日本、韩国、新加坡的货物则选择1100mm×1100mm的托盘。

我国的托盘标准规格包括1200mm×1000mm和1100mm×1100mm两种。

四、托盘的选择

托盘的选择应结合托盘材质、托盘结构、使用环境与使用用途等因素进行选择。

（1）不同材质的托盘有其特定的使用温度范围，因此不同的使用温度将直接影响托盘的选择。如塑料托盘，其使用温度在−25～40℃之间。

（2）不同材质的托盘吸湿性也各有不同，某些材质的托盘由于具有较强的吸湿性，保管不当极易发霉腐烂，直接影响使用寿命，如木托盘。

（3）选择时要考虑使用环境对托盘的污染程度。对于污染程度高的环境，可以选择耐污染、方便清洁的塑料托盘或塑木复合托盘等。

（4）选择时要考虑托盘承载货物的特殊理化性能。如承载的货物具有腐蚀性或者要求托盘有较高的清洁程度，就要选择耐腐蚀性强的塑料托盘或者塑木复合托盘。

（5）应根据承载货物是否用于出口来选择托盘。由于许多国家对于进口货物使用的包装材料都要求进行熏蒸杀虫处理，因此用于出口的托盘应尽量选择一次性的塑料托盘或者简易的免熏蒸复合材料的托盘。

（6）托盘选择过程中应考虑托盘结构和使用用途。作为地铺板使用的托盘，一般在装载货物以后不再移动，因此只需起到防潮防水的作用即可，故可选择结构简单、成本较低的塑料托盘；而用于运输、搬运、装卸的托盘，在使用过程中经常需要配合叉车进行反复使用，故应选择刚性强、动载较大的托盘，这就要求托盘的结构是“田”字形或者“川”字形的。

（7）要根据托盘装载货物后是否需要堆垛来决定选择单面托盘还是双面托盘。

（8）在选择托盘时，还应考虑是否上货架的因素，要考虑托盘的结构是否适合码放在货架上。另外，货架上的货物通常只能从两个方向进行叉取，因此用于货架上的托盘应尽可能地选用四向叉入型托盘。

五、托盘的规划

1. 托盘的选型

托盘按材质的不同可分为木托盘、塑料托盘、金属托盘等，在实际应用中以木托盘占多数。如果货物表面不平整，为避免产生摩擦损坏的情况，就需要采用塑料托盘。托盘按构造可分为单面托盘和双面托盘，单面托盘按形状可分为九脚托盘（见图 1-9）和“川”字形托盘（见图 1-10）等。在选择托盘时，要注意托盘类型是否满足实际操作的技术需要和便利性。如叉车叉取九脚托盘虽然比“川”字形托盘更方便，但九脚托盘如果与重型货架搭配会放置不稳，因此，通常会选择“川”字形托盘。另外，平面堆叠多层货物采用双面托盘比单面托盘更平稳。

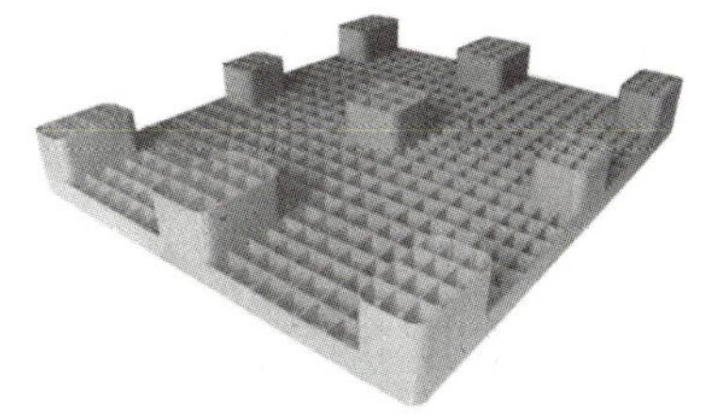

图 1-9 九脚托盘

图 1-10 “川”字形托盘

仓库里的托盘有两种用途：其一为存储，即通过与重型货架搭配，大批量存储货物；其二为拣货，通常整件货物采用托盘进行拣货，拆零货物采用物流箱进行拣货。进行托盘数量规划时，除满足正常使用外还要额外预留一定数量的托盘，以替换使用中受损的托盘或应对需求量突然增加的情况。

2. 托盘需求量计算

托盘需求量计算公式如下：

托盘需求数量 = 存储用托盘数量 + 拣货用托盘数量 + 预留托盘数量

存储用托盘数量与重型货架的托盘储位需一一对应，当货架规划完毕时就可以确定该部分托盘的需求量。由于拣货用托盘一般不会随车发货，所以只需计算进出货暂存区可以摆放的托盘数量即可。一般预留的托盘数量为前两者总和的 3% ～ 5%。

六、托盘的保养与维护

在托盘的维护管理中，最重要的一点就是不要使用已破损的托盘。托盘不经修理而照常使用，不仅会缩短托盘的寿命，还有可能会造成货物的破损和人身事故。托盘的破损大多是因叉车驾驶员的不良操作致使货叉损伤盘面造成的，或是人工装卸空托盘时因跌落而造成的。从实际使用情况看，运输用托盘的平均寿命为三年，场内存储用托盘的平均寿命为六年。

木托盘在存放期间应保持存放场所干燥、干净、卫生，并应注意通风，这样有利于防止托盘腐烂。尤其需要注意的是，木托盘的原料是木材，并且干燥，极易点燃导致火灾事故发生，造成大量的财产损失和人员伤亡。因此，易燃品、易爆品或违禁品严禁带入木托盘存放仓库，同时在仓库的外侧要有明确的标志，并安排专人进行定期检查。

塑料托盘在存放期间应保持托盘表面干净，如发现托盘表面有污垢或化工化学品，应使用清水冲洗干净。同时，塑料托盘应避免遭受阳光暴晒，以免引起老化，缩短使用寿命。如果长期闲置不用，建议使用遮阳布或雨布盖住。

任务1 选择托盘

任务描述

浙江佳通物流公司有一批货物需要发货，仓管员小王接到《出库通知单》以后开始犯难了，他该选择哪一个尺寸的托盘呢？该选择何种材质呢？

出库通知单 1

客户：日本捷运商业集团股份有限公司　　　　预计出库日期：2023 年 8 月 27 日

序号	货物编码	货物名称	规格	单位	数量	备注
1	6901293049490	毛巾	480×260×300 （长 × 宽 × 高 单位：mm）	箱	35	

出库通知单 2

客户：美国捷运商业集团股份有限公司　　　　预计出库日期：2023 年 8 月 27 日

序号	货物编码	货物名称	规格	单位	数量	备注
1	6901293293830	纯碱	400×250×200 （长 × 宽 × 厚 单位：mm）	袋	50	

出库通知单 3

客户：荷兰捷运商业集团股份有限公司　　　　预计出库日期：2023 年 8 月 27 日

序号	货物编码	货物名称	规格	单位	数量	备注
1	6901293838390	大豆酱油	320×180×280 （长 × 宽 × 高 单位：mm）	箱	40	

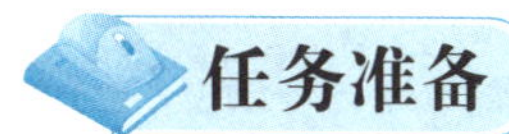

任务准备

《出库通知单》3 张。

任务实施

根据《出库通知单》的各项信息填写下表，选择相应规格、材质的托盘，并确定数量和码盘方式。

序号	操作依据	出库通知单 1	出库通知单 2	出库通知单 3
1	货物发往的目的地，选择合适规格的托盘			
2	出口货物的物品属性，再次确定合适材质的托盘			
3	* 根据包装规格，确定码盘方式			

注：* 参考项目拓展。

任务 2 维护托盘

任务描述

近段时间正逢梅雨季节，仓管员小王在月度仓库检查过程中发现很多托盘出现了问题并将其整理出来，如图 1–11 所示。请你帮助小王想想解决办法吧！

图 1–11 整理出来的问题托盘

任务准备

问题托盘，木头，榔头、锯子等工具。

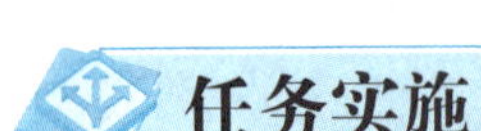

任务实施

根据图 1-11 中托盘的具体情况，判断托盘出现的主要问题和原因，提出处理维护的建议，并完成下表：

序号	图示	主要问题	问题产生的原因	处理维护建议
1				
2				
3				
4				

根据破损的木托盘的具体情况进行木托盘的维修，步骤图示及说明见下表：

序号	步骤图示	步骤说明
1		判断托盘破损的位置，确定解决方法
2		寻找适合修复的木块材料
3		将木块放置于需要修复之处

（续）

序号	步骤图示	步骤说明
4		用长度适合的钉子将木块固定，完成修复

木质托盘养护操作步骤见下表：

序号	工作步骤（步骤说明）
1	打扫库房，清理库房内杂乱物品，保持存放托盘的场所干净、卫生
2	开窗通风，保持存放托盘的场所干燥，防止托盘霉腐
3	在天气好的情况下，可以将吸湿严重的木托盘放置于阳光下
4	定期检查

小视频1-1
维护托盘

项目评价

序号	评价任务	要素说明	扣分分值	扣分小计	得分小计
1	托盘选择（35分）	未考虑所承载货物运往的目的国	5		
2		未考虑承载货物的理化特性	10		
3		未考虑承载货物是否需要堆垛	10		
4		未考虑承载货物是否需要上架	10		
5	托盘维护（35分）	托盘存放场杂乱，不卫生	5		
6		未能做好库房通风	5		
7		未粘贴好易燃、易爆品不得带入的明确标志	10		
8		塑料托盘有污垢，未能及时清洗	5		
9		未用雨布遮盖闲置不用的塑料托盘	5		
10		未做到定期检查	5		
11	7S管理（30分）	空托盘未归位至托盘固定区	5		
12		托盘摆放区摆放不整齐	5		
13		使用托盘未轻拿轻放	10		
14		人站在托盘上	10		

注：“扣分小计”不得超过“评价任务”总分值。

总得分：

项目拓展

托盘堆码的方式

由于托盘在物流系统中的运用得到广泛认同，因此就形成了货物在托盘上的堆码方式。常见的托盘堆码方式有重叠式堆码、纵横交错式堆码、正反交错式堆码和旋转交错式堆码等，具体见表1-1。

表 1-1 常见垛形的堆码方式及特点对比表

序号	垛形	堆码方式说明	特点	相关图片
1	重叠式堆码	也称直堆法，是逐件、逐层向上重叠堆码，一件压一件的堆码方式	优点：工人操作速度快，包装货物的四个角和边重叠垂直，承载能力大 缺点：各层之间缺少咬合作用，容易发生塌垛 适用范围：适用于底面积较大的货物，比较适合自动装盘操作	
2	纵横交错式堆码	每层货物都改变方向向上堆放，即相邻两层货物的摆放旋转90°，一层横向放置，另一层纵向放置	优点：操作相对简单，层次之间有一定的咬合效果，稳定性比重叠式好 缺点：各层之间咬合度不高 适用范围：适用于管材、捆装、长箱装货物等，比较适合自动装盘操作	
3	正反交错式堆码	同一层中，不同列的货物以90°垂直码放，相邻两层货物码放形式旋转180°	优点：不同层间咬合强度较高，相邻层次之间不重逢，稳定性较高 缺点：操作较麻烦，下部货物易被压坏，人工操作速度慢	
4	旋转交错式堆码	第一层相邻的两个包装体互为90°，两层之间的堆码相差180°	优点：相邻两层之间咬合交叉，货物稳定性较高，不易塌垛 缺点：堆码难度较大，中间形成空穴，降低了托盘的利用率	

项目二

货架的选择与使用

项目概述

货架在我国并非舶来品。在古代的药铺、当铺中，最早的木质货架得到了广泛的应用。20世纪90年代中后期，货架已由原先的单一品种，发展成根据不同的物料尺寸、重量和存取方式而开发出的各类不同系列的产品。货架不再是冷冰冰的，而是集力学、美学设计、仓储自动化技术、物流规划、仓储管理信息化等多学科、多专业交叉的产品。进入21世纪，尤其是党的十八大以来，我国自动化仓库用货架已达到国际水平，可实现先进先出，并可实现一次补货、多次拣货，存储效率高，受到了国际社会的广泛赞誉和青睐。

货架泛指存放货物的架子，在仓库设备中，货架是指专门用于存放成件物品的保管设备。货架在物流以及仓储中具有举足轻重的地位，随着现代工业的迅猛发展，物流流量与日俱增，为实现仓储的现代化管理，改善仓库的功能，不仅要求货架数量多，而且要求其具有多功能，并能实现机械化、自动化。在实现仓储管理现代化水平的提升中，货架的正确选择与合理使用显得尤为关键。

货架的选择与使用项目包括三个任务:

任务1　选择货架

任务2　安装货架

任务3　上架作业

项目目标

- 能准确描述货架的基本作用和功能，并能完整复述货架的基本类型和用途。
- 能枚举出仓储作业中常用的货架及其特点。
- 会安装简易结构的货架。
- 会根据不同货架的特性，选用恰当的装卸搬运设备，完成不同货物的上架作业。
- 能对货架进行简单的日常保养。

知识准备

一、货架的概述

根据我国国家标准《物流术语 GB/T 18354—2021》，货架（Rack）是指用立柱、隔

随堂记

板或横梁等组成的立体储存物品的设施。货架在现代物流和当代仓储发展中具有举足轻重的地位。一方面，数量多、功能强、自动化和机械化水平高的货架满足了仓储数量和质量的要求，实现了仓储物流的时间效应；另一方面，货架极大地提高了仓储使用率和库容利用率，也大大提升了物流空间效应的水平。

请根据案例进行思考，以下情况可以使用怎样的货架：

（1）淘宝店主李军要将自己仓库中原来散堆在地面上的奶粉陈列在货架上。

（2）江滨公司后勤部先后进货两批生产日期分别为“20230112”和“20230702”的瓶装可口可乐提供给公司职工。8月5日，后勤部张芳利用货架优先取用生产日期为“20230112”的可乐派发给江滨公司从事户外作业的职工。

（3）华夏建筑公司员工王华将堆放在屋檐下即将生锈的部分钢筋，利用叉车放置在仓库的货架上，避免了公司建筑材料的损失。

（4）京东公司逐步提高货架的自动化程度，希望最终能取代人工。该公司的目标是完善自己各式各样货架的自动化技术，从而能够与亚马逊和阿里巴巴等同行竞争，最终将自动化货架系统出售给那些希望降低劳动力成本的企业。

货架的种类不同，功能也不同（见图1–12），但货架的基本作用均表现在以下四个方面：第一，可以充分利用仓储空间，扩大储存的能力；第二，存取方便，有利于先进先出、合理存放等物流原则的贯彻；第三，货架能有效保证库存商品的品质，防止货物受潮、污染、损失或者被偷盗；第四，货架使用最终发挥的作用还应是有效的节约人力和物力，降低仓储成本。

图 1–12　货架

二、货架的类型

货架可按载重、高度、样态以及开闭分为不同的类型，见表 1–2。

表 1-2　货架的分类

分类标准	类型名称	类型解读	典型案例
按货架的载重	轻型货架	每层载重量小于 150kg	 如超市货架
	中型货架	每层载重量介于 150kg 至 500kg 之间	 如中型工业货架
	重型货架	每层载重量大于 500kg	 如重型工业货架
按货架的高度	低层货架	货架高度低于 5m	 如食堂货架
	中层货架	货架高度介于 5m 至 15m 之间	 如立体仓库货架
	高层货架	货架高度高于 15m	
按货架的样态	密集式货架	仓库中货架与货架的通道数较少，货架排列密集，库容量较高	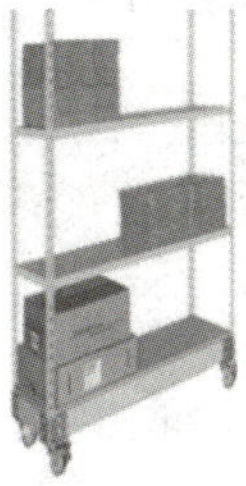  如移动式货架、重力式货架等

（续）

分类标准	类型名称	类型解读	典型案例
按货架的样态	通道式货架	货架与货架之间预留较宽的作业通道，通道宽度根据装卸搬运设备而定	如悬臂式货架
	旋转式货架	自身具有动力设备，可按照轨道进行不同方向的旋转	如垂直旋转货架
按货架的开闭	敞开式货架	货物靠近作业通道，取用方便	如流利式货架
	封闭式货架	货架相对封闭，有效保护货物的安全	如封闭移动式货架

三、常用货架及其特点

（1）普通层架。主要存放集装化水平不高的物资和货物，结构简单，存取方便，是人工作业为主仓库的主要储存设备，如图 1-13 所示。

（2）普通托盘货架。主要储存堆码在托盘上货物的货架，其结构设计适合存放整托货，即一个托盘对应一个货位。结构简单，货物出入库的顺序不受限制。在进行存取作业时，底层可配合手动液压托盘搬运车使用，而中高层常配合堆高车或叉车使用，如图 1-14所示。

图 1-13　普通层架

图 1-14　普通托盘货架

（3）流利式货架。利用货物的自重，使货物在有一定高度差的通道内，受到重力的影响从高处向低处移动。货物或容器的移动常借助滑轨、辊道或者滚轮进行。采用流利式货架储存的货物出入库的顺序按照先进先出的原则进行，更加符合现代化仓储的要求，如图 1–15 所示。

（4）悬臂式货架。根据每层上物料的尺寸确定立柱上装设的横杆长度和载重量，悬臂部分采用坚固耐用的金属材料，有着较高的强度保证。为了保证存放货物的安全，悬臂部分还会加装衬垫。常用于储存形状不规则或长度特殊的物料，因而高度受到限制，机械化作业水平不高，如图 1–16 所示。

图1–15　流利式货架

图1–16　悬臂式货架

（5）阁楼式货架。由上下堆叠而成类似于阁楼状布置的货架。底层货架承重，顶层搭建隔板，因而上层放置较轻的货物，下层放置较重的货物。适用于多品种、小批量的储存，仓储利用率极高，但存取作业效率较低且作业高度受到限制，如图1–17所示。

（6）旋转式货架。自身具有动力设备，可按照轨道进行不同方向的旋转，货架密度较大，且基本不设通道。货架可以移动到作业人员面前，拣选路径短，因而效率高，智能化和机械化水平也较高，但采用旋转式货架的成本也相对较高，如图1–18所示。

图 1–17　阁楼式货架

图 1–18　旋转式货架

四、横梁式货架的结构

在以托盘存储的货架系统中，横梁式货架是最通用的一种货架，投资成本比较经济，安装及调整简便，且能适应各种不同的搬运机械。横梁式货架具有插接组合装配

式结构，层高均匀可调，横梁调整节距50mm（或75mm），可配置各种类型叉车和托盘，储存各类货物，是最常用的仓储系统设计方案。横梁式货架整体简洁、美观，具有安装方便、载重量大（单元货架最大承载达5t）、安全系数高、节省空间、提高储存能力等优点，是各行各业最常用的存储方式。横梁式货架没有固定的尺寸，可以根据实际需求定制，其连接杆有长短两种，长的又名斜撑，短的又名横撑。横梁式货架结构如图1-19所示。

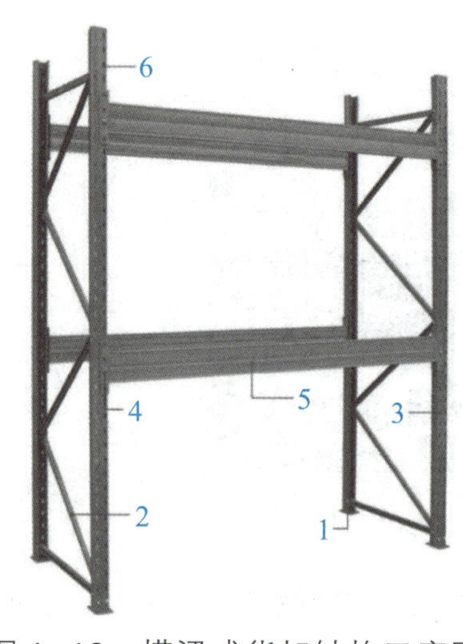

图 1-19　横梁式货架结构示意图

1—底脚片　2—连接杆　3—立柱　4—安全插销　5—横梁　6—菱形卡槽

五、货架的编码

货架是仓库中的重要存储设备。相对而言，只有在仓库中货架的保有量较高、种类较全的前提下，才能实现仓库的现代化管理并不断改善仓库的功能。仓管员为方便管理库存必须对货架进行定位，而系统有效的货架定位能大大节约寻找、存放、取出货物的时间，提高效能，还能防止出现差错，便于清点以及实行订货点管理。

在仓储作业实际运行中，无论是人工管理还是计算机管理，均会采用“四号定位”的方式来管理货物和货架。货架的“四号定位”分别指“区号”“架号”“层号”以及“位号”四部分。

（1）区号。将整个仓库划分为不同区域，而不同区域一般放置不同类型的货架，每个区域中放置货架的数量和排列方式要相对合理。如图1-20所示，A区代表该仓库中“流利式货架”的放置区，B区代表该仓库中“普通托盘货架”的放置区，即用字母A～Z分别表示仓库中放置不同货架的区域。此处区号编码占用一个字符位。

（2）架号。将不同区域内的货架按顺序编码，如图1-20所示，从“0”

开始编码，“0”表示第1个货架，“1”表示第2个货架，以此类推。此处架号编码占用一个字符位。

（3）层号。即同一个货架的不同层，如图1-20所示，一般按照由底层至顶层的顺序排列，从“00”开始编码，“00”表示底层，“01”表示第2层，以此类推。此处层号编码占用二个字符位。

（4）位号。即同一层货架的不同货位，如图1-20所示，一般按照从左到右（人正面面对货架）的顺序排列，从“00”开始编码，“00”表示最左边第1个货位，“01”表示最左边第2个货位，直至最右边的货位。此处位号编码占用二个字符位。

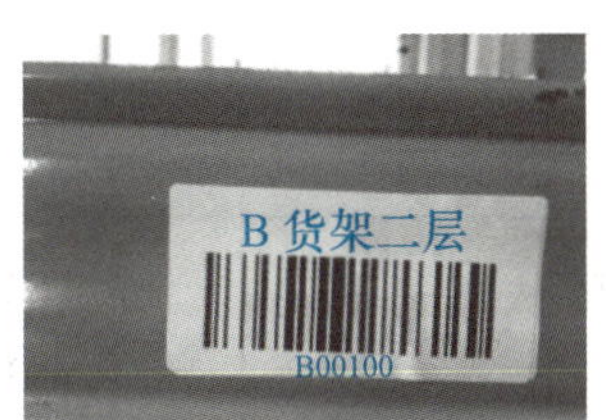

图1-20　货架“四号定位”编码示意图

六、货物上架考虑的因素

在货物上架前，仓库工作人员需提前给待入库的商品分配库位，然后再由上架员将商品上架到指定库位。为确保库房工作安全、高效、快速地开展，需要依据一定的原则按序将货物上架。货物上架步骤见表1-3。

表1-3　货物上架步骤

基本步骤	考虑因素
确定货物对应的货架“区号”	（1）货架分类 （2）货架已使用情况
确定货物对应的货架“架号”	（1）商品类型差异（如防止串味等） （2）通道作业方便程度 （3）货架已使用情况
确定货物对应的货架“层号”	（1）商品类型差异（如重不压轻、大不压小等） （2）装卸搬运的方便程度 （3）货物堆放规则（如先进先出等） （4）货架该层已使用情况
确定货物对应的货架“位号”	（1）货位堆放规则（如先进先出、先进后出等） （2）商品类型差异 （3）其余货位已使用情况
研判入库货物上架需要用到的装卸搬运物流设备	（1）托盘和手动液压托盘搬运车的配合使用 （2）堆高车的使用 （3）叉车的使用 （4）周转箱和手推车的配合使用

任务1 选择货架

任务描述

各小组根据《入库单》中的任务，参考“知识准备”中的相关内容，为单据中不同的货物选择合适的货架。

入库单

编号： 年 月 日

序号	进货单位	品名	规格型号说明	数量	单位	单价	金额	结算方式
1	杭州洪峰管材有限责任公司	PVC塑料管	外径De20 长度2.5m	4	根			
2	宁波鼎福贸易有限责任公司	油漆	共300桶 每2桶一箱 按照旋转交错式堆码每15箱一层，共两层	1	托			
3	福州赞飞装潢有限公司	卷筒纸	100mm×120mm	3	卷			

入库人： 复核人： 仓管员：

任务准备

场地准备

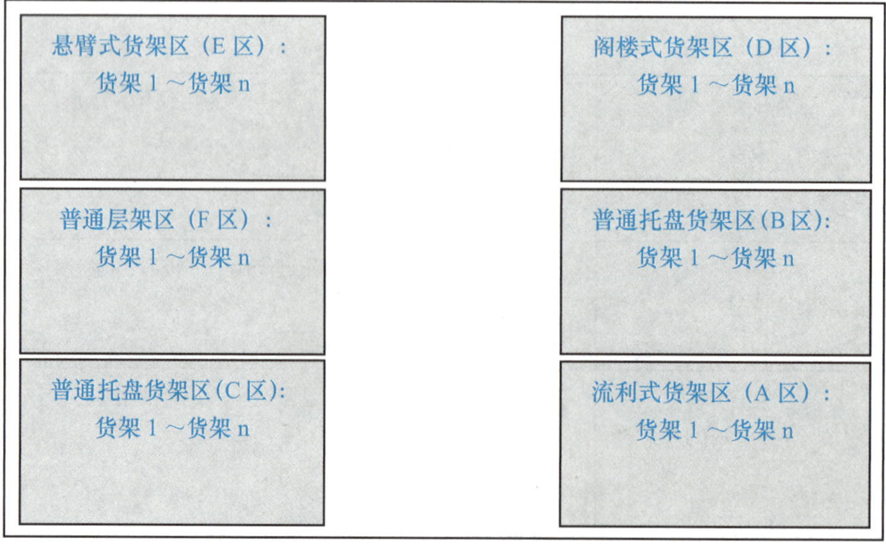

设备准备

《入库单》《记载卡》，场地设备图。

任务实施

根据货架选择的基本步骤，为《入库单》中的三种货物选择合适的货架类型并填制货架选用记载卡。

序号	基本步骤	步骤说明
1	根据库房管理选用货架	（1）货物存放方式和密度 （2）货物的进出库方式 （3）货架自身的成本
2	根据货物的特点选用货架	（1）货物的性质 （2）货物原有的库存量 （3）货物单元装载的方式 （4）货物包装的形式
3	根据装卸搬运设备选用货架	（1）装卸搬运设备的型号、规格、参数 （2）装卸搬运设备的作业特征

货架选用记载卡			
小组：（　）　姓名：（　）　记载日期：（　）			
货物名称	堆放方式	选用货架	选用理由
1. PVC 塑料管			
2. 一整托包装箱货物（油漆）			
3. 卷筒纸			

任务 2　安装货架

任务描述

以最常见的仓储货架为例，各小组取货架组件，按照操作步骤及实训标准，依次进行横梁式货架的安装操作。

任务准备

横梁式货架零件（内含立柱、横梁、安全插销、垫片等），扳手。

任务实施

横梁式货架的安装步骤图示及说明见下表：

序号	步骤图示	步骤说明
1		备齐立柱片组装配件（按顺序）：立柱、斜撑、横撑、螺栓、垫片
2	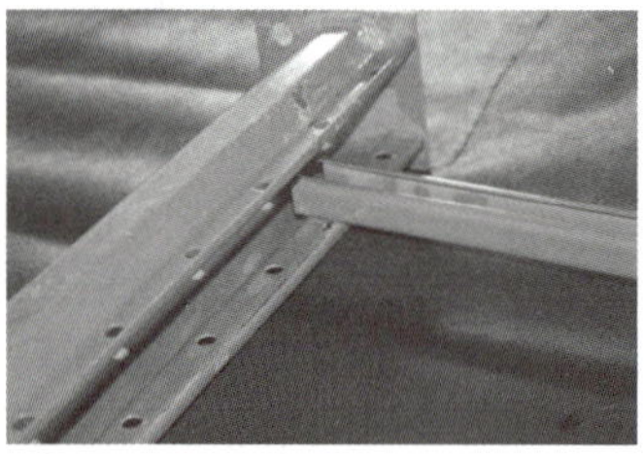	在两根立柱最底端放置横撑（短）
3		将垫片放置于立柱与横撑之间
4	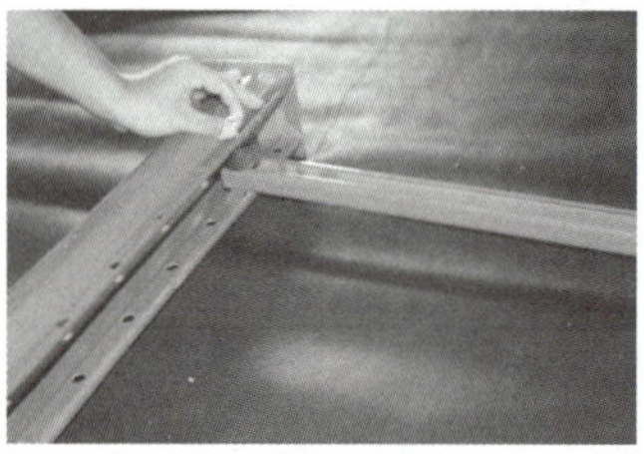	用螺栓固定，扳手拧紧，完成拼接
5	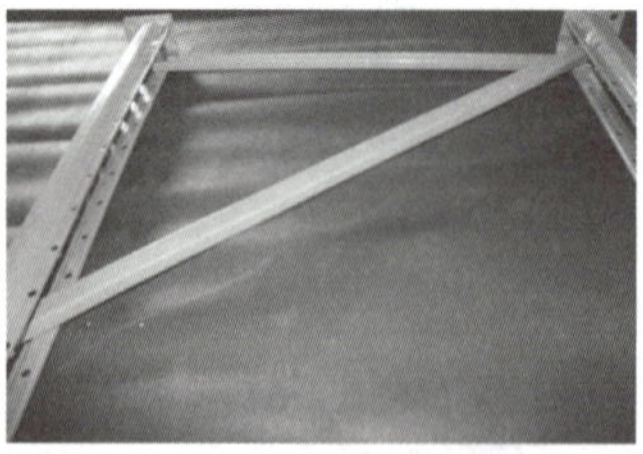	在横撑第一个节点放置斜撑，并固定
6		放置四根（视具体高度变化）斜撑后，在最后一个节点上放置垫片和横撑（短），并固定（注：立柱上的圆孔间隔为 75mm，斜撑节距通常为 600/675mm，也就是说相隔 7 个或者 8 个孔距。具体间隔需要自行计算）

（续）

序号	步骤图示	步骤说明
7		立柱片搭建完成
8	正面　反面	立柱片拼接完成后，将一片立柱人工竖起（底脚朝下），横梁卡口朝下，装入立柱中
9		插入安全插销，防止横梁脱落发生危险
10		立柱片两侧横梁都挂接完成后，再挂接另一端横梁，最后再按照需求挂接上方每一层的横梁。货架搭建完成

注意事项：在货架整体安装完成之后，再进行具体尺寸的相关调整。如需打膨胀螺丝固定，需在调整好位置之后进行。在一些需要使用叉车的环境中，还需要安装货架护脚或防护栏，以防止叉车碰撞而产生的货架倾倒危险。

随堂记

任务3 上架作业

任务描述

根据教师提供的信息，确定货物位置安排，为4根PVC塑料管、一整托包装箱货物（油漆）以及3卷卷筒纸进行合适的货架定位；预选入库作业会用到的装卸搬运设备，根据货架选择的结果和货架定位的结论，在仓库中进行小组活动，分别完成4根PVC塑料管、一整托包装箱货物（油漆）以及3卷卷筒纸的上架作业。

任务准备

场地准备

悬臂式货架区（E区）： 货架1～货架n	阁楼式货架区（D区）： 货架1～货架n
普通层架区（F区）： 货架1～货架n	普通托盘货架区(B区): 货架1～货架n
普通托盘货架区(C区): 货架1～货架n	流利式货架区（A区）： 货架1～货架n

设备准备

序号	上架货物	装卸搬运设备配合
1	4根PVC塑料管	无
2	一整托包装箱货物（油漆）	托盘、手动液压托盘搬运车（底层）、叉车（中高层）、堆高车（高层）
3	3卷卷筒纸	手推车、周转箱

任务实施

根据上架货物属性，选择合适的货架。

序号	上架货物	货架选用
1	4 根 PVC 塑料管	
2	一整托包装箱货物（油漆）	
3	3 卷卷筒纸	

根据实际场地分布图，进行货位编码，并为上架货物进行货位安排，并解读货位号编码，填制好货物位置安排表。

货物位置安排表

序号	货物名称	数量	单位	安排货位号	货位号编码解读
1					
2					
3					

根据选择的货架和货位号，完成 4 根 PVC 塑料管、一整托包装箱货物（油漆）、3 卷卷筒纸的上架作业。

步骤	步骤图示	步骤说明
4 根 PVC 塑料管上架悬臂式货架		
1		取货和搬运：根据货架定位，搬运 4 根 PVC 塑料管至悬臂式货架
2		放置：将 PVC 塑料管放置在横梁指定位置上
3		固定和保护：注意固定 PVC 塑料管，利用悬臂式货架加装衬垫，防止货物滚落

（续）

步骤	步骤图示	步骤说明
一整托包装箱货物（油漆）上架普通托盘货架		
1		取货：操纵手动液压托盘搬运车叉取整托货物并启动液压系统抬高托盘
2		搬运：根据货架定位搬运整托货物至普通托盘货架底层
3		放货：对准货位并驶入货位，放货上架
4		设备归位：将手动液压托盘搬运车放回设备存放区
3 卷卷筒纸上架流利式货架		
1	 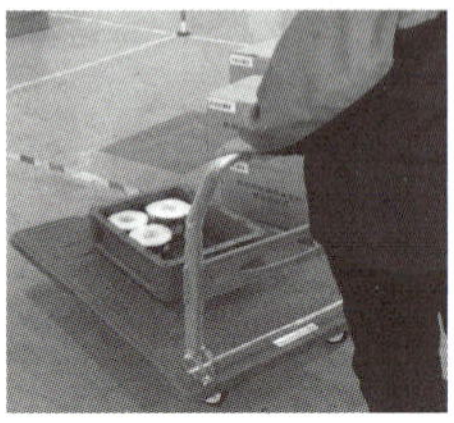	取货：将待上架的 3 卷卷筒纸放置在手推车的周转箱中

（续）

步骤	步骤图示	步骤说明
3 卷卷筒纸上架流利式货架		
2		搬运：按照货架定位搬运卷筒纸至流利式货架规定区域旁
3		放货：将货物放置在流利式货架上（注意是否遵循先进先出等原则）
4	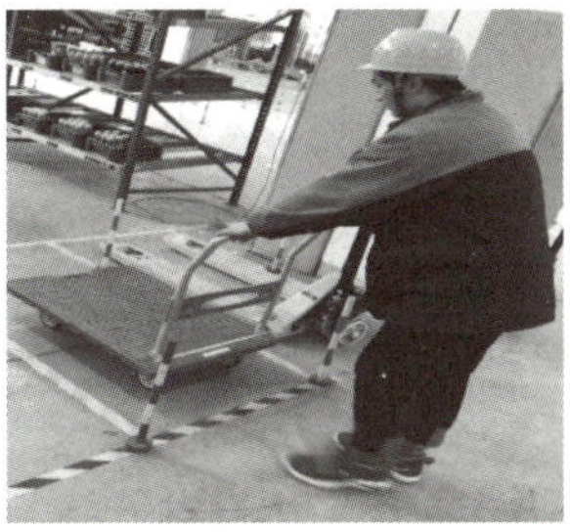	设备归位：将周转箱和手推车放回设备存放区

项目评价

序号	评价任务	要素说明	扣分分值	次数	扣分小计	得分小计
1	货架的选择、货架的安装、不同货物的上架作业（70分）	货架选择错误（按搭配货物错误计数）	10			
2		安装货架步骤不规范或者野蛮作业，安装好的货架不牢固，出现了摇晃现象（按不规范次数计数）	10			
3		货架上架未按照对应货架位置进行	10			
4		操作手推车、手动液压托盘搬运车碰撞货架，出现严重失误	20			
5		安装的货架在使用过程中倒塌、位移、严重歪斜等	10			
6		手推车、周转箱、手动液压托盘搬运车未按要求归位（按次计数）	10			

（续）

序号	评价任务	要素说明	扣分分值	次数	扣分小计	得分小计
7	7S管理（30分）	作业过程中人员、设备、设施之间发生碰撞或者人员受伤	10			
8		置设备于无人看管的状态（按发生次数计数）	10			
9		故意损坏货架或者把货架当作玩具	10			

注：“扣分小计”不得超过“评价任务”总分值。

总得分：

项目拓展

货架日常保养管理规范

1. 防撞保护

货架最易损坏的部分是通道和拐弯处的立柱，通常易被叉车碰撞变形。货架供应商会根据不同的货架、通道宽度及运送工具，提供配套的防撞柱。货架间的通道位置均应安设防撞护栏，这对保护货架立柱有非常重要的作用。

2. 防重压

不同规格的货架在制作过程中均进行了承重设计，因此，货架上摆放的货物重量必须在货架承重以内。一般来说，每层承重150kg以下的货架属于轻型货架，承重200~500kg的货架为中型货架，承重500kg以上的货架为重型货架。仓管员最好在货架上安装承重限载标识，在上架货物时也要遵循货架底重上轻的原则，即底层放重物，高层放轻物。

3. 防潮、防晒、防雨

货架立柱和横梁均是金属制品，虽然表面均有烤漆，但受潮受晒后容易生锈，从而影响使用寿命。而货架层板多为木板，靠窗位置易受到雨淋，雨淋后木板会变形翘起。

4. 制定货架使用制度

不同的仓库、不同的货物，对货架的要求均不相同。仓库管理者应制定货架使用制度，要求每个货架使用人员都要严格遵守，以延长货架的使用寿命。

项目三

集装箱的认识与选择

项目概述

据统计，截至2023年2月，全球集装箱船总运力超过3亿载重吨、2600万TEU，2022年全球的集装箱总量大约为5450万TEU。在这些数字的背后，有一个共同的载体——集装箱。我们坐在家中能够品尝到智利红酒、阿根廷牛排，用上法国的化妆品、日本的游戏机，其他国家的人也能享受到来自中国的质优价廉的商品，这一切的背后也是集装箱的功劳。集装箱看似是一个没什么科技含量的“铁盒子”，但就是这个朴实无华的“大铁盒子”，极大地推动了全球生产力的发展，产生了巨大的财富，成为20世纪最伟大的发明之一。

集装箱最大的成功在于其产品的标准化以及由此建立的一整套运输体系。如今，中国已经发展成为全世界的集装箱制造中心和航运中心。我们在提升技术的同时，更重要的是树立先进理念，这个理念的核心就是标准化。而标准化的理念对于物流业的价值巨大，影响也更加深远。

集装箱是一种可以反复使用的货物运输装卸容器，它的出现使不同规格的货物实现标准化运输。集装箱运输，特别是在海洋运输中具有许多优点，主要包括以下三个方面：第一，运输量大。通过将需要运输的零散货物装在集装箱内，便于机械化装卸，大大缩短了船只在港口停泊的时间和货物在仓库里存放的时间，加快了货物运送的速度，降低了运输和仓储费用；且集装箱规格统一，在同容积船上装载的货物更多，增加了运输量。第二，可以减少物品的破损。集装箱装卸可以保证货物在运输时完整无损，几乎可以完全消除物品的耗损量，大大减少损坏与赔偿。第三，节约包装材料。集装箱可多次使用，并可减少装箱和拆箱费用，降低货运费用。

总之，集装箱化可以加快运输速度，降低运费，便于海陆联运，是现代交通运输中的重要组成部分。

集装箱的认识与选择项目包括三个任务:

任务1　选择集装箱

任务2　认识集装箱结构

任务3　识读集装箱标记

项目目标

- 能够准确描述集装箱的类型和不同用途。
- 能够正确认识集装箱的结构。
- 能够识别集装箱标记和标识。

知识准备

一、集装箱的概述

根据我国国家标准《物流术语GB/T 18354—2021》，集装箱（Container）是指具有足够的强度、可长期反复使用的、适于多种运输工具且容积在1m³以上（含1m³）的集装单元器具。使用集装箱转运货物可直接在发货人的仓库装货，运送到收货人的仓库卸货，中途需要更换运输工具时，无须将货物从箱内取出换装，极大限度上提高了物流的效率和效益。

小知识1-3
中欧班列畅行
满洲里口岸

国际标准化组织（ISO）对集装箱应具备的基本条件作了相应的规定：

（1）具有足够的强度，能长期反复使用。

（2）适合一种或多种运输方式，中转时箱内货物不必换装。

（3）可以进行快速装卸和搬运，特别便于从一种运输方式转移到另一种运输方式。

（4）便于货物装满和卸空。

（5）容积大于1m³（含1m³）。

随堂记

二、集装箱的类型

1. 按装货种类分类

（1）干货集装箱（Dry Cargo Container）。干货集装箱又称为杂货集装箱，是最普通的集装箱，主要用于运输一般杂货，适合各种不需要调节温度的货物使用，一般称通用集装箱。干货集装箱如图1-21所示。

（2）散货集装箱（Bulk Container）。散货集装箱是用以装载粉末、颗粒状货物等各种散装的货物的集装箱。散货集装箱如图1-22所示。

图 1-21　干货集装箱

图 1-22　散货集装箱

（3）罐式集装箱（Tank Container）。罐式集装箱是用以装载液体货物的集装箱，如图1-23所示。

（4）冷藏集装箱（Reefer Container）。冷藏集装箱是一种附有冷冻机设备，并在内壁敷设热传导率较低的材料，用以装载冷冻、保温、保鲜货物的集装箱，如图1-24所示。

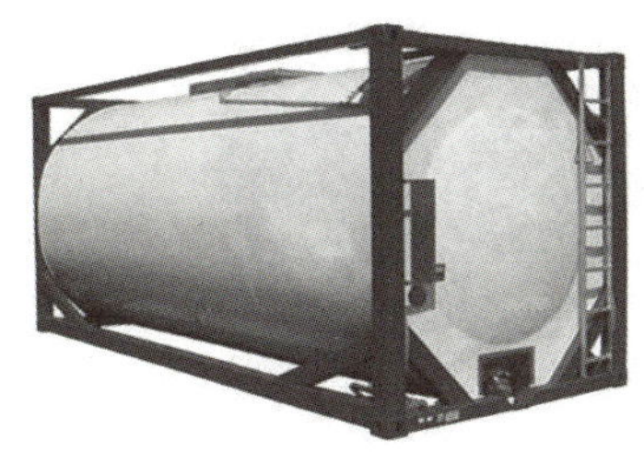

图 1-23 罐式集装箱

图 1-24 冷藏集装箱

（5）特种专用集装箱。如汽车集装箱、牲畜集装箱、兽皮集装箱等。汽车集装箱是一种专门用来装运汽车的集装箱，如图1-25所示。牲畜集装箱是一种专门用来装运活牲畜的集装箱，具有通风设施及喂料和除粪装置，如图1-26所示。

图 1-25 汽车集装箱

图 1-26 牲畜集装箱

2. 按制造材料分类

根据集装箱主体部件（侧壁、端壁、箱顶等）材料的不同，可将集装箱主要分成三种：钢制集装箱、铝合金集装箱、玻璃钢集装箱。

（1）钢制集装箱使用钢材造成，优点是强度大，结构牢，焊接性高，水密性好，价格低廉；缺点是重量大，防腐性差。

（2）铝合金集装箱使用铝合金材料造成，优点是重量轻，外表美观，防腐蚀，弹性好，加工方便，加工费、修理费低，使用年限长；缺点是造价高，焊接性能差。

（3）玻璃钢集装箱使用玻璃钢材料造成，优点是强度大，刚性好，内容积大，隔热、防腐、耐化学性好，易清扫，修理简便；缺点是重量大，易老化，拧螺栓处强度低。

3. 按结构分类

集装箱按结构的不同可分为三类：固定式集装箱、折叠式集装箱、薄壳式集装箱。

（1）固定式集装箱是指集装箱的主要部件永久固定在一起、不可拆解的集装箱。固定式集装箱还可分为密闭集装箱、开顶集装箱、板架集装箱等，如图1-27和图1-28所示。

图 1-27 开顶集装箱

图 1-28 板架集装箱

（2）折叠式集装箱是指集装箱的主要部件（侧壁、端壁和箱顶）能简单地折叠或分解，再次使用时可以方便地再次组合起来的集装箱。折叠式集装箱如图1-29所示。

图 1-29 折叠式集装箱

（3）薄壳式集装箱是把所有部件组成一个钢性整体，它的优点是重量轻，可以适应所发生的扭力而不会引起永久变形。

4. 按总重分类

集装箱按总重可分为30t集装箱、20t集装箱、10t集装箱、5t集装箱和2.5t集装箱等。

5. 按规格尺寸分类

国际上通常使用的干货集装箱包括以下三种尺寸：外尺寸为20ft×8ft×8ft6in，称为20ft集装箱；外尺寸为40ft×8ft×8ft6in，称为40ft集装箱；外尺寸为40ft×8ft×9ft6in，称为40ft高集装箱（1ft=0.3048m，1in=0.0254m）。干货集装箱参数见表1-4。

表1-4 干货集装箱参数表

参数		20ft 集装箱	20ft 集装箱	20ft 集装箱	40ft 集装箱	40ft 集装箱
材质		A（铝制）	B（铝制）	C（钢制）	A（铝制）	B（铝制）
外部尺寸（mm）	长	6058	6058	6058	12192	12192
	宽	2438	2438	2438	2438	2438
	高	2438	2438	2438	2591	2591
内部尺寸（mm）	长	5930	5884	5888	12062	12052
	宽	2350	2345	2331	2350	2342

（续）

参数		20ft 集装箱	20ft 集装箱	20ft 集装箱	40ft 集装箱	40ft 集装箱
名义高度（mm）		2260	2240	2255	2380	2367
净空高度（mm）		2180	2180	2180	2305	2305
门框尺寸（mm）	宽	2350	2342	2340	2035	2347
	高	2154	2135	2143	2284	2265
容积（m^3）		31.5	30.9	31	67.6	66.5
自重（kg）		1600	1700	2230	2990	3410
总重（kg）		24000	24000	24000	30480	30480
载重（kg）		22400	22300	21770	27490	27070

三、通用集装箱的结构

不同类型的集装箱具有不同的功能和结构，从而保证所运输货物安全、经济、准确地运送到目的地，完成客户特定的要求。其中，通用集装箱和集装箱门的结构，是集装箱选择和应用中认知度要求较高的内容，如图 1-30 和图 1-31 所示。

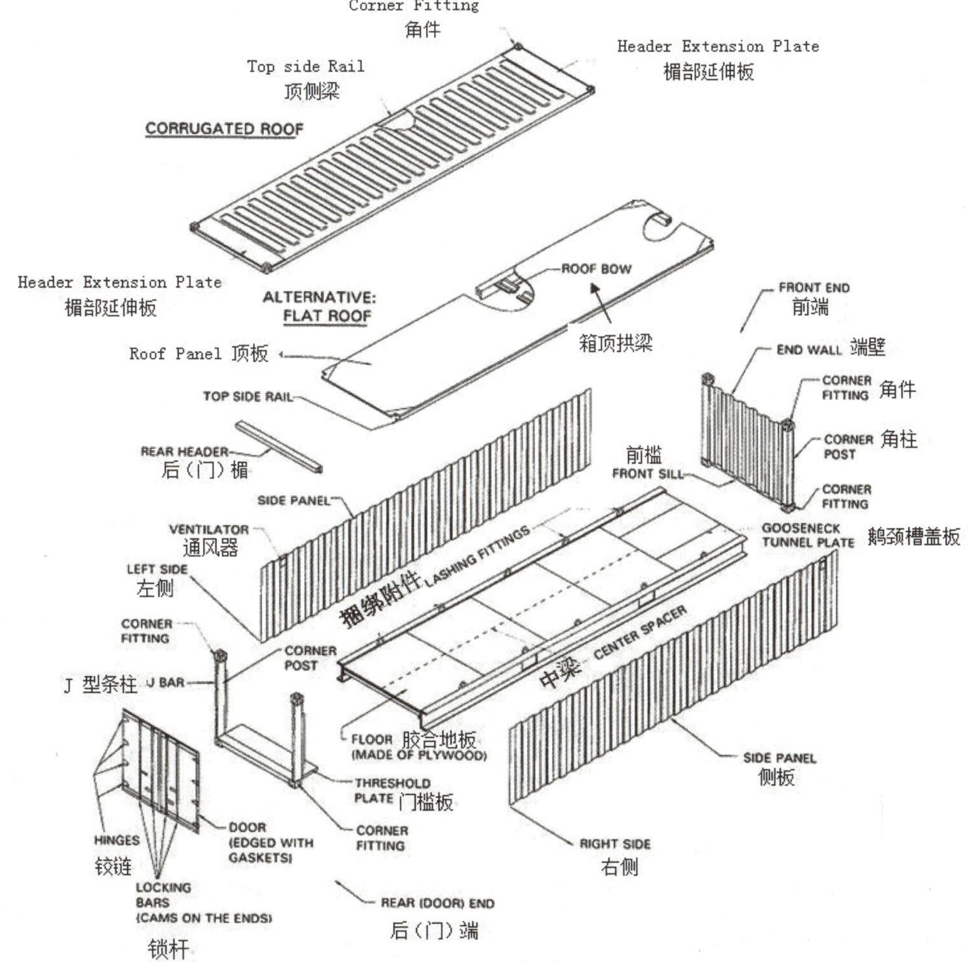

图 1-30 通用集装箱的标准结构示意图

随堂记

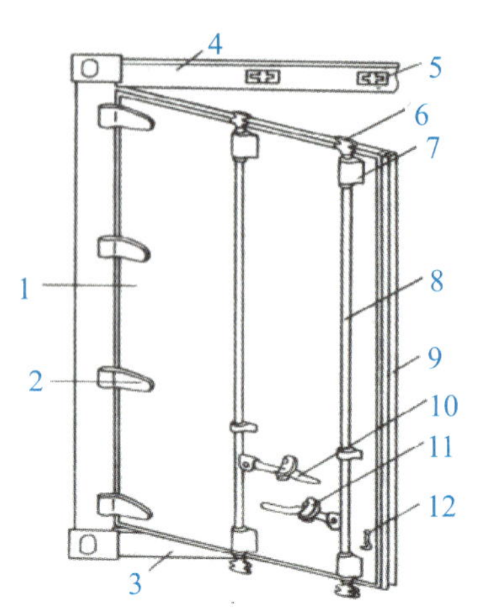

图 1-31 集装箱门结构示意图

1—端门 2—门铰链 3—门槛 4—门楣 5—锁杆凸轮座 6—锁杆凸轮 7—锁杆托架 8—锁杆 9—箱门密封垫 10—把手 11—把手锁件 12—箱门搭扣件

四、集装箱的标记

集装箱标记是指为便于对集装箱在流通和使用中识别与管理，便于单据编制和信息传输而编制的集装箱代号、标志的统称。国际标准化组织规定的标记有必备标记和自选标记两类，每一类标记中又分为识别标记和作业标记两种。如果是跨境运输的集装箱还需要具有通行标记。

1. 集装箱必备标记

（1）识别标记

识别标记包括箱主代号、顺序号和核对数字等内容。

1）箱主代号。国际标准化组织规定，箱主代号由四个大写的拉丁字母表示，前三位由箱主自己规定，第四个字母一律用“U”表示。

2）顺序号，又称箱号，由6位阿拉伯数字组成。如有效数字不是6位时，则在有效数字前用“0”补足6位，如“053842”。

3）核对数字。核对数字是用来核对箱主代号和顺序号记录是否准确的依据。它位于箱号后，以一位阿拉伯数字加一方框表示。

（2）作业标记

作业标记包括以下三点内容：

1）额定重量和自定重量标记。额定重量即集装箱总重，自重即集装箱空箱重量。各种尺寸集装箱箱型及其最大重量数据见表1-5。

表 1-5　各种尺寸集装箱箱型及其最大重量数据

箱型		最大重量（kg）
40ft	IAA	30480
	IA	
	IAX	
30ft	IBB	25400
	IB	
	IBX	
20ft	ICC	24000
	IC	
	ICX	
10ft	ID	10160
	IDX	

2）空陆水联运集装箱标记。该集装箱的强度仅能堆码两层，因此国际标准化组织对该集装箱规定了特殊的标记，该标记为黑色，位于侧壁和端壁的左上角，并规定标记的最小尺寸为127mm×355mm，字母标记的字体高度至少为76mm，如图1-32所示。

3）登箱顶触电警告标记。该标记为黄底黑色三角形，一般设在罐式集装箱和位于登顶箱顶的扶梯处，以警告登顶箱者有触电危险，如图1-33所示。

图 1-32　空陆水联运集装箱标记

图 1-33　登箱顶触电警告标记

2. 集装箱自选标记

（1）识别标记

1）国家和地区代号，如中国用CN、美国用US。

2）尺寸和类型代号（箱型代码）。

（2）作业标记

1）超高标记。该标记为在黄底上标出黑色数字和边框，此标记贴在集装箱每侧的左下角，距箱底约0.6m处，同时该标记贴在集装箱主要标记的下方，如图1-34所示。凡高度超过2.6m的集装箱应贴上此标记。

2）国际铁路联盟标记。凡符合《国际铁路联盟条例》规定的集装箱，可以获得此标记。该标记是在欧洲铁路上运输集装箱的必要通行标记，如图1-35所示。

图 1-34 超高标记

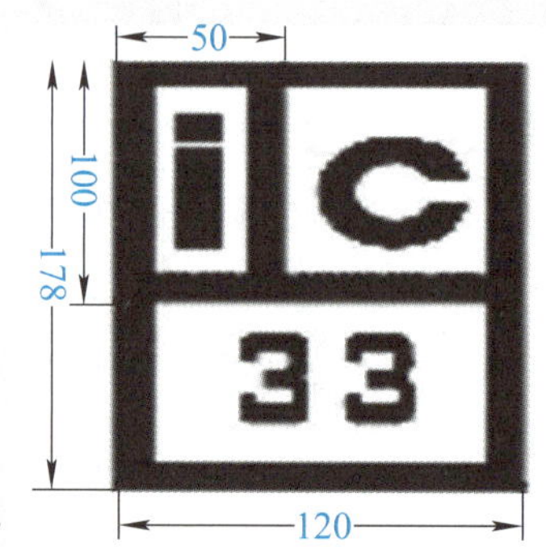

图 1-35 国际铁路联盟标记（单位：mm）

3. 集装箱通行标记

集装箱在运输过程中能顺利的通过或进入他国国境，箱上必须贴有按规定要求的各种通行标记，否则，必须办理繁多的证明手续，延长了集装箱的周转时间。集装箱上主要的通行标记包括：安全合格牌照、集装箱批准牌照、防虫处理板、检验合格徽及国际铁路联盟标记等。

任务1 选择集装箱

任务描述

实地参观学校实训场地或企业中装载货物的集装箱，按照操作步骤及实训标准，掌握集装箱的不同类型及其用途，完成适箱情况的填写。

任务准备

不同种类的集装箱，反光背心，安全帽。

任务实施

结合本地区实际，参观校外实训基地——××货柜物流公司，实地收集集装箱图片，并按下表所示进行整理、归类，填写完整。

序号	步骤图示	特点
1		集装箱货物：咖啡机 包装形式：纸箱 集装箱规格：20GP 集装箱号：COSU800121 集装箱自选标记：无
2		
3		
4		
5		
6		
7		

注意事项：在观察集装箱的过程中，注意不要拥挤到集装箱内部，不要攀爬到集装箱顶部，防止摔伤、扭伤等情况发生；关开集装箱门时需要注意防止夹手；若在企业参观，还需要注意在月台操作的叉车等安全因素。

结合货物特点和对集装箱的认识，列举更多的商品，并将适箱情况填入下表。

商品名称	集装箱选择
大型机械设备、（ ）、（ ）	
玉米、（ ）、（ ）	
液体天然气、（ ）、（ ）	
汽车、（ ）、（ ）	
牛、（ ）、（ ）	
杨梅、（ ）、（ ）	
咖啡机、（ ）、（ ）	

任务2 认识集装箱结构

任务描述

实地参观学校实训场地或企业中装载货物的集装箱，按照操作步骤及实训标准，认识集装箱的部件。

任务准备

20ft 集装箱，反光背心，安全帽。

任务实施

组织学生参观货柜物流公司，实地拍摄、收集集装箱结构图片，并进行说明，填制下表。

序号	图片展示	图片说明
1		
2		

（续）

序号	图片展示	图片说明
3		

集装箱主要构件名称说明如下表所示：

构件名称
（1）角件（2）角柱（3）门楣（4）门槛板（5）顶板（6）顶梁（7）箱顶（8）底板（9）侧板（10）鹅颈槽（11）端壁（12）箱门（13）端门（14）门铰链（15）箱门密封垫（16）箱门锁杆（17）锁杆托架（18）锁杆凸轮（19）锁杆凸轮座（20）把手（21）把手锁件（22）箱门搭扣件

任务 3　识读集装箱标记

任务描述

实地参观学校实训场地或企业中装载货物的集装箱，按照操作步骤及实训标准认识集装箱的标记。

任务准备

20ft 集装箱，反光背心，安全帽，相机。

任务实施

组织学生参观货柜物流公司，实地拍摄，收集集装箱结构图片，请用所学过的知识描述一下该集装箱的基本情况，识读实体箱标记信息，如图 1–36 所示。

图 1–36　集装箱标记示意图

序号	标记图示	标记说明
1		
2		
3		

（续）

序号	标记图示	标记说明
4		
5		
6		
7		
8		
9		
10		

项目评价

序号	评价任务	要素说明	扣分分值	次数	扣分小计	得分小计
1	集装箱的选择、集装箱结构的认识以及集装箱标记的识读（70分）	未能正确识别集装箱类型	10			
2		未能快速识别集装箱的用途及功能	10			
3		未能根据实际的货物快速匹配适箱情况	10			
4		未正确识别集装箱的结构部件	20			
5		未正确识别集装箱箱体上的标记	20			
6	7S管理（30分）	实训过程中未佩戴安全帽，未穿戴反光背心	10			
7		实训过程中发生与设备碰撞或其他安全事故	10			
8		设备未及时安全归位	10			

注：“扣分小计”不得超过“评价任务”总分值。

总得分：

项目拓展

住人集装箱

住人集装箱是活动板房的一种（见图1-37），以工地租用给工人居住为主，也有一些私人购买和租用的情况。住人集装箱的最大优势是价格便宜，同时还具有以下特性：

图1–37　住人集装箱

（1）活动性：可移动、可再次使用。

（2）快速组建：制造工期短，免地基。

（3）安全性：钢骨结构，防风、防震。

（4）耐久性：钢板外壁，耐腐蚀，耐酸性，不生锈，不龟裂，使用年限在10年以上。

（5）隔音隔热：采用空断热设计，隔音、隔热性能佳。

（6）美观性：可进行各种造型设计，外壁花色多样，外观亮丽。

项目四

周转箱的选择与使用

项目概述

新冠疫情的暴发无疑是一只前所未料的“黑天鹅”，给各行各业均带来巨大冲击，而物流在抗击疫情中发挥的作用更是受到广泛关注。无论是政府救灾防灾资源的运输、企业生产供应链正常运作的恢复，还是消费者日常生活消费的保障，社会各方都切身意识到物流的作用和重要性。医用和救灾物资配送在电商物流末端的配送需求激增，医疗废物周转箱成为物流环节中不可缺少的设备之一。医疗废物周转箱是在医疗废物运送过程中，用于盛装经初级包装医疗废物的专用硬质容器，多采用聚烯烃为原料制成。周转箱整体防液体渗漏，便于清洗和消毒；整体装配密闭，箱体与箱盖能牢固扣紧，扣紧后不分离；箱底和顶部有配合牙槽，具有防滑功能。医疗废物周转箱在本次防疫工作中起到了至关重要的作用。

在物流迅猛发展的进程中，周转箱作为重要的装卸搬运设备已经成为不可缺少的重要工具，广泛用于机械、汽车、家电、轻工、电子等行业，能耐酸、耐碱、耐油污，无毒无味，可用于盛放食品等，清洁方便，零件周转便捷，堆放整齐，便于管理。其合理的设计、优良的品质，适用于工厂物流中的运输、配送、储存、流通加工等各个环节。周转箱可与多种物流容器和工位器具配合，用于各类仓库、生产现场等多种场合。

在物流管理越来越被广大企业重视的今天，周转箱的使用促进了物流容器的通用化和一体化管理，是生产及流通企业进行现代化物流管理的必备品。

周转箱的材质多种多样，物流行业基本采用塑料周转箱，本书涉及的周转箱即指塑料周转箱。

周转箱的选择与使用项目包括两个任务：

任务1　选择周转箱

任务2　操作周转箱完成拣选作业

项目目标

- 能够准确描述周转箱的类型和不同用途。
- 能够正确操作和使用周转箱。

知识准备

随堂记

一、周转箱的概述

根据我国国家标准《物流术语 GB/T 18354—2021》，周转箱（Returnable Container）是用于存放物品，可重复、循环使用的小型集装器具（见图1-38）。周转箱也称为物流箱，适用于不同行业产品的输入和输出，涉及运输、配送、储存、流通加工等环节，并与其他的设备设施配合使用，已广泛成为生产和流通领域的必备品。

图 1-38　周转箱

周转箱具备抗折、抗老化、抗拉伸、抗压缩、抗撕裂、耐高温、承载强度大、色彩丰富的特点。包装箱式周转箱既可用于周转，又可用于成品出货包装，轻巧、耐用、可堆叠，并可根据用户需求定制各种规格、尺寸，还可使用铝合金包边、加盖，外形美观大方，可应用于五金、电子、机械零配件、冷藏、储存、运输等行业。一般中空板周转箱可以根据客户提供的尺寸设计制作，做到最合理装载。同时，物流箱可以堆叠存放，有效利用厂房空间，增大零部件储存量，节约生产成本。

二、周转箱的特点

周转箱具有以下特点：

（1）周转箱一般由共聚丙烯、聚乙烯合成，自重轻，使用寿命长。

（2）周转箱外尺寸是指周转箱带盖时的最大尺寸，并可按需定制各种尺寸。

（3）周转箱的承载是指在适应环境温度范围内，均匀放置的承载，且承载强度大。

（4）周转箱的有效工作温度为-25～40℃，环境适应性好。

（5）周转箱可堆叠存放，节省使用空间。

三、周转箱的优点

（1）良好的力学性能。周转箱的特殊结构使其具有韧性好、耐冲击、抗压强度高、缓冲防震、挺硬性高、弯曲性能良好等优良的力学性能。

（2）质轻节材。周转箱使用塑料中空板为制造材料，耗材少，成本低，重量轻。

（3）隔热、隔声。由于周转箱的中空结构，使其传热、传声效果明显低于实心板材，具有良好的隔热、隔声效果。

（4）防静电、防导电、阻燃。采用改性、混合、表面喷涂等方法可以使周转箱具有防静电、防导电、阻燃的性能。

（5）化学性能稳定。周转箱可以防水、防潮、防腐蚀、防虫蛀、免熏蒸，与纸板、木板相比具有明显优势。

（6）表面光滑美观，颜色齐全。由于周转箱的特殊成型工艺，通过色母粒的调色可以达到任意颜色，而且表面光滑，易于印刷。

（7）环保效果明显。周转箱具有无毒、无污染等特点，废弃处理简单，不会对环境造成污染，还可进行废物再利用，做成其他塑料制品。

（8）优越的耐冲击性。重压或撞击时不易碎裂，不会留下刮痕，可终身使用。其合理的设计、优良的品质，适用于工厂物流中的运输、配送、储存、流通加工等各个环节。

（9）耐用性强，承载强度大。周转箱具有抗拉伸、抗压缩、抗撕裂、抗高温、色彩丰富等特点。

四、周转箱的类型

1. 根据用途分类

根据用途不同，周转箱可分为以下类别，见表1-6。

表1-6 周转箱按用途分类

箱型	防静电周转箱	防导电周转箱	阻燃周转箱

箱型	农药周转箱	精密仪器周转箱	药品周转箱
		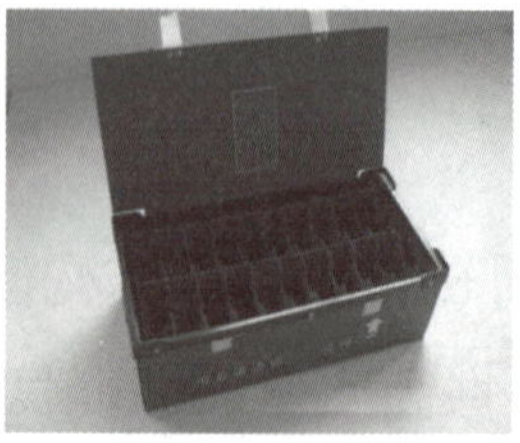	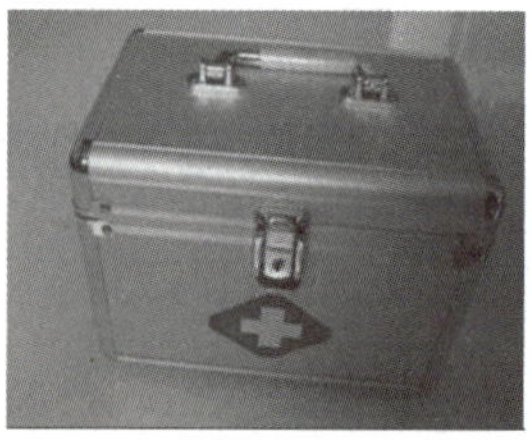

（续）

箱型	仪器周转箱	垫板、隔板制成的电子元器件周转箱	水果周转箱
箱型	零部件周转箱	邮政周转箱	饮料周转箱

2. 根据结构分类

（1）可堆式周转箱。该周转箱箱体四面均设有新型一体化无障碍把手，符合人体工程学原理，便于操作人员更有效、更安全地抓取箱体，使搬运更加舒适方便。光滑内表面及圆角设计，既增加强度又便于清洗。箱体四面都设有卡槽，可根据需要安装易装卸式塑料卡片夹。底部设计有密集型小方格的加强筋，能非常平稳地在流利架或滚道流水线上运行，更有利于存储和拣选作业。底部与箱口的定位点配合设计，堆叠稳固，不易翻倒。箱体四边预留条码位，方便永久性条码的粘贴并有效防止脱落。四角设计特别牢固的加强筋，提高箱体承载能力及堆码时的稳定性。选配平面型箱盖，可选择与箱体配套的金属铰链、提手等配件。

小知识1-4 四种常见的周转箱

（2）可插式周转箱。可插式周转箱也称为可插式物流箱，常见的600系列的周转箱外径为600mm×400mm×340mm，内径为545mm×370mm×320mm，最大内容量为61.3L，单箱承载≤40kg，堆码承载≤200kg。具有使用清洁方便，能耐酸碱、耐油污，无毒无味，可盛放食品、零件，周转便捷，堆放整齐，便于管理等优点。其合理的设计、优良的品质，适用于工厂物流中的运输、配送、储存、流通加工等众多环节，被广泛应用于机械、汽车、家电、轻工、电子等行业。

（3）折叠式周转箱。折叠式周转箱采用国际流行款式，根据折叠方式的不同，分为对折式和内倒式两种。折叠式周转箱折叠后的体积只有组立时体积的1/4至1/3，具有重量轻、占地少、组合方便等优点。在各

随堂记

大连锁超市、24小时便利店、大型配送中心、百货商场、轻工、服装、家电、食品加工等闭环回路配送系统中广泛使用。对折式折叠周转箱有400mm×300mm、600mm×400mm、650mm×440mm、530mm×365mm四个系列10多种规格，和1210型国际标准、1208型欧洲标准以及1111型日本标准托盘配合，可实现机械化搬运，提高了流通合理化、效率化，使用户储运成本大大降低。折叠式周转箱是一种符合现代企业推行环保要求及零库存计划的新型产品。

（4）套叠式周转箱。套叠式周转箱是指将树脂熔化，用注塑成型方法制成，反转180°可以互相套插的塑料箱。套叠式周转箱利用箱子两侧的凹凸位设计，当箱子装满货物时，凸位对凸位，则可以层叠而不会挤压损坏货物；当箱置空时，则凹位对凹位，将箱子套叠起来，至少可节省2/3的储存空间。合理的设计，优良的品质，使其适用于工厂物流中的运输、配送、储存、流通加工等众多环节；与多种物流容器和工位器具配合，可用于各类仓库、生产现场等场合，大大的节省周转箱置空时的储存空间。套叠式周转箱能够很好地帮助完成物流容器的通用化、一体化管理，是生产及流通企业进行现代化物流管理的必备品。

任务1 选择周转箱

任务描述

有客户需要出库一批货物，分别是瓶装水、电子仪器、苹果，需要进行出库的拣选操作，按照货物的特性以及实训标准，请在拣选作业中正确选择所需的周转箱，并阐明选择依据。

任务准备

拣选任务单见下表：

拣选任务单

序号	货物名称	数量	单位	货位编号	拣选所需的周转箱类型
1	瓶装水	7	瓶	A1201	
2	电子仪器	3	件	B2204	
3	苹果	8	个	F1001	
				拣选操作员（签字）：	

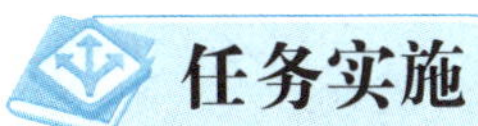

任务实施

序号	选择步骤	考虑因素
1	确定货物所适合的周转箱类型	(1)货物特性 (2)货物用途 (3)周转箱特性
2	确定周转箱的搬运特性	(1)货物搬运要求 (2)搬运作业特性和方便程度 (3)尽量减少货物倒箱

任务 2 操作周转箱完成拣选作业

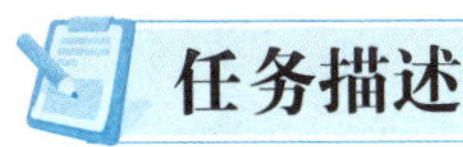

任务描述

有客户需要出库一批货物，分别是瓶装水、电子仪器、苹果，需要进行出库的拣选操作，按照货物的特性以及实训标准，在拣选作业中进行周转箱的正确操作与使用。

任务准备

场地准备

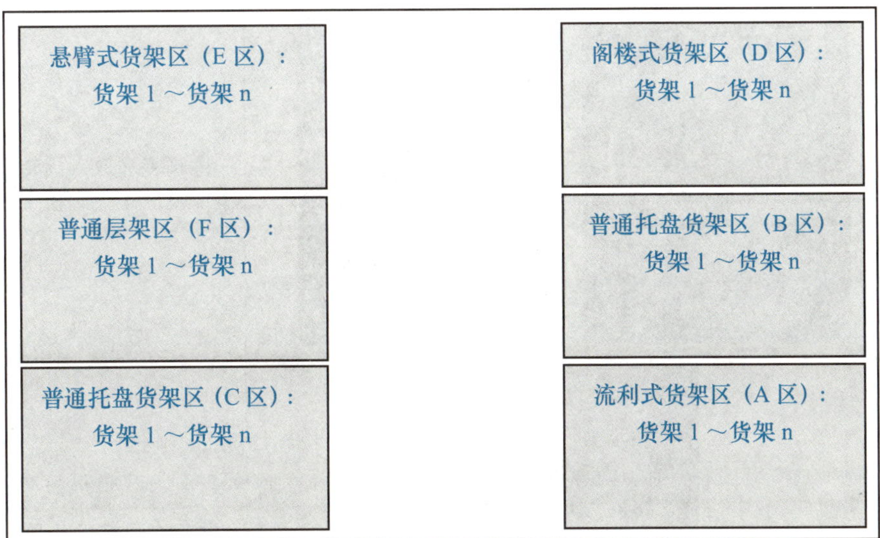

设备准备

水果周转箱，零部件周转箱，饮料周转箱，手推车，安全帽，反光背心。

任务实施

操作周转箱完成拣选作业的步骤图示与说明见下表：

序号	步骤图示	步骤说明
1		正确佩戴安全帽和穿戴反光背心后，根据货物的特性选择合适的周转箱
2		将周转箱放置于手推车中心前行
3		找到A区流利式货架区，找到瓶装水相对应的储位
4		将瓶装水放入周转箱后，用滚轮推送到出口处，打包出库
5		将货物存放在出库区

（续）

序号	步骤图示	步骤说明
6		将使用完的周转箱运送至归位处
7		折叠并归位

注意事项：周转箱装箱操作中，注意货物是否需要衬垫；搬运过程中勿剐蹭；拣选货物时，勿野蛮操作，合理利用周转箱；周转箱和手推车使用后要及时归位。

小视频1-3
操作周转箱
完成拣货作业

项目评价

序号	评价任务	要素说明	扣分分值	次数	扣分小计	得分小计
1	拣选作业中，周转箱操作训练（70分）	周转箱选择有误（按次数计数）	2			
2		选择错误货物或未按规定要求存放在周转箱（按次数计数）	5			
3		手推车与货架或设备碰撞、碰倒	5			
4		行进中操作不当导致货物跌落	10			
5		手推车制动时未停放在指定区域	5			
6		周转箱未正确折叠归位	5			
7		未能正确阐述周转箱的选择依据	5			
8	7S 管理（30 分）	周转箱、手推车未及时归位（按未归位次数计数）	5			
9		作业过程中人员、设备、设施之间发生碰撞或者人员受伤	5			
10		将设备处于无人看管的状态（按发生次数计数）	5			
11		未佩戴安全帽或未穿戴反光背心	5			

注：“扣分小计”不得超过“评价任务”总分值。

总得分：

项目拓展

如何延长周转箱的使用寿命

周转箱的使用方法不正确会影响其寿命，那么，怎样能让周转箱的使用寿命延长？

第一，避免周转箱被阳光暴晒，暴晒容易引起周转箱的老化，缩短周转箱的使用寿命。

第二，周转箱一般装载的货物重量以不超过25kg为宜，且不能装满周转箱（参考标准：除掉上层结合处的部分，留出2cm距离）。

第三，周转箱在堆码的时候需要进行适当的捆扎和包裹，这也是为了便于机械装卸和运输，从而满足装卸、运输和存储的要求。

第四，严禁将周转箱从高处抛落，避免因猛烈撞击而造成周转箱产生裂纹或破碎。

第五，严禁将货物从高处抛掷在周转箱内，合理安排货物在周转箱内的堆码方式。货物均匀置放，不要集中堆放、偏心堆放。

第六，叉车或手动液压车作业时，货叉尽量在平稳抬起托盘后才可变换角度。货叉不可撞击托盘侧面，以免造成托盘破碎，间接损坏周转箱及货物。

实际上，工作人员平时都能很容易做到以上细节。总之，只要留意使用细节就可以很好地延长周转箱使用寿命，从而降低成本。

项目五

仓储笼的安装与操作

项目概述

仓储笼最早起源于二战后的西欧，是仓储集装设备经历平板托盘、柱式托盘、箱式托盘后施加脚轮和折叠网面结构的产物。由于其具有存放物品容量固定、堆放整洁、存放一目了然、便于库存清点等优势，20世纪70年代后期在亚洲一些国家得到广泛制造和使用，之后传入我国。我国使用的规格大多为1000mm×800mm×850mm，并沿用至今。

仓储笼传入我国后，在结构、功能、操作方式以及维护保养等层面进行了一系列创新和变革，并实现规模化、批量化生产。比如，仓储笼外表镀锌喷涂适应不同仓库温湿度要求，可以定制个性化堆叠方式；堆垛高度提升、结构稳定性提升明显，实现仓库的立体化存储，节约更大空间；材料选用更加强力的钢条点焊制成，仓储笼底部以U型槽钢焊接补强，寿命提升、维护成本显著下降。

仓储笼又名仓库笼、蝴蝶笼、巧固笼、周转笼等，是一种广泛应用于大型仓储式企业和超市中的载货容器，常常用来对生产原材料、半成品以及部分成品进行暂存、短途运输、分类整理和存放。在一些特殊性能、特殊形状的产品运输方面，企业采用仓储笼作为运输包装可以取得巨大的经济效益和明显的社会效益。除了包装运输可堆积的货物与产品，如砖瓦、瓜果及外形复杂或无规则外形的各种货物同样可以使用。由于仓储笼的各构件多用金属制作，因而也适合某些坚硬或沾污产品的运输包装。

仓储笼的安装与操作项目包括三个任务：

任务1　安装仓储笼

任务2　叉取仓储笼

任务3　操作仓储笼实现货物装卸

项目目标

- 能够准确描述仓储笼的类型和不同用途，并根据仓储的实际特点选择合适的仓储笼。
- 在正确描述仓储笼主要结构的基础上能够完成仓储笼的安装。
- 能够规范使用仓储笼完成货架区货物的装车、行驶和卸货作业。
- 能够对仓储笼进行简单的维护和保养。

知识准备

一、仓储笼的概述

仓储笼本质是一种特殊的包装形式，具有和托盘相似的作用，是仓储运输中很重要的一类物流容器，具有存放物品容量固定、堆放整洁、存放一目了然以及便于库存清点等优点，同时也提高了仓储空间的有效利用率。

小知识1-5
仓储笼产品适用的十大行业

仓储笼的钢材料和网状、立体的结构等决定其既可以作为立体的装卸、储存和运输工具，又可以作为周转箱使用，还可以作为售货工具使用，其功能早已深入到生产、流通和消费等领域并贯穿于物流作业的全过程。

二、仓储笼的类型

仓储笼按照结构主要可以分为折叠式仓储笼、牵引式仓储笼和脚轮式仓储笼等。

随堂记

（1）折叠式仓储笼。其设计是为了节省仓储笼自身存放的空间，又可以为货物随时存取提供方便。在存储货物时将仓储笼折叠成型，打开小门存入或取出物品；使用后继续折叠存放，大大节省了空间。相对而言，因为结构需要柔性折叠，因此它的承重量不宜过大，也不可以堆叠太多层，如图1−39所示。

（2）牵引式仓储笼。一般属于不可折叠的刚性仓储笼，主要优势在于在仓储笼的前后两端受力部位，加装拉手、把手等牵引装置，辅之底面上加装可以直线前进或者后退的脚轮，无须借助手动托盘搬运车，可直接牵引其前进或者后退，使用起来非常高效方便，如图1−40所示。

图1−39 折叠式仓储笼

图1−40 牵引式仓储笼

（3）脚轮式仓储笼。底部配有的轮子与其他类型仓储笼有明显差异。

一般来说，脚轮式仓储笼配有两个万向轮，不仅方便前后移动，而且可以做四面八方的调向，整个设备运转灵活轻便，非常有利于在相对狭窄的通道里作业，因此多用于企业生产车间，如图1-41所示。

图 1-41　脚轮式仓储笼

相对而言，适合于地面货叉叉取的仓储笼在物流企业和企业的物流部门中使用较广泛。

随堂记

三、仓储笼的特点

仓储笼具有以下四个优点：

（1）仓储笼的容量相对固定，仓储笼中存放的货物一目了然，方便清点查验。

（2）仓储笼的四周均有网罩保护货物，其坚固的结构保证了货物的安全，又能够多层堆叠，不易倒塌。

（3）配合手动托盘搬运车、升降机等机械设备进行使用，可以有效促进集装单元化作业。

（4）强度高，寿命长，装载能力强，又便于周转，应用范围较广。

仓储笼的缺点也显而易见：由于采用全金属结构，因此造价相对较高；同时自重较大，存放设备对场地要求、环境要求较为苛刻。

四、常见仓储笼的结构

常见仓储笼的主要结构如图1-42所示。

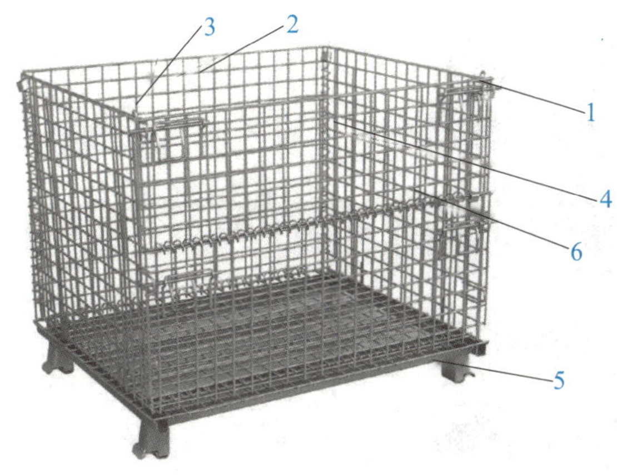

图1-42　常见仓储笼的主要结构

1—插销　2—网面　3—防滑挡块　4—折叠门　5—底面基座　6—螺旋铰链

一般来说，仓储笼自身移动困难，需要配合叉车、手动托盘搬运车或是升降机等物流设备来使用，而带轮子的仓储笼可以在车间方便快捷的周转。

以下是仓储笼的主要控制部件：

序号	控制部件图示	名称及说明
1	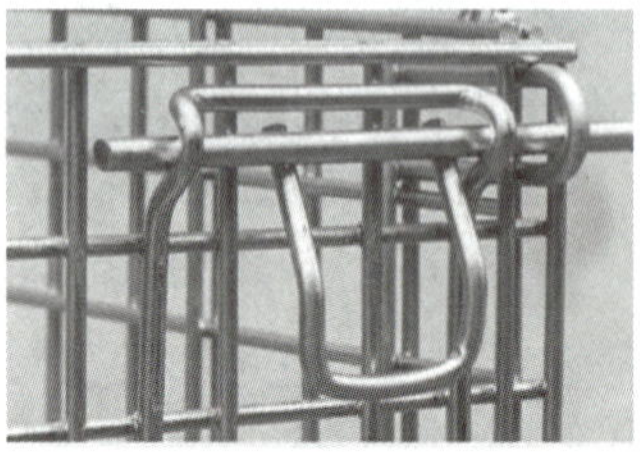	插销：仓储笼多层堆叠的安全锁扣，是在仓储笼中存取货物的开关
2	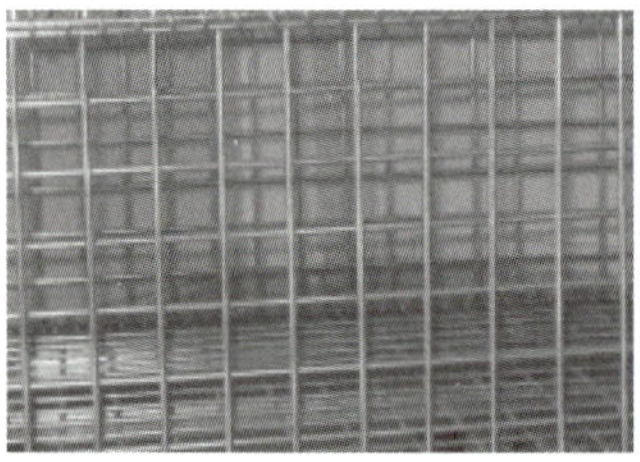	网面：点点焊接，以点固面，保证了仓储笼的强度和耐用性，也保证堆叠货物的安全
3		防滑挡块：加强仓储笼的强度，保证堆叠上层货物时，仓储笼不会前倾滑落，保证了作业的安全
4		折叠门：打开折叠门，可以进行装车或者卸货作业；关闭折叠门并关闭插销，车辆可以行进
5	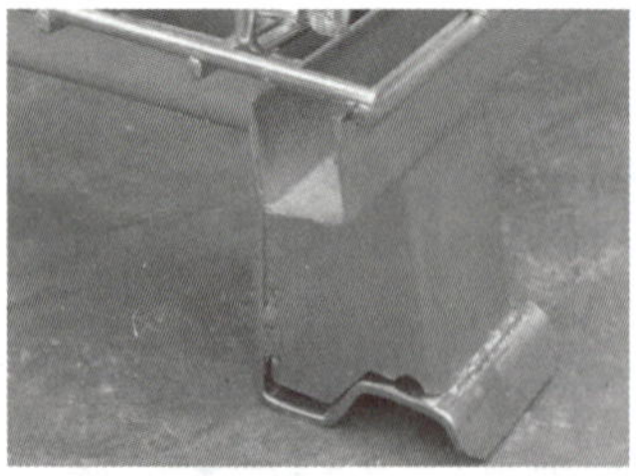	底面基座：坚固可靠，保证货物可以在仓储笼内多层堆叠
6	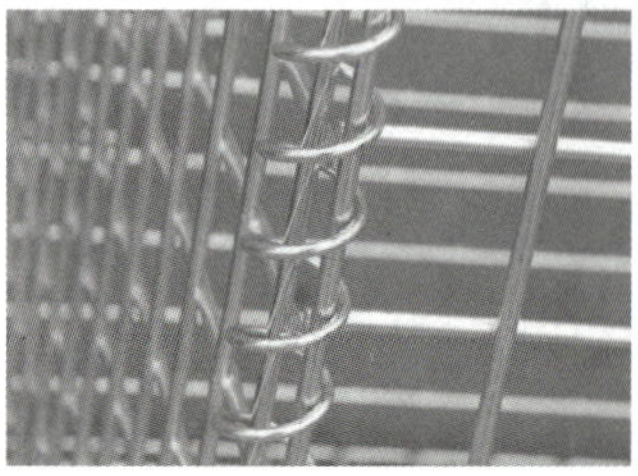	螺旋铰链：一般作为折叠式仓储笼中可以进行折叠的装置

任务1 安装仓储笼

任务描述

取空置的仓储笼，按照操作步骤及实训标准，依次进行仓储笼的安装操作。

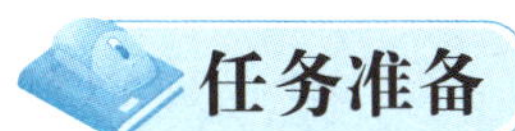

任务准备

场地准备

设备准备

标准仓储笼（底面1200mm×1000mm），安全帽。

任务实施

仓储笼安装的步骤图示及说明见下表：

序号	步骤图示	步骤说明
1		将设备放置于指定位置，对设备进行检查，确保仓储笼安全可靠
2		提拉四个网面和折叠门，搭建起仓储笼的立体框架，保持四面的垂直竖立

（续）

序号	步骤图示	步骤说明
3		扣紧仓储笼上的防滑挡块，加强仓储笼的强度，保证堆叠上层货物时，仓储笼不会前倾滑落
4		关闭所有插销，尤其是折叠门上的插销，进一步增进仓储笼作业的可靠性
5		再次确认，所有防滑挡块和插销均处于闭合状态，整个仓储笼坚固、稳当。检查无误后，仓储笼安装基本完成

注意事项：仓储笼设备自重较大且体积较大，安装过程中两人配合完成效果更佳。

任务2 叉取仓储笼

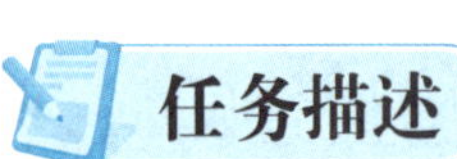

任务描述

取空置的仓储笼和手动托盘搬运车，按照操作步骤及实训标准，依次进行货叉出入仓储笼的操作。

任务准备

场地准备

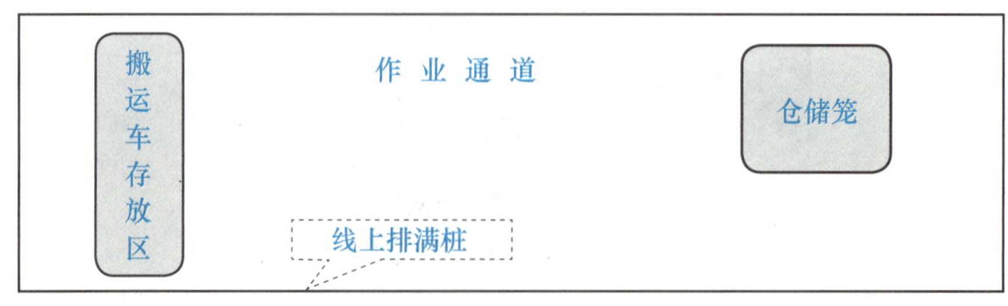

设备准备

手动托盘搬运车，标准仓储笼（底面1200mm×1000mm），桩，安全帽。

任务实施

使用手动托盘搬运车叉取仓储笼的步骤图示及说明见下表：

序号	步骤图示	步骤说明
1		将设备放置于指定位置，对设备进行检查，确保安全作业
2		启动手动托盘搬运车，运行至仓储笼存放区，货叉对准仓储笼底面叉入口，进叉取车
3		压下舵柄，启动液压装置，快速向上抬起仓储笼
4		运送仓储笼至装货区域

注意事项：操作过程中，货叉和仓储笼不要有剐蹭；由于仓储笼体积较大，容易遮挡视线，在仓储笼行进的过程中，需注意两侧的桩子和杆子，防止发生碰撞。

任务3 操作仓储笼实现货物装卸

任务描述

取仓储笼、手动托盘搬运车，并准备装满货物的货箱若干，按照操作步骤及实训标准，依次进行货箱的装上仓储笼和卸下仓储笼的训练，进行递进式反复练习，直至完全掌握仓储笼装卸货物操作，并达到熟练程度。

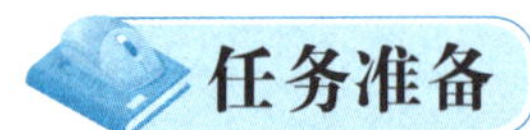

任务准备

场地准备

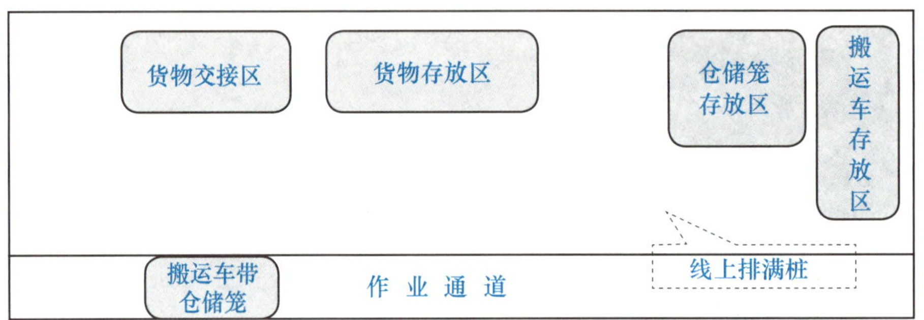

设备准备

手动托盘搬运车，标准仓储笼（底面1200mm×1000mm），货箱，桩，安全帽。

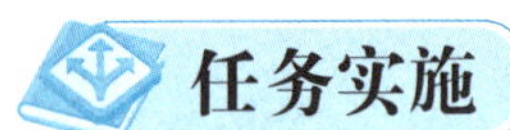

任务实施

将货箱装上仓储笼的操作步骤图示与说明见下表：

序号	步骤图示	步骤说明
1		利用手动托盘搬运车带仓储笼行进至货物正前方，注意行进中不要碰到桩。停放手动托盘搬运车时要注意停放要领，防止仓储笼移动
2		操纵仓储笼的插销，打开折叠门，准备装货

（续）

序号	步骤图示	步骤说明
3		轻轻放下折叠门，防止损伤仓储笼
4		选择需要装车的货物，检查货箱并进行点验，确保无误
5		合理规划仓储笼堆码空间，重不压轻、大不压小，将货箱装车，注意堆码高度和货物之间的间隙
6		检查无误后，关闭折叠门并锁好插销，完成货物装车作业

注意事项：整个货物装车过程，请保证手动托盘搬运车一直处于刹车状态；堆叠货物时按照堆码操作的原则执行，既要保证货物的安全，又要提高速度，保证装车的效率。此外，还要注意折叠门操作的规范性，防止损坏仓储笼。

仓储笼卸货作业的步骤图示与说明见下表：

序号	步骤图示	步骤说明
1		按照前两个任务的要求，利用搬运车运送仓储笼至货物存放区取货
2		利用手动托盘搬运车运送仓储笼至货物交接区，不断将作业通道的桩与桩距离靠近，增加难度。将设备行驶至货物交接区域
3		在规定区域内停放仓储笼
4	 	打开插销，放下折叠门，从仓储笼内取出货箱，进行卸货作业
5		货物清点无误后，返回

（续）

序号	步骤图示	步骤说明
6		将仓储笼和手动托盘搬运车送回至规定区域

注意事项：带货时注意行驶速度，保证安全；转弯前，需提前考虑好转弯半径和通道宽度，防止发生碰撞；卸货后，需及时关闭折叠门。

项目评价

序号	评价任务	要素说明	扣分分值	次数	扣分小计	得分小计
1	仓储笼使用操作训练包括货叉出入仓储笼、货物装上仓储笼以及载货行进等（70分）	进退货叉失误（按次数计数）	2			
2		手动托盘搬运车在叉取和退出过程中与仓储笼有剐蹭（按次数计数）	5			
3		仓储笼与桩碰撞，使桩倾倒、大面积移动等	5			
4		未及时关闭仓储笼的插销或者折叠门	2			
5		行驶中，货物在仓储笼内倒塌	10			
6		货物上车时，载有仓储笼的手动托盘搬运车未制动	5			
7		安装仓储笼错误，仓储笼结构出现问题，框架不稳或直接倒塌	10			
8		仓储笼或手动托盘搬运车未按要求归位	2			
9	7S管理（30分）	仓储笼或手动托盘搬运车未归位（按未归位次数计数）	1			
10		作业过程中人员、设备、设施之间发生碰撞或者人员受伤	5			
11		置设备于无人看管的状态（按发生次数计数）	5			
12		故意损坏仓储笼的折叠门或把仓储笼当作玩具	5			

注：“扣分小计”不得超过“评价任务”总分值。

总得分：

项目拓展

仓储笼的维护保养

仓储笼在安装使用后需要定期对其进行适当的维护保养，如果不进行维护保养那么生锈损坏的速度会大大加快，维护保养具体方法包括：

（1）定期清洁。定期清理重型仓储笼表面的杂污物，杂污物会导致潮湿的空气、露水等附着在铁丝表面。及时清理掉杂污物，即便是空气含水量较多的情况下也很容易蒸发，有效的增加了仓储笼的使用寿命。

（2）防止磕碰。仓储笼在转移过程中应当轻拿轻放，放置仓储笼的地面应平整，以保持仓储笼的稳定。

（3）防潮防晒。逢大雾天气，应用干棉布擦掉表面的水珠；逢雨天应于雨停后及时把水珠擦干。仓储笼摆放的位置最好避开窗外阳光的直射。仓储笼长期遭受日晒，会使漆色变色，使上色漆层干裂脱落，导致金属氧化变质。同时，室内的湿度应维持在正常值内。

（4）远离酸碱。酸碱是仓储笼的“头号杀手”，仓储笼上若不慎沾上酸碱，应立即用清水将污处冲净，再用干棉布擦干。

（5）消除锈迹。仓储笼生锈后不要用砂纸打磨，锈迹较浅的可用棉纱蘸机油涂于锈处，稍候用布揩擦便可消除锈迹；若锈迹已扩展变重，则应请有关技术人员前来修理。

项目六

温湿度计的操作

项目概述

商品只有在一定环境、一定条件下，才能保持其本身质量不变，储运环境的优劣直接影响着商品的质量，决定着商品质量的变化程度。在商品储运环境的影响因素中，温度和湿度是首要因素。食品保存过程中的温湿度变化直接影响菌类的生长，影响食品安全。根据《药品经营质量管理规范实施细则》的规定，药品常温保存温度为10～30℃，阴凉保存为20℃以下，冷藏为2～8℃，否则极易发生变质、发霉、虫蛀、失效等情况，影响用药安全。只有保障环境温湿度的稳定,才能保障商品的质量安全。因此，在仓库工作中，需要利用温湿度计对仓库的温度和湿度进行有效的监控，并且根据实际情况对库房进行必要地调整，以此来达到最佳的商品存储环境。

随着科学技术的发展，对于温湿度的检测和控制越来越受到人们的重视，温湿度计在工业、农业、气象、医疗以及日常生活等方面都得到了广泛的应用。

温湿度计的操作项目包括两个任务:

任务1　操作干湿球温湿度计测量

任务2　操作电子温湿度计测量

项目目标

- 能够规范操作干湿球温湿度计。
- 能够规范操作电子温湿度计。
- 能够正确处理与调控仓储温湿度。

知识准备

一、温度

空气温度简称气温，是指空气的冷热程度。人们常说的气温是指距离地面1.5m高度的空气温度。衡量气温的尺度称为温标，常用的温标有两种：摄氏温标（℃）和华氏温标（℉）。而气温在不同时间、不同地域，受太阳辐射、下垫面性质和大气条件的变化而变化。衡量气温变化的指标主要有气温日较差（日变化）和气温年较差（年变化）。

气温日较差：指一天中气温最高值与最低值之差。气温日较差的大小与纬度、季节、地势、海拔、天气和植被等因素有关。

气温年较差：指最高月平均气温与最低月平均气温之差。年较差的大小与纬度、距海远近、海拔、云量和雨量等因素有关。

仓库温湿度管理工作中最常使用的概念是库温，库温是指仓库内的温度，最高库温一般低于最高气温，而最低库温则高于最低气温。

二、湿度

空气湿度简称湿度，是指空气中水汽含量的多少或空气的干湿程度。空气湿度的表示方法有绝对湿度、饱和湿度、相对湿度，而人们常说的湿度指的是相对湿度。

（1）绝对湿度：指单位体积的空气中实际所含的水汽量（单位：g/m^3）。

（2）饱和湿度：指在一定的温度下，每立方米空气中所能容纳的最多水汽量（单位：g/m^3）。

（3）相对湿度：指空气中实际含有水汽量（绝对湿度）与当时温度下饱和水汽量（饱和湿度）的百分比。它表示在一定温度下，空气中的水汽量距离该温度下饱和水汽量的程度。在仓库温湿度管理工作中，主要观测的是相对湿度的大小。

$$相对湿度=绝对湿度\div饱和湿度\times100\%$$

三、温湿度测量工具

1. 常见温度测量工具——温度计

温度计是用来准确测量温度的工具，根据使用目的和场景的不同，有多种温度计可选择使用。以下列举了四种常见的温度计类型，见表1-7。

表1-7 常见的温度计类型

序号	名称	图片	说明
1	酒精温度计		酒精温度计多为红色液柱型，观测刻度比较清晰，便于读数。量程在 −114 ～ 78℃，可测低温，但不可测量超过酒精沸点的高温，约 78℃左右。缺点是测量精度不是很准确。适用于家用、农业或养殖业
2	水银温度计		水银温度计量程在 −39 ～ 357℃，精度高、耐高温，但不可测超低温。缺点是不小心打碎后，水银有一定的污染性和毒性。适用于工业

（续）

序号	名称	图片	说明
3	最高最低温度计		最高最低温度计也叫寒暑表，是用来记录一天或一段时间内空气中的最高温度和最低温度。量程是 -40 ～ 50℃。适用于蔬菜大棚或养殖场
4	电子温度计		电子温度计借助高精度的传感器感应实时温度变化，并在电子屏上直接显示温度数值。特点是简单、方便、精度高

2．常见湿度测量工具——湿度计

湿度计是用来测量气体湿度的物性分析仪器。目前常用的湿度测量方法有两种：温湿度计干湿球测湿法和电子式湿度传感器测湿法，见表1-8。

表 1-8　常见的湿度测量方法及仪器类型

方法	仪器	图片	说明
温湿度计干湿球测湿法	干湿球温湿度计		干湿球温湿度计是同时测定空气温度和湿度的温度计 温度范围：-40 ～ 50℃ 湿度范围：0 ～ 100%RH
电子式湿度传感器测湿法	露点湿度计		露点湿度计是通过测量露点温度而测定空气湿度的仪器，共有三种类型：①光电冷凝式露点计；②普通冷镜露点计；③氯化锂露点计

（续）

方法	仪器	图片	说明
电子式湿度传感器测湿法	毛发湿度计		毛发湿度计是当前气象台站测定空气湿度的基本仪器，是以一束毛发作为感应元件而能自动连续记录相对湿度随时间变化的仪器。在气温为 0 ～ 30℃和相对湿度为 20% ～ 80% 的条件下测量精度较好
	电子温湿度计		电子温湿度计借助高精度的传感器感知实时温湿度变化，并在电子屏上直接显示温湿度数值。特点是简单、方便、精度高

四、干湿球温湿度计的结构、原理及使用方法

1. 干湿球温湿度计的主要结构

干湿球温湿度计的主要结构如图1-43所示。

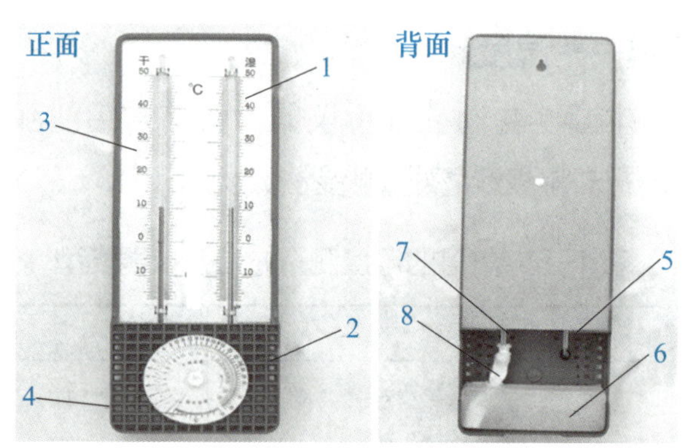

图 1-43　干湿球温湿度计的主要结构

1—湿球温度计　2—干湿球温度刻度表　3—干球温度计　4—相对湿度刻度表
5—干球温度计　6—储水槽　7—湿球温度计　8—湿纱布

2. 干湿球温湿度计的原理

干湿球温湿度计又叫干湿计，既可以测量温度，也可以测量湿度。干球温度计直接暴露在空气中，其显示的温度即当时空气的温度；湿球温度计的球部被用蒸馏水浸湿的纱布包裹，纱布下端浸入蒸馏水中，利用水蒸发吸热的原理来测量空气温度和湿度的关系。当空气干燥时，纱布上的水蒸发快，吸热多，因此湿球所表示的温度比干球所示的温度要低，且两个温度计的示数差越大，说明空气越干燥；相反，当空气中的水蒸气呈饱和状态，水蒸发慢，吸热少，湿球和干球的所示温度差小，且两个温度计的示数差越小，说明空气越潮湿。再通过干湿球温度的换算，最终可得出当时空气中的相对湿度。

3. 干湿球温湿度计的使用方法

分别读取干球温度和湿球温度，通过转盘将两者的温度在刻度表中对齐，箭头所指的位置即是当下的相对湿度。

五、常见货物的温湿度要求

不同货物安全储存的适合温湿度并不相同（见表1–9）。有的产品如橡胶制品，储存温度过高会发黏；有的产品如墨水，储存温度过低会出现冻结、沉淀现象；有的产品如食盐，湿度过高会潮解结块；再比如木制物品，湿度过低会造成开裂现象，失去使用价值。因此，仓管员需要对储存货物的温湿度要求有明确的认识。

表1–9　常见货物的温湿度要求

种类	温度（℃）	相对湿度（%）	种类	温度（℃）	相对湿度（%）
金属及制品	5～30	≤75	重质油、润滑油	5～35	≤25
合金碎末	0～30	≤75	轮胎	5～35	45～65
塑料制品	5～30	50～70	布电线	0～30	56～60
压层纤维塑料	0～30	45～75	工具	10～25	50～60
树脂、油漆	0～30	≤75	仪表、电器	10～30	70
汽油、煤油、轻油	≤30	≤75	轴承、钢珠、滚针	5～35	60
搪瓷制品	≤35	≤80	棉织品	10～25	60～70
竹木制品	≤30	50～70	毛织品	≤25	60～70
纸制品	≤35	≤75	丝织品	≤25	60～75
茶叶	0～15	≤60	毛皮	≤30	≤75
牙膏	–5～25	≤80	奶粉	≤25	≤65
洗衣粉	≤25	≤75	食糖	≤30	≤70
肥皂	≤25	60～80	墨汁	0～25	65～80
卷烟	≤30	≤75	墨水	0～25	65～80

任务1　操作干湿球温湿度计测量

任务描述

将干湿球温湿度计放置在仓库通风处，观察一段时间（如40min），按照操作步骤及实训标准，观察并记录干球、湿球温度及相对湿度。

 任务准备

干湿球温湿度计，记录本，笔。

 任务实施

使用干湿球温湿度计测量仓库内湿度的操作步骤图示及说明见下表：

序号	步骤图示	步骤说明
1		在储水槽里加上适量的水。注意，水要干净（一般用蒸馏水），不能加防冻剂，储水槽里的水不得少于2/3
2		将纱布的一头塞进储水槽浸在水里，另一头裹紧湿球温度计的探头。注意，纱布要干净，吸水性要好
3		悬挂于仓库通风处（避免太阳直射），悬挂高度宜在1.5～1.7m，以便平视观测。等待一段时间（如40min）
4	干球温度 24.5℃ 湿球温度 17℃	分别查看并记录干球和湿球温度，图中所示干球温度为24.5℃，湿球温度为17℃

（续）

序号	步骤图示	步骤说明
5	湿球温度 17℃ 干球温度 24.5℃	转动转盘，将干球温度数值24.5℃（红色刻度）对齐湿球温度数值17℃（黑色刻度）
6		查看相对湿度刻度表，箭头所指的刻度即当下空气的相对湿度，即31.5%左右

注意事项：相对湿度的测量只能在0℃以上的室温下进行。

任务2 操作电子温湿度计测量

任务描述

各小组取电子温湿度计（以HTC-1为例），选择教室、实训室或图书馆，按照操作步骤及实训标准观察并记录相对温湿度，并填写处理措施。

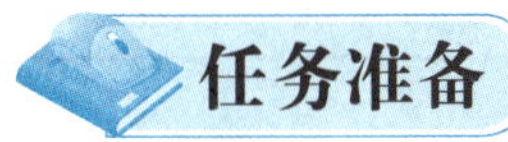

任务准备

电子温湿度计，记录表，笔。

任务实施

使用电子温湿度计测量自定场所的温湿度的操作步骤图示及说明见下表：

序号	步骤图示	步骤说明
1		依机背指示方向推开电池门，装上电池，然后装回电池门，该机即可启用（注：电池取出后再重新装入，时间、闹钟等功能需要重新设置）

（续）

序号	步骤图示	步骤说明
2		要将电子温湿度计放在仓库或者房间的中央，位置不宜过高也不宜过低

注：市面上的电子温湿度计还携带时间、闹钟等功能，操作简单，可自行调试。

使用电子温湿度计测量该场所一段时间的温湿度，记录并填写温湿度记录表。根据实际情况，思考进一步的处理措施。

（　　　　）温湿度记录表

日期	上午					下午					备注
	天气	温度	湿度	处理措施	记录时间	天气	温度	湿度	处理措施	记录时间	

项目评价

序号	评价任务	要素说明	扣分分值	次数	扣分小计	得分小计
1	温度计操作（70分）	温度计选择错误	5			
2		出水槽加水太少或溢出	2			
3		温度计未竖直使用	5			
4		干球或湿球温度计数值读取错误	2			
5		将干球、湿球温度值在刻度盘中对错	2			
6		相对湿度值读取错误	2			
7	7S管理（30分）	未使用的温度计未存放在规定位置	1			
8		使用中的温度计未摆放在指定位置	1			

注：“扣分小计”不得超过“评价任务”总分值。

总得分：

项目拓展

温湿度调控的方法

仓库内温湿度管理有密封、通风、吸潮三种常用方法。

（1）密封。密封是把整库、整垛或整件商品尽可能地密封起来，减少外界不良气候条件的影响，以达到商品安全储存的目的。密封的材料有很多，具有隔潮、保温性能的材料都可以，如防潮纸、塑料薄膜等。密封的形式也有很多，如整库密封、整垛密封、货架密封、按件密封等。

（2）通风。通风是根据空气自然流动的规律，使库内外的空气交换，以达到调节库内空气温湿度的目的。通风要注意时机的选择，一般在以下三种情况下需要考虑通风：一是库内绝对湿度和相对湿度均高于库外；二是库内温度和绝对湿度高于库外，相对湿度等于或略低于库外；三是库内温度比库外低，绝对湿度也稍低于库外，但相对湿度已经超过商品的安全相对湿度。通风的方法有两种，一是自然通风，二是机械通风，即安装排风扇加速仓库内外的空气交换。

（3）吸潮。吸潮与密封紧密结合，是用来降低库内空气湿度的一种有效方法。吸潮的方法主要有吸潮剂吸潮和机械吸潮。常见的吸潮剂有生石灰、氯化钙、硅胶、木炭等，机械吸潮主要有去湿机吸潮、空气调节器等。

模块二 装卸搬运设备的操作与维护

项目一 手动托盘搬运车的操作与维护

项目概述

浙江宁波一直以来都是国内外著名的商埠。唐朝时，它是与日本和东南亚一些国家进行贸易的主要港口。鸦片战争后，宁波是最早开放的五个通商口岸之一。当时，多家洋行、花号、公司等都在宁波建有货栈仓库，国外货品引入，地方土特产品输出，这就需要大量搬运货物的体力工人。仓库里，经常会出现搬运工人们背着货物来来回回忙碌的身影，他们弯着背，肩膀扛上尽可能多的货物，艰难地挪动搬运，这便是那个年代劳动工人的一个缩影。

这种人工搬运每次搬运的货物不多且费劳力，效率低下。随着货物物流的托盘化，手动托盘搬运逐渐成为仓库内货物搬运的首选。使用手动托盘搬运车时，需要工作人员将其货叉插入托盘孔内，由人力驱动液压系统来实现托盘货物的起升和下降，并由人力拉动或推行来完成搬运作业。在如今物流活动中，手动托盘搬运车是托盘运输中最简便、最有效、最常见的搬运工具。

手动托盘搬运车虽然自动化和智能化水平不高，但它为人工搬运向机械化搬运的转化做出了巨大的贡献。时至今日，它仍然被广泛应用于各项物流活动中。

手动托盘搬运车的操作与维护项目包括三个任务：

任务1　叉取托盘

任务2　空载绕桩

任务3　载货定位

项目目标

- 能够准确描述手动托盘搬运车的类型和不同用途。
- 能够正确阐述手动托盘搬运车的主要结构。
- 能够规范操作手动托盘搬运车叉取托盘，并完成货物的搬运作业。
- 能够完成手动托盘搬运车简单的保养与维护。

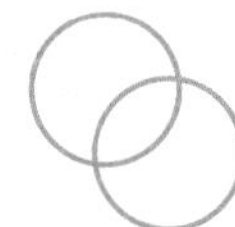

随堂记

知识准备

一、手动托盘搬运车的概述

手动托盘搬运车是一种小巧方便、使用灵活、载重量大、结实耐用的货物搬运工具，俗称“地牛”。它通过液压系统提升货叉，从而托起货物，通过人工拖动货物移动到指定位置，释放液压系统，货物随之落地。它操作简单，使用方便，适合短距离搬运，一般与托盘结合使用，广泛应用于仓库、超市、工厂、医院、商场、机场、体育馆等场所。

二、手动托盘搬运车的基本结构

常见手动托盘搬运车的基本结构如图2-1所示。液压系统用来提升货叉，方便搬运托盘货物；货叉用来放置托盘；手柄用来控制行进方向；手柄开关控制液压系统的启动，包括三个功能：提升（启动液压系统）、行驶和下降（释放液压系统）；方向轮和从动轮方便手动托盘搬运车的前进、后退和转向。

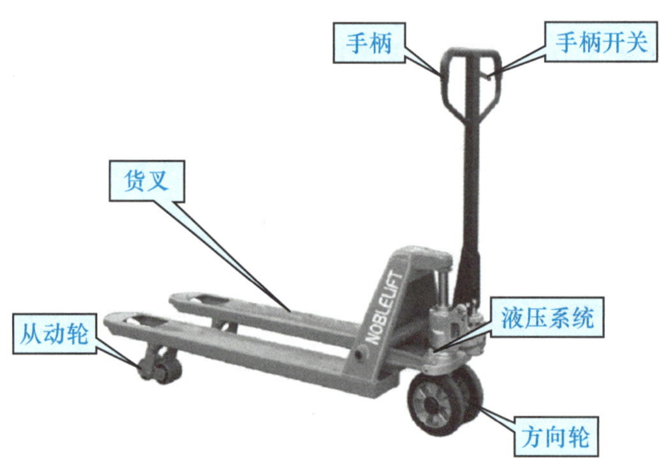

图2-1 手动托盘搬运车的基本结构

三、手动托盘搬运车的类型

根据使用场所的不同，手动托盘搬运车可以分为多种类型，下面是几种常见的手动托盘搬运车。

（1）低放型手动托盘搬运车。用于搬运离地空隙比较小的货物和托盘，常规手动托盘搬运车高度一般为85mm，低放型手动托盘搬运车最低高度可以做到35mm、45mm、55mm、65mm等规格，应用于托盘低矮、空间狭窄的工作场合，如图2-2所示。

（2）超长型手动托盘搬运车。专门为搬运一些超长货物而设计，能够装载各种超长重物，可在狭窄的通道上运行，能够使货物在运输时保持稳定，不易从货叉上掉落，如图2-3所示。

小知识2-1
防爆搬运车

（3）电子秤重型手动托盘搬运车。主要用于仓储作业中货物的转移称重、计数，如铁路、公路货物托运承接业务中的货物称重，工矿企业成品库、半成品库出入库称重等，如图2-4所示。

（4）剪叉式手动托盘搬运车。该搬运车采用封闭式的货叉头部结构设计，结实耐用，可以作为手动搬运车、升降台、组装台或者工作台来使用，如图2-5所示。

随堂记

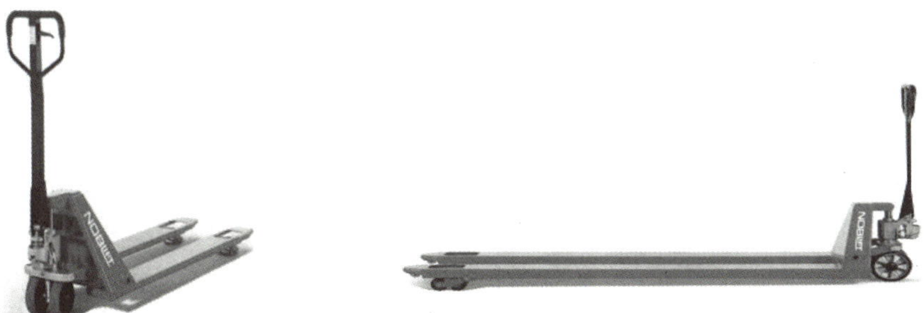

图 2-2　低放型手动托盘搬运车

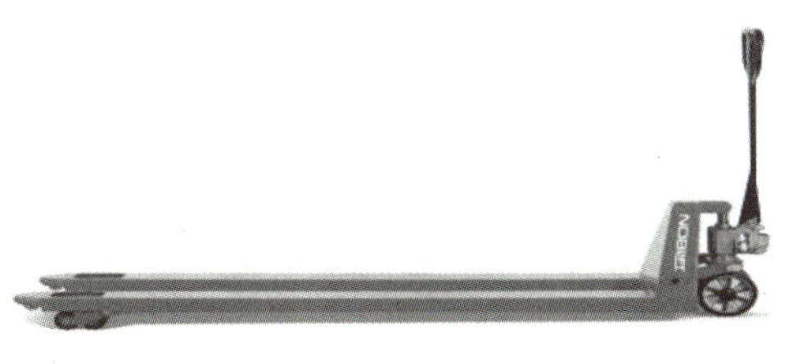

图 2-3　超长型手动托盘搬运车

图 2-4　电子秤重型手动托盘搬运车

图 2-5　剪叉式手动托盘搬运车

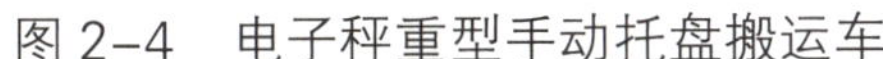

任务 1　叉取托盘

任务描述

准备托盘和手动托盘搬运车，按照操作步骤及实训标准依次进行货叉出入托盘的操作。

任务准备

场地准备

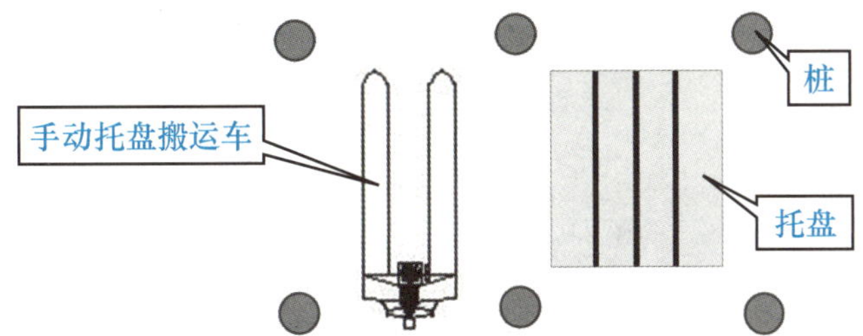

设备准备

手动托盘搬运车，标准托盘（1200mm×1000mm），桩，安全帽。

任务实施

使用手动托盘搬运车完成货叉出入托盘的操作步骤图示及说明见下表：

序号	步骤图示	步骤说明
1		将手动托盘搬运车摆放在托盘一侧，托盘车处于静止状态，托盘凹槽与托盘搬运车货叉方向一致
2		右手拖动手柄，手柄与货叉成45°，将托盘搬运车移至托盘前方
3		双手推动手柄，此时手柄与货叉成90°，控制好方向，使货叉正对托盘入叉口
4		继续向前推动，使货叉完全进入托盘插槽。反复操作，并且不断加快速度

注意事项：在操作过程中，注意货叉与托盘不要有剐蹭，不要发生其他碰撞；整个过程需注意安全，防止轮胎压伤脚趾等情况的发生；进叉时注意速度和方向，货叉前部对准托盘凹槽后，前推手柄进叉，双脚基本保持不动。

任务2 空载绕桩

任务描述

各小组取托盘和手动托盘搬运车，按照操作步骤及实训标准，依次进行手动托盘搬运车载货绕桩操作，递进式反复练习，直至掌握搬运车的操作技巧。

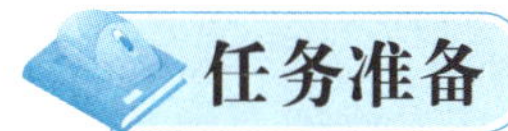

场地准备

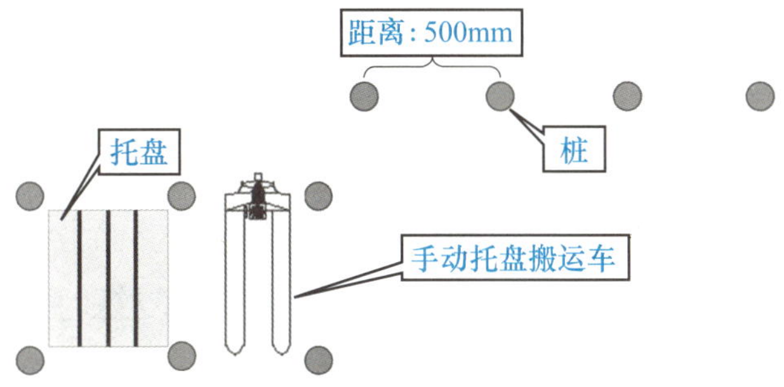

设备准备

手动托盘搬运车，标准托盘（1200mm×1000mm），桩，安全帽。

任务实施

操作手动托盘搬运车完成空载绕桩的操作步骤图示与说明见下表：

序号	步骤图示	步骤说明
1		使用手动托盘搬运车叉取空托盘，搬运车的货叉要充分进入托盘插槽
2		启动液压系统（即人的双脚弓步站立，一只手将手柄开关按下，握住手柄，上下摆动手臂将货叉升起，注意保持托盘稳定），将托盘升起离地 5 ～ 10cm 的高度
3		将手柄开关放置于水平“行驶”位置，拖动手动托盘搬运车，注意转向，平稳移动并绕过所有的桩
4		绕桩作业完成后，将托盘和手动托盘搬运车归位

注意事项：手动托盘搬运车在叉取托盘和退出过程中，货叉与托盘不要有剐蹭；行进过程中不得起降货叉；停放时降叉，并使手动托盘搬运车牵引杆扭转90°制动；完成所有操作后，手动托盘搬运车要归位。

任务3 载货定位

任务描述

准备托盘和手动托盘搬运车，按照操作步骤及实训标准，依次进行手动托盘搬运车载货定位操作，将载货托盘从A区搬运至B区（也可从B区回到A区）。其中托盘摆放区可以用桩围起一个区域，并不断缩小区域范围，递进式反复练习直至熟练。

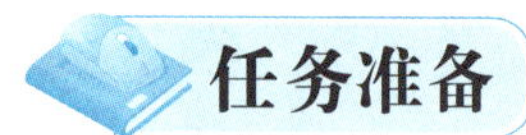

任务准备

场地准备

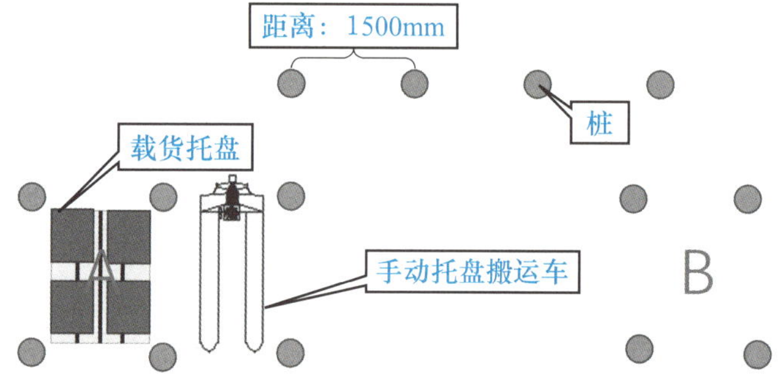

设备准备

手动托盘搬运车，标准托盘（1200mm×1000mm），货箱，桩，安全帽。

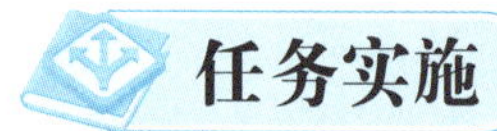

任务实施

使用手动托盘搬运车完成绕桩载货定位，操作步骤图示与说明见下表：

序号	步骤图示	步骤说明
1		使用手动托盘搬运车，到A区取一托盘货物
2		将手柄开关放置在“行驶”位置，拖动手动托盘搬运车，在作业通道中平稳移动，并绕过所有的桩，注意不要让货物掉落

（续）

序号	步骤图示	步骤说明
3		将托盘货物搬运至 B 区，并平稳地放下托盘货物
4		手动托盘搬运车归位

注意事项：手动托盘搬运车行驶时用拉的方式容易控制方向，定点停放时用推的方式容易控制方向。

小视频2-2
载货定位

项目评价

序号	评价任务	要素说明	扣分分值	次数	扣分小计	得分小计
1	货叉出入托盘操作训练（25 分）	进退货叉失误（按次计数）	2			
2		手动托盘搬运车在叉取和退出过程中货叉与托盘有剐蹭（按次计数）	5			
3		托盘货物与桩发生碰撞	5			
4	空载绕桩、载货定位操作训练（45 分）	托盘货物与桩发生碰撞，桩被设备或货物碰撞、碰倒	5			
5		行进时起降货叉	2			
6		行驶中货物跌落	10			
7		停放时降叉，未使手动托盘搬运车牵引杆扭转 90° 制动	2			
8	7S 管理（30 分）	手动托盘搬运车未归位	1			
9		作业过程中人员、设备、设施之间发生碰撞或者人员受伤	5			
10		置设备于无人看管的状态（按次数计数）	5			
11		手柄提升时载人	5			
12		人站在手动液压托盘搬运车上滑行、扭动前行等	5			

注：“扣分小计”不得超过“评价任务”总分值。

总得分：

项目拓展

手动托盘搬运车的维护保养

1. 液压油

每月需检查一次手动托盘搬运车，液压系统一般不需要经常添加液压油。如需要添加，建议使用32#液压油。

2. 润滑油

在使用中，所有的轴承及轴已被加上了长寿命的润滑油，只需每月定期检查即可，如确实需要添加，可向所有运动部件添加润滑油。

3. 排气

由于搬运或泵体的倒置，空气可能会进入液压泵中，会导致上升位置打压时，货压不升。可以按以下方法排气：把手柄开关扳到下降位置，上下摆动手柄数次。

4. 日常检查与维修

日常检修必不可少，应重点检修轮子和芯轴线等。当搬运货物完毕后，应及时卸下货叉上的货物，并将货叉降至最低位置。

项目二

半电动堆高车的操作与维护

项目概述

目前，智能仓储已经成为一种趋势，仓储系统的自动化除了需要仓储管理系统的智能化，还需要仓储设备的智能升级。目前，市场上常见的仓储搬运设备已从手动堆高车演变为半电动堆高车、全电动堆高车，这项改进看似只在货物升降方面增加了一个动力装置，却着实提升了货物上下架的效率。仓储设备的创新在现今的仓储领域屡见不鲜，2022年伊始，中国机械工业联合会传来好消息，浙江湖州的诺力自主研发的堆高车RT16Li荣获2021年第二届全国机械工业设计创新大赛铜奖。

半电动堆高车是一种电动升降、操作简便、环保高效的新型堆垛机械。所谓半电动是指设备的水平移动靠手动，垂直搬运托盘货物用电动。它广泛应用于高架货物、托盘的移动及堆垛，主要包括货架区货物的上架、下架和移库等操作。在工厂、仓库、物流中心等众多场所，使用半电动堆高车进行单元化的托盘堆垛既安全又高效。尤其在一些狭窄通道、楼面、高架仓库等工作场所，更能充分体现出其卓越的灵活、安静和环保性能。

半电动堆高车的操作与维护项目包括三个任务:

任务1　叉取托盘

任务2　载货绕桩

任务3　载货上架

项目目标

- 能够准确描述堆高车的类型和不同用途。
- 能够正确阐述半电动堆高车的主要结构。
- 能够规范操作半电动堆高车完成货架区货物的上架、下架和移库作业。
- 能够完成半电动堆高车的简单维护与保养。

知识准备

一、堆高车的概述

堆高车是指对成件托盘货物进行装卸、堆高、堆垛和短距离运输作业的各种轮式搬运车辆，隶属工业车辆。堆高车结构简单、操控灵活、微动性好、防爆安全性能高，适用于狭窄通道和有限空间内的作业，是高架仓库、车间装卸托盘的理想设备，可广泛应用于石油、化工、制药、轻纺、军工、油漆、颜料、煤炭等行业，以及港口、铁路、货场、仓库等含有爆炸性混合物的场所。

二、堆高车的类型

堆高车按照动力主要可以分为三类：手动堆高车、半电动堆高车和全电动堆高车。

（1）手动堆高车。这类堆高车的操控无论是水平移动还是垂直升降都采用手动，如图2-6所示。它不附带任何动力装置，完全靠人力推拉或升降，周转半径小，起升费力。手动液压堆高车配合托盘货箱、集装箱等可实现单元化运输。

（2）半电动堆高车。这类堆高车水平移动靠手动，垂直搬运托盘货物用电动，如图2-7所示。它没有驱动装置，只有几个最基本的承重轮和方向轮。半电动堆高车位置的移动需要人力进行推动，提升方面则由电机带动液压泵来推动液压油缸，液压装置、电控部件及起升门架一同实现货物的升高，很大程度上节约了人力。半电动堆高车主要用于装车卸货、仓库堆货架、高空取料等。目前，半电动堆高车在物流活动中使用较为广泛。

（3）全电动堆高车。这类堆高车的升降和移动均利用电动装置，如图2-8所示。其驱动装置是蓄电池带动电机工作以驱动轮子转动，从而实现方向和位置的移动；提升装置也是利用电机带动液压泵来推动液压油缸工作，从而实现提升动作。全电动堆高车可用于仓库取货、堆货架、搬运物品等，在很大程度上可以替代电动搬运车和叉车作业。

图 2-6 手动堆高车　　图 2-7 半电动堆高车　　图 2-8 全电动堆高车

半电动堆高车在物流活动中使用较为广泛，故本项目主要以半电动堆高车为例进行阐述。

三、半电动堆高车的特点

优点：操作简单，价格便宜，使用范围广，保养维护方便，对通道宽度要求比较低。

缺点：移动费力，安全系数较低，蓄电池使用时间较短，不适合载重超过1.2t以上的货物，承重量随着升高的高度变化比较大（大多数半电动堆高车在升高到最高时都不能载重到它额定的重量）。

四、常见半电动堆高车的结构

半电动堆高车的主要结构如图2-9所示。

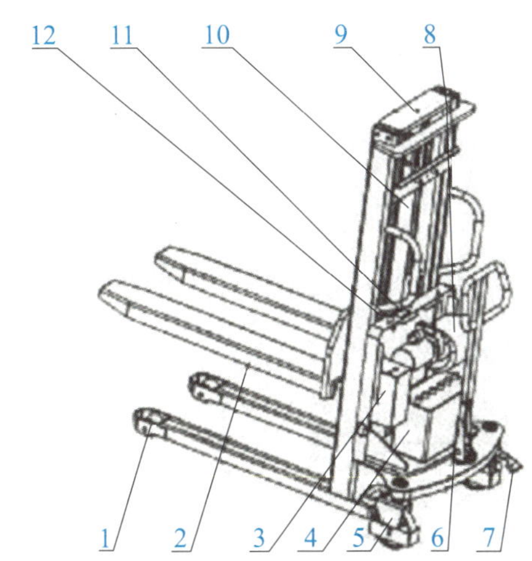

图 2-9　半电动堆高车的主要结构

1—前滚轮　2—滑架　3—充电器　4—蓄电池　5—转向轮　6—手柄总成
7—制动器　8—液压泵站　9—内门架　10—液压提升缸　11—电压表　12—电源开关

半电动堆高车在升降时通过操纵升降杆控制泵站工作，直接通过油缸带动内门架和滑架相对运动，使货叉上升和下降。转向操纵手柄的操纵通过转向机构作用在两侧转向轮上，转向时直接将转向操纵手柄转至需要的角度即可，转动时更轻便、灵活。

半电动堆高车的主要控制部件见表2-1。

表2-1　半电动堆高车的主要控制部件

序号	控制部件图示	名称及说明
1		脚制动（脚刹车）。用于停车时制动控制
2		充电接口。可连接专用充电器进行充电

随堂记

（续）

序号	控制部件图示	名称及说明
3		操控手柄。向前推即货叉上升；向后推即货叉下降
4		电源开关。控制总电源，向上抬起即打开电源，向下按压即切断电源
5		电量显示器。启动开关后，此处显示电量
6		门架、活塞杆、链条和防护网。此门架为三级门架

任务1 叉取托盘

任务描述

准备托盘和半电动堆高车，按照操作步骤及实训标准，依次进行货叉出入托盘的操作。

任务准备

场地准备

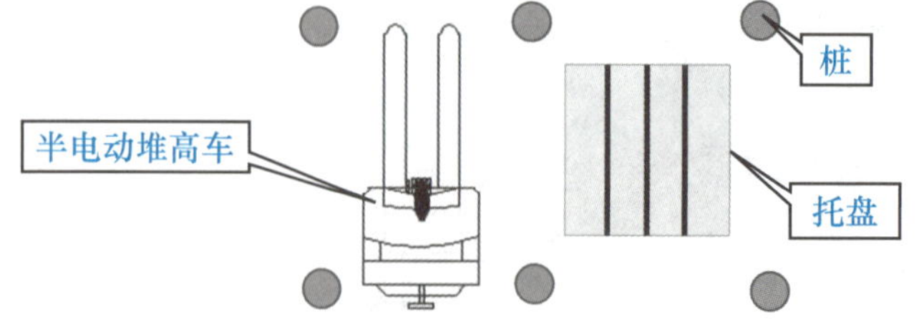

设备准备

半电动堆高车，标准托盘（1200mm×1000mm），桩，安全帽。

随堂记

任务实施

使用半电动堆高车完成货叉出入托盘的操作步骤图示及说明见下表：

序号	步骤图示	步骤说明
1		将设备放置于指定位置，对设备进行检查，确保安全作业
2		启动半电动堆高车，双手握住堆高车横杠或手柄，右脚松制动踏板。双手拖动手柄，手柄与货叉成 45°，将半电动堆高车移至托盘前方
3		推动堆高车，此时手柄与货叉成 90°，控制方向，使货叉正好对准托盘入叉口
4		继续推动，使货叉完全进入托盘插槽。反复操作，并且不断加快速度

注意事项：在操作过程中，注意货叉与托盘不要有剐蹭，不要发生其他碰撞；操作注意安全，防止轮胎压伤脚趾等情况的发生；进叉时无须打开电源开关，必须注意速度和方向，货叉前部对准托盘凹槽后，前推手柄进叉，双脚基本保持不动。

任务 2 载货绕桩

任务描述

各小组取载货托盘和半电动堆高车，按照操作步骤及实训标准，依次进行半电动堆高车载货绕桩操作，进行递进式反复练习，直至掌握半电动堆高车的控制技巧，提高操作的稳定性。

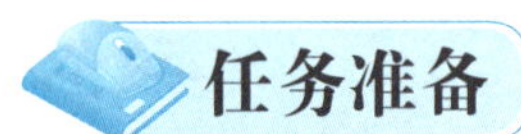

任务准备

场地准备

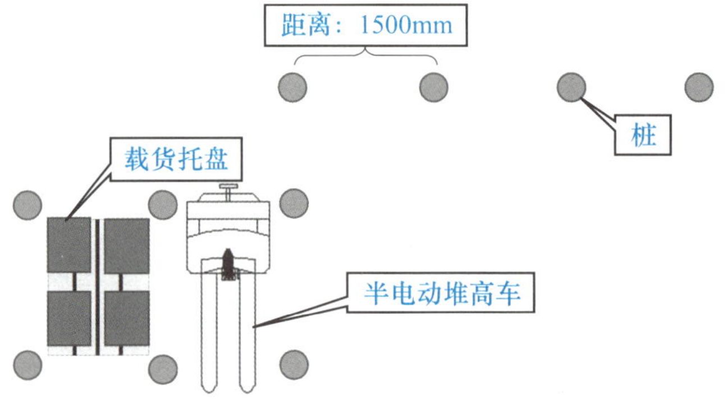

设备准备

半电动堆高车，标准托盘（1200mm×1000mm），货箱，桩，安全帽。

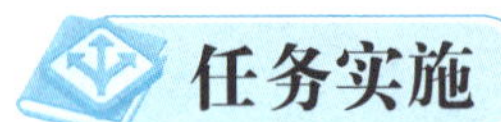

任务实施

使用半电动堆高车载货绕桩的操作步骤图示与说明见下表：

序号	步骤图示	步骤说明
1		移动半电动堆高车叉取载货托盘，货叉要充分进入托盘插槽
2		踩下制动踏板，启动液压系统（即拔起电源开关，往上推动操纵杆将货叉升起），使托盘货物离地且不应高于 30cm

（续）

序号	步骤图示	步骤说明
3		解除制动，推动（或拉动）半电动堆高车平稳移动，注意转向，绕过所有的桩
4		绕桩作业完成后，将托盘货物归位，踩制动踏板，下拉操纵杆放下货叉，使载货托盘平稳落地
5		半电动堆高车归位，按下电源开关

注意事项：半电动堆高车在叉取和退出过程中货叉与托盘不要有剐蹭；行进时不得起降货叉；停止时必须踩制动踏板；半电动堆高车使用后要归位。

任务 3　载货上架

任务描述

准备载物托盘和半电动堆高车，按照操作步骤及实训标准，依次进行半电动堆高车载货定位操作，将载货托盘从交接区搬运至保管区货架上。

任务准备

场地准备

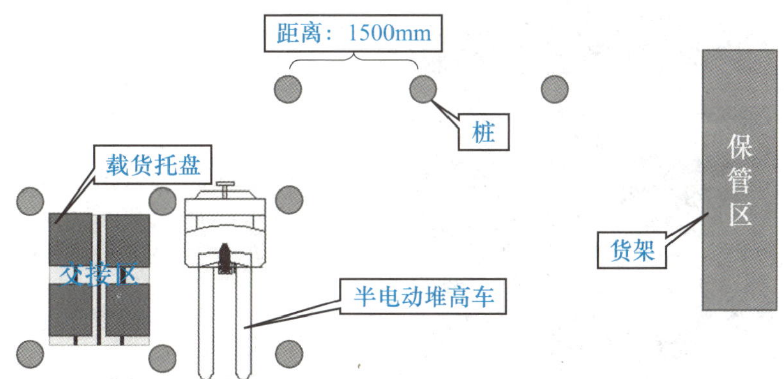

设备准备

货架，半电动堆高车，标准托盘（1200mm×1000mm），货箱，桩，安全帽。

小视频2-4
载货上架

任务实施

使用半电动堆高车完成载货上架的操作步骤图示与说明见下表：

序号	步骤图示	步骤说明
1		移动半电动堆高车叉取交接区的载货托盘，货叉要充分进入托盘插槽
2		利用手柄推动半电动堆高车平稳移动，绕过过道上所有的桩后，到达保管区
3		将载货托盘搬运至指定的货架前，调整至正对货架，并踩下制动踏板
4		启动液压系统，上升货叉，货叉接近货架高度时，目测托盘底部与货架横梁的垂直距离，当距离约为10cm左右时，解除制动，将半电动堆高车缓缓推入货架。观察托盘与货架横杆位置，适时停住，踩下制动踏板
5		一只手将操纵杆往下扳至降叉位置，待将托盘完全置于货架上时，松开操纵杆（此时货叉应置于托盘底部与横梁中间），解除制动，退出货叉

（续）

序号	步骤图示	步骤说明
6		当货叉离开横梁一定距离时（货叉不能碰到货架），踩下制动踏板，降下货叉
7	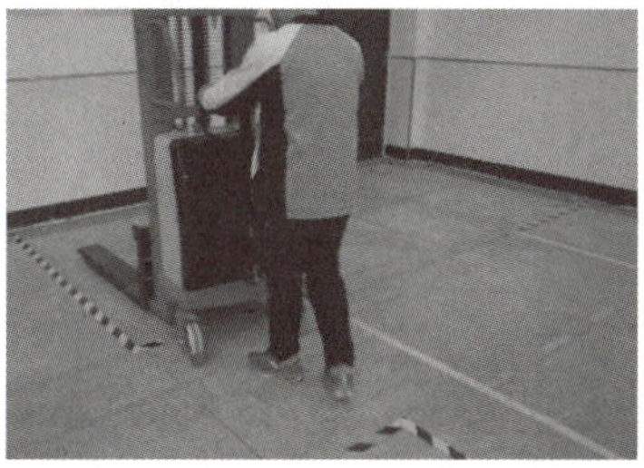	将半电动堆高车归位

注意事项：半电动堆高车在行进时货叉高度不大于30cm；堆高车停止行进时，必须踩制动踏板；上架时，确认托盘完全置于横梁上后才能降叉；归位时，必须按下电源开关。

项目评价

序号	评价任务	要素说明	扣分分值	次数	扣分小计	得分小计
1	半电动堆高车操作训练包括货叉出入托盘、载货绕桩、载货上架（70分）	进退货叉失误（按次数计数）	2			
2		半电动堆高车在叉取和退出过程中货叉与托盘有剐蹭（按次数计数）	5			
3		托盘货物与桩碰撞，桩被设备或货物碰撞、碰倒	5			
4		行进时起降货叉，离地太高或太低	2			
5		行驶中或上架时货物跌落	10			
6		停止行进时未制动	5			
7		托盘货物未正确放置在货架上而导致整托盘货物掉落	10			
8		半电动堆高车未按要求关闭（踩下制动踏板，关闭电源）	2			
9	7S管理（30分）	半电动堆高车未归位（按次数计数）	1			
10		作业过程中人员、设备、设施之间发生碰撞或者人员受伤	5			
11		置设备于无人看管的状态（按次数计数）	5			
12		人站在半电动堆高车货叉上行进或抬升	5			

注：“扣分小计”不得超过“评价任务”总分值。

总得分：

项目拓展

半电动堆高车的维护保养

半电动堆高车在日常维护中要检查开关是否处于正常状态，电器元件有无烧损和短路情况，各部件是否有裂损或固件松动等问题。经常检查各个轮子的磨损情况，如有破损应及时更换以防意外的发生。检查电压表指示线是否正确显示在使用范围内，当电量不足时堆高车会自动发出报警提示，此时应立即停止操作，待充电或更换蓄电池后才可继续工作。

日常保养应每天进行一次，主要内容是保持车身表面清洁，将蓄电池表面清理干净，检查电源线是否牢固、链条松紧是否正常。

一级保养应每周进行一次，保养内容除日常保养内容外，应重点检查各部件工作情况是否正常，各紧固件是否有松动，链条松紧是否适当，链条接头连接销是否弯扭，内、外门架上下运动是否正常，液压接头是否漏油，机械部分是否有不正常的磨损，电器部分是否有不正常的温升和火花等，如果发现有不正常现象应及时调整和清除。

二级保养应按期进行，并按要求进行全面检查。每年做一次电机的全面维护，定期检查车体漏油情况，定期检查液压系统，定期检查所有紧固件是否松动等。

项目三

电动搬运车的操作与维护

项目概述

自有人类以来，我们的祖先对食物的移动和搬运所采用的第一工具就是自己的身体。先是手，然后是双肩，还有的用头，最后通过移动双脚来实现所需物资的搬运和移动。同时，还创造了比如滑轮、磨盘、杠杆、犁等工具，来辅助搬运和移动物体。后来借助驯化而来的牲畜以及风力、水力等，达到快速搬运物料的目的。进入工业时代后，慢慢开始利用内燃机、电力作为动力进行货物搬运。

如今，仓库中货物的搬运一般会采用电动搬运车来完成。电动搬运车，顾名思义，其起升降落和驱动行走都通过电动来实现。驱动装置由蓄电池产生动力带动直流电机工作，从而驱动轮子转动，实现前进、后退、拐弯等动作；提升装置由电机带动液压泵站来推动液压油缸内部液压油，从而实现上升下降。简单来说，电动搬运车的升降、移动等都是通过电力驱动来实现的，适用于重载及长时间货物转运工况，可大大提高货物搬运效率，减轻劳动强度。

电动搬运车的操作与维护项目包括两个任务：

任务1　叉取托盘

任务2　搬运货物

项目目标

- 能够准确描述电动搬运车的类型和不同用途。
- 能够正确阐述电动搬运车的主要结构。
- 能够规范操作电动搬运车完成货物的搬运。
- 能够完成电动搬运车的充电与简单的维护保养。

知识准备

一、电动搬运车的概述

电动搬运车是一种在国内外应用广泛且市场潜力巨大的轻小型仓储工业车辆，它以蓄电池为动力，直流电机驱动，液压工作站提升，操纵手柄集中控制。电动搬运车货物上升下降原理与半电动搬运车相同，不同之处在于全电动搬运车所有作业均采用电力控制系统

随堂记

操控，无须人力操作，是比较省时省力的一款搬运工具，如图2-10所示。

图 2-10 电动搬运车

电动搬运车具有作业方便、平稳、快捷，外形小巧，操作灵活，低噪声、低污染的特点。电动搬运车能在商场、超市、仓库、货场、车间等场所作业，尤其适合食品、纺织、印刷等轻工行业使用，并广泛应用在物流仓储中，适用于重载及长时间货物的搬运，可大大提高货物搬运效率，减轻劳动强度。目前，电动搬运车已是仓库内装卸和搬运托盘化货物不可或缺的辅助工具，适合于狭窄通道和有限空间内的作业，载重量范围1500～3000kg，货叉宽度为500～750mm。

二、电动搬运车的基本结构

电动搬运车主要由四部分组成，如图2-11所示。

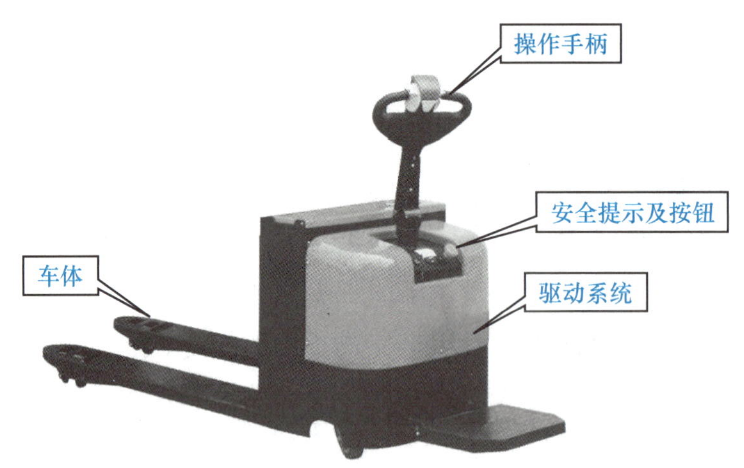

图 2-11 电动搬运车结构图

1. 车体

货叉、车体钢板采用自动、半自动加工而成；配置弹性平稳轮，在路面不平整的情况下也能保持行驶的稳定性；驱动轮、负载轮、平衡轮采用特殊工艺的橡胶或聚氨酯材料制成，不仅降低了作业时的噪声，而且大大延长了搬运车的使用寿命。

2. 操作手柄

操作手柄集起升、下降，前进、后退，行驶、制动等操作功能于一体，操作简单、便捷；手柄操作横摆角度大于180°，在狭小空间也能操作自如。

3. 驱动系统

采用无级调速，方便控制行驶速度；驱动电机扭矩大，承载能力强，动力好，维修简便。

4. 安全提示及按钮

配置紧急断路按钮，紧急状态按下按钮，系统电路自动切断；蓄电池容量显示表实时反映蓄电池容量和工作时间，有效提高蓄电池的使用寿命。

小知识2-3
电动搬运车的电子助力转向系统（EPS）

三、电动搬运车的类型

电动搬运车类型很多，不同的搬运车适用的场所不同，一般可分为站驾式、步行式、坐驾式等，见表2-2。

表 2-2　常见电动搬运车的类型

类型	图示	适用环境
站驾式电动搬运车		
步行式电动搬运车		能在商场、超市、仓库、货场、车间、码头等场所作业，尤其适合食品、纺织、印刷等轻工行业使用
坐驾式电动搬运车		

四、电动搬运车操作要求

随堂记

（1）电动搬运车对作业环境的地面平整度要求较高，否则会影响提升高度、搬运效率和操作性。

（2）在使用前要对电动搬运车进行简单的安全检查，察看停放车辆的地面上是否有液压油、齿轮油、电解液泄漏。

（3）检查轮子是否开裂，检查货叉起升和下降情况，检查起升系统是否有异常响声。

（4）操纵把手下压至倾斜位置，用大拇指朝身体外侧渐渐按下加速控制按钮，观察车辆前进运行情况；用大拇指朝身体内侧渐渐按下加速控制按钮，观察车辆后退运行情况。

（5）车辆慢速向前或向后运行，操纵把手向前推至垂直或下压至水平位置，观察车辆制动情况。

（6）左右转动操作把手使车辆左右各运行三圈，检查转向系统是否正常；按下喇叭按钮，检查发声情况。

（7）按下紧急断电开关，检查电源是否能被立刻切断。

任务1 叉取托盘

任务描述

准备托盘和电动托盘搬运车，按照操作步骤及实训标准，依次完成电动搬运车叉取托盘的操作。

任务准备

场地准备

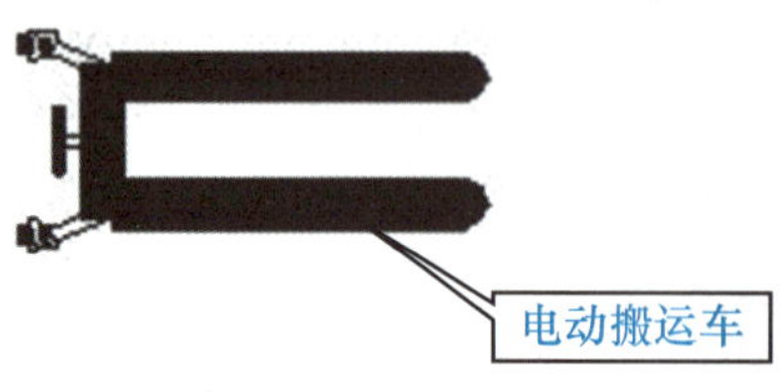

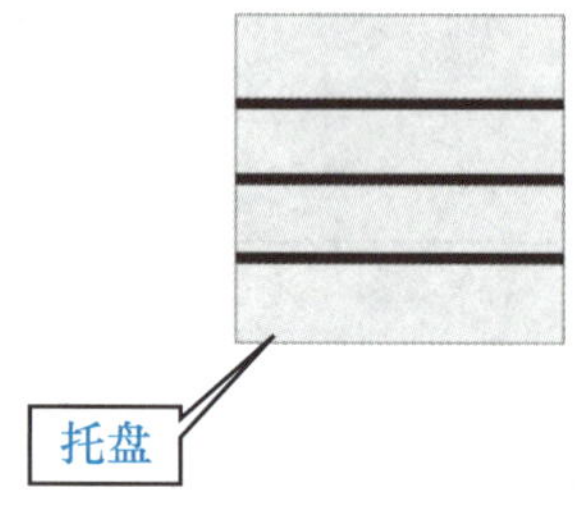

设备准备

电动搬运车，标准托盘（1200mm×1000mm），安全帽。

任务实施

操作电动搬运车叉取托盘的步骤图示及说明见下表：

序号	步骤图示	步骤说明
1	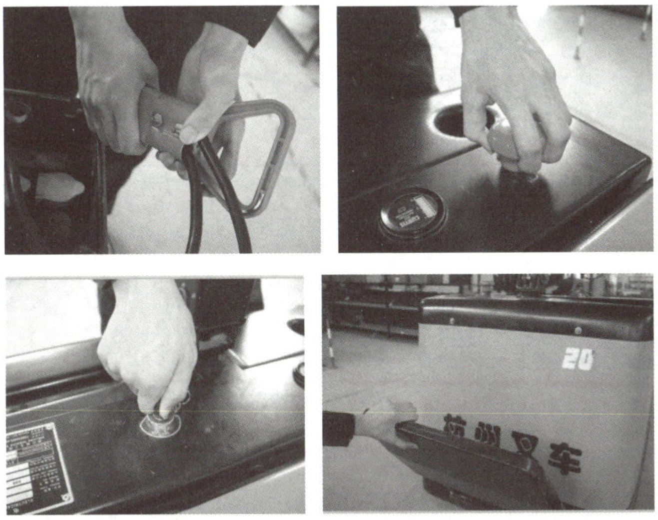	启动电动搬运车：插上蓄电池插头；拔起通电开关；打开钥匙开关；打开脚踏板，人站到脚踏板上；按喇叭按钮
2	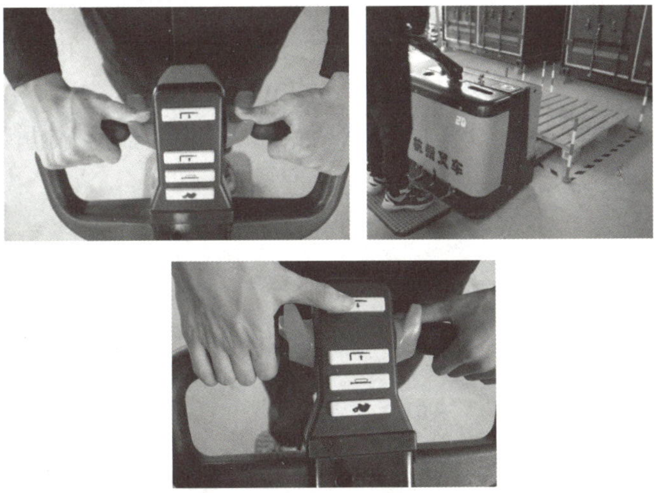	用双手将操纵杆向下压；大拇指将方向速度控制按钮向前渐渐转动；车辆向前运行，速度大小由速度控制按钮转动角度决定；将货叉全部叉入托盘插槽；按“上升”按钮，平稳提升货叉，使托盘底部离地 5 ～ 10cm
3	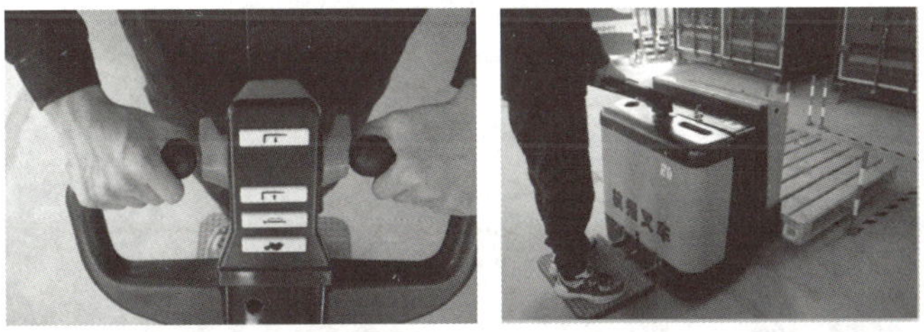	按喇叭按钮鸣笛；双手将操纵杆向下压；大拇指将方向速度控制按钮向后渐渐转动，车辆朝后运行；向后行进一段，然后改成朝前行进，将托盘运回
4	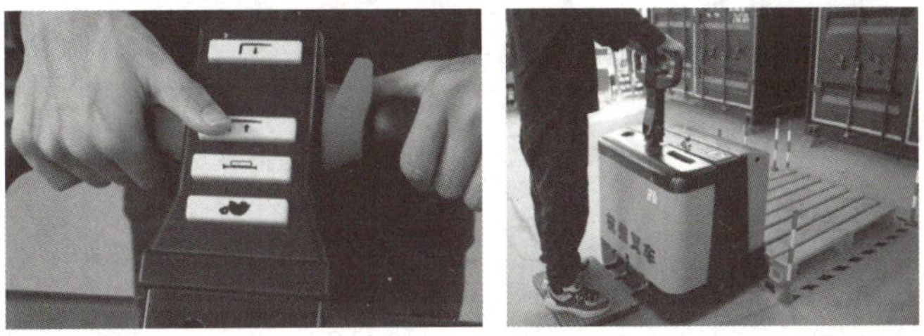	大拇指渐渐松开方向速度控制按钮，使搬运车减速到达；按“下降”按钮，货叉下降到最低位置，使托盘着地

（续）

序号	步骤图示	步骤说明
5		电动搬运车归位并鸣笛，将操纵杆恢复至垂直位置；将钥匙开关拨到“OFF”位置，按下通电开关，拔去蓄电池插头，取下钥匙并保管好

注意事项：在操作过程中，货叉与托盘不要有剐蹭，不要发生其他碰撞；操作要注意安全，防止轮胎压伤脚趾等情况的发生；进叉时注意速度和方向，货叉前部对准托盘凹槽后，前推手柄进叉。

任务2 搬运货物

任务描述

取电动搬运车，操作电动搬运车搬运货物，将载货托盘从 A 区搬运至 B 区。A、B 区可以用斑马胶框出或者用桩定位。每人允许用时 2min，操作前必须仔细学习步骤说明。操作中注意车速和自身安全，注意操作的规范性和安全性。最后依据评分要素表进行累计扣分。

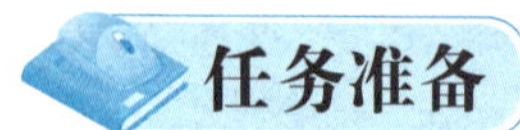

任务准备

场地准备

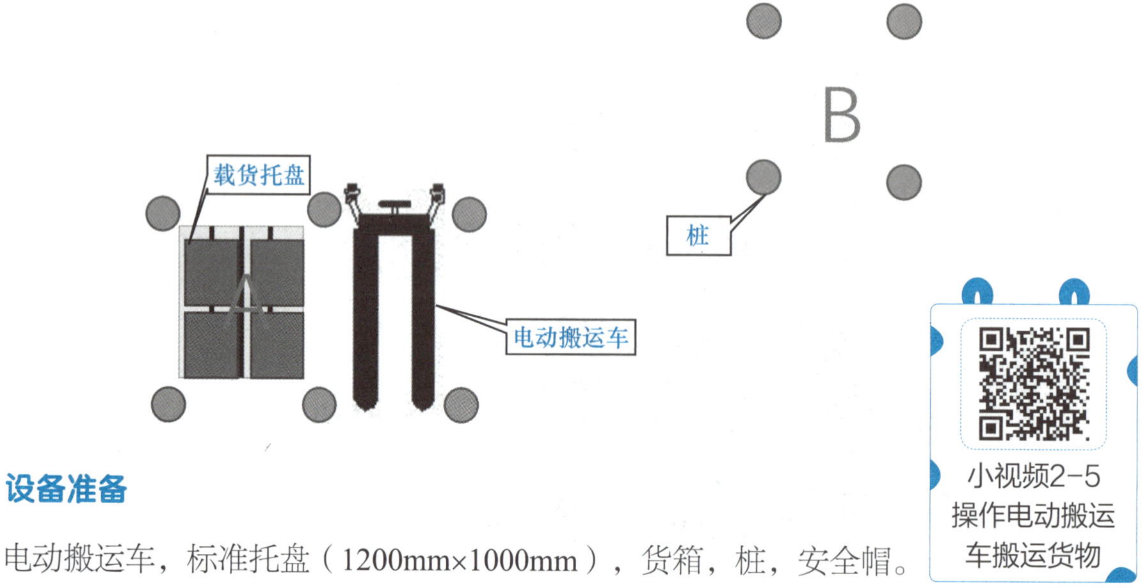

设备准备

电动搬运车，标准托盘（1200mm×1000mm），货箱，桩，安全帽。

任务实施

操作电动搬运车搬运货物的操作步骤图示与说明见下表：

序号	步骤图示	步骤说明
1	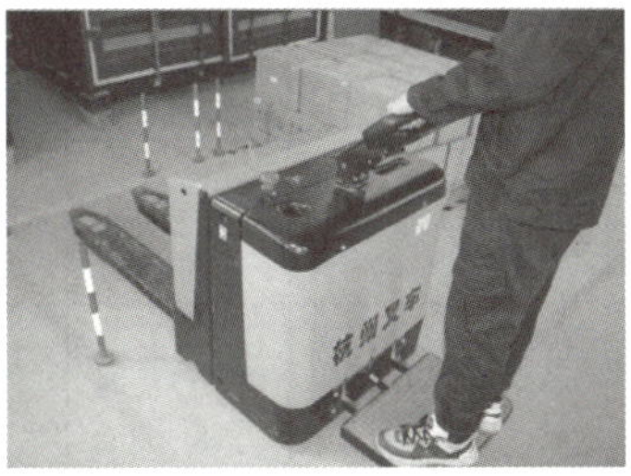	启动电动搬运车
2		驾驶电动搬运车到达A区，缓缓接近货物，货叉叉入托盘底部，货叉要充分进入托盘插槽
3	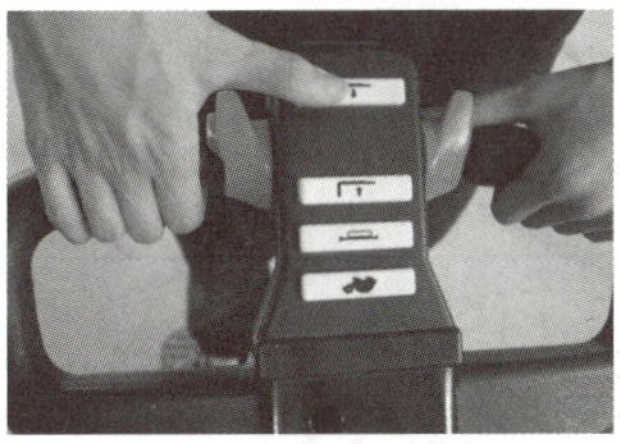 	按“上升”按钮，提起货物，托盘底离地5～10cm，确认货物是否牢固，车辆缓慢载货离开
4		驾驶电动搬运车到达B区，将货物置于卸货位置上，然后停下搬运车
5	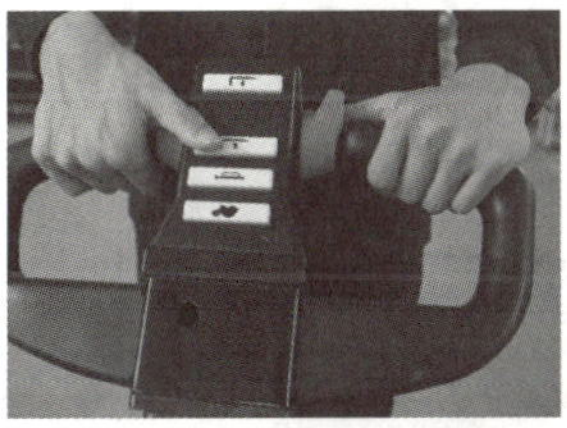 	确认货物卸货的角度正确后，按“下降”按钮，货叉平稳下降，载货托盘安全落地
6		将货叉从托盘下退出，将电动搬运车归位

注意事项：电动搬运车在叉取和退出过程中货叉与托盘不要有剐蹭；行进时不得起降货叉；电动搬运车使用后要归位。

项目评价

序号	评价任务	要素说明	扣分分值	次数	扣分小计	得分小计
1	电动搬运车操作实训包括电动搬运车基本操作训练和操作电动搬运车搬运货物（70分）	进退货叉失误（按次数计数）	2			
2		电动搬运车在叉取和退出过程中货叉与托盘有剐蹭（按次数计数）	5			
3		托盘货物与桩发生碰撞，桩被设备或货物碰撞、碰倒	5			
4		行进时起降货叉，货叉离地太高或太低	2			
5		行驶中货物跌落	10			
6		停放时未降叉	2			
7	7S管理（30分）	电动搬运车未归位（按未归位次数计数）	1			
8		作业过程中人员、设备、设施之间发生碰撞或者人员受伤	5			
9		置设备于无人看管的状态（按发生次数计数）	5			
10		人站在电动搬运车货叉上前行等	10			

注：“扣分小计”不得超过“评价任务”总分值。

总得分：

项目拓展

电动搬运车的维护保养

1. 车辆的保养

每次操作电动搬运车卸下货叉上的货物后，需要将货叉降至最低位置，并定时给传动部件及车轮轴承添加润滑油。

2. 蓄电池的保养

（1）为保证电动搬运车的电池寿命，蓄电池投入使用前应充足电，充电不足的蓄电池不可使用。充电时应保持良好的通风，严禁烟火。

（2）电池尽量避免过充和过放，过充和过放会严重影响蓄电池的性能和寿命。

（3）电解液孔塞和气盖应保持清洁，充电时取下或打开，充电完毕后应装上或闭合。蓄电池表面、连接线及螺钉应保持清洁、干燥。如有硫酸，要及时用棉纱蘸上碱液擦去，应注意不要让碱液进入蓄电池内。充电完成后，应检查电解液位，及时补加蒸馏水以保持液面高度。

（4）蓄电池使用后，应及时充电，放置时间一般不超过24h。

（5）蓄电池应避免阳光直射，离热源距离不得少于2m。

3. 充电操作

（1）检查电解液位，及时补加蒸馏水，如图2-12所示。

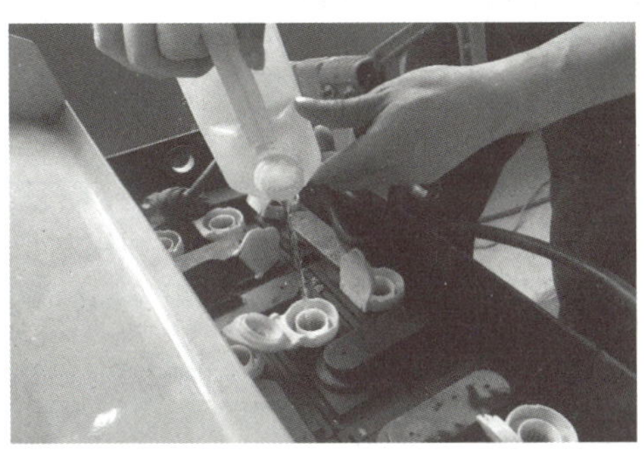

图 2-12　补加蒸馏水

（2）把蓄电池的插座拔下，然后和充电器的接口插上，如图2-13所示。

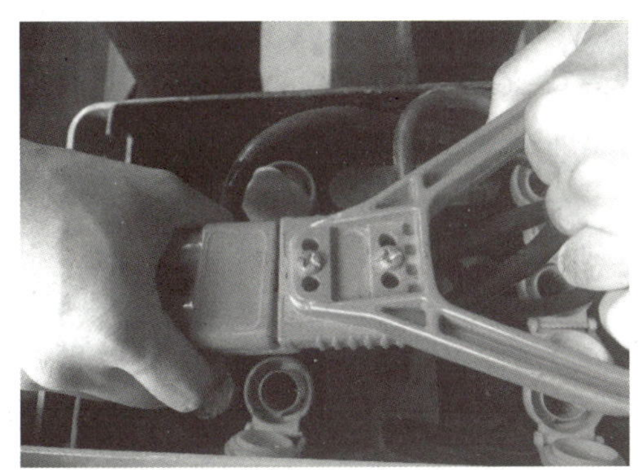
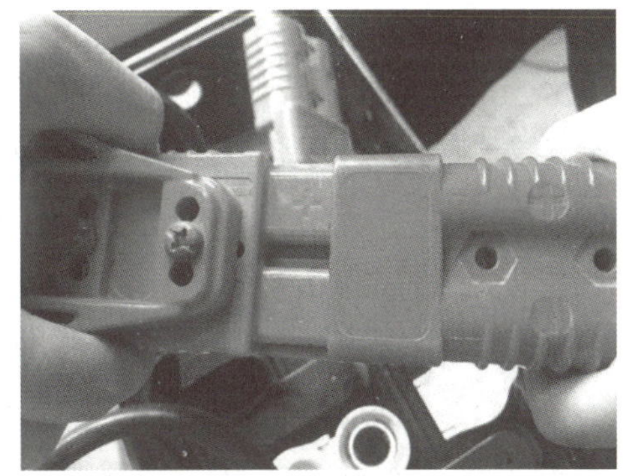

图 2-13　充电器和蓄电池的插口对上

（3）打开充电器的电源，选择“自动”，根据充电器上的图示，判断车辆是否正在充电或者已经充满电，如图2-14所示。

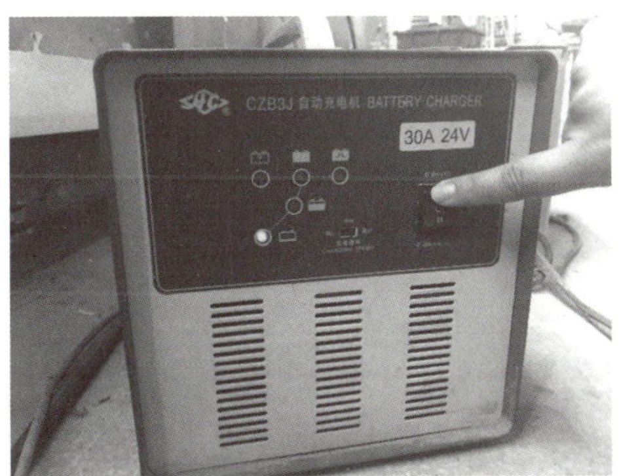

图2-14　充电器的指示灯显示

项目四

叉车的操作与维护

项目概述

“师傅领进门，修行靠个人。”为了玩转叉车，作为伊电集团一名普通叉车工的胡任官像着了魔：中午见缝插针地练习；三伏天顶着炎炎烈日练习叉车驾驶，“S”路行驶、上下单边桥等操作技能，下班后还舍不得走；三九天在凛冽的寒风中反复琢磨细节动作，进出宽窄门、高空挂啤酒瓶、半坡“打靶”，细心琢磨一个个动作。正是这十多年来日复一日的工作训练，胡任官成为技术能手、劳动模范和工匠人才，获得了2022年全国五一劳动奖章。

像胡任官这样的全国五一劳动奖章获得者或叉车技术能手还有很多，如多次夺得全国叉车比赛冠军、刷新多项叉车技能吉尼斯世界纪录的曹祥云；从辍学少年到叉车大王、获得全国五一劳动奖章的马贵帮等。三百六十行，行行出状元！他们是如何练就这一身技能的呢？

叉车是工业搬运车辆，广泛应用于港口、车站、机场、货场、工厂车间、仓库、流通中心和配送中心等，可在船舱、车厢和集装箱内进行托盘货物的装卸、搬运作业，是托盘运输、集装箱运输中必不可少的设备。叉车在企业的物流系统中扮演着非常重要的角色，是物料搬运设备中的主力军，通常使用燃油机或者电池驱动。

随着经济的快速发展，大部分企业的物料搬运已经脱离了原始的人工搬运，取而代之的是以叉车为主的机械化搬运。

叉车的操作与维护项目包括三个任务：

任务1　学习操作电动叉车

任务2　搬运托盘货物“工”字行驶

任务3　移库作业

项目目标

- 能够准确描述叉车的类型和不同用途。
- 能够正确阐述电动叉车的主要结构。
- 能够按照叉车操作规程进行作业，并完成货物的搬运和移库。
- 能够完成电动叉车的充电与简单的维护保养。

知识准备

小知识2-4
选择合适的叉车

一、叉车的概述

根据我国国家标准《物流术语GB/T 18354—2021》，叉车（Fork Lift Truck）是具有各种叉具、能够对货物进行装卸、堆垛和短距离运输作业的搬运车辆。隶属工业车辆，属于物料搬运机械。叉车是仓库装卸搬运机械中应用最广泛的一种，主要用于仓库内货物的装卸搬运和堆垛。叉车能减轻装卸工人繁重的体力劳动，提高效率，缩短车辆停留时间，降低装卸成本。

叉车的优点显而易见：叉车的机械化程度高，机动灵活，有效提高仓库容积的利用率；有利于开展托盘成组运输和集装箱运输；成本低、投资少，能获得较好的经济效益，且可以“一机多用”。

二、叉车的类型

叉车种类繁多，仓储行业中最常用的是平衡重式叉车，按照动力可以分为两类：燃油平衡重式叉车和电动平衡重式叉车。

（1）燃油平衡重式叉车是指具有承载货物（有托盘或无托盘）的货叉（亦可用其他装置替换），后部装有配重，依靠车辆的质量来进行平衡的堆垛用起升车辆。燃油平衡重式叉车是应用最广泛的叉车。其车身较重，依靠自身重量与货叉上的货物重量相平衡，防止叉车装货后向前倾翻。为了保持叉车的纵向平稳，在车体尾部配有平衡重。这种叉车操作简单、机动性能好、效率高。燃油平衡重式叉车一般采用柴油、汽油、液化石油气为燃料，载荷能力范围0.5～45t，载荷10t以上的大多为柴油叉车。燃油平衡重式叉车如图2-15所示。

（2）电动平衡重式叉车是以蓄电池或交流电为动力的搬运车辆。与燃油叉车相比，电动叉车结构简单、操作方便、起步平稳、污染少、噪声小，广泛应用于室内。其缺点是受蓄电池容量的限制，驱动功率和起重量都比较小，作业速度低，对路面要求高，且需要专门的充电设施。电动平衡重式叉车如图2-16所示。

图2-15　燃油平衡重式叉车

图2-16　电动平衡重式叉车

三、常见电动平衡重式叉车的结构

电动平衡重式叉车的总体结构如图2-17所示。

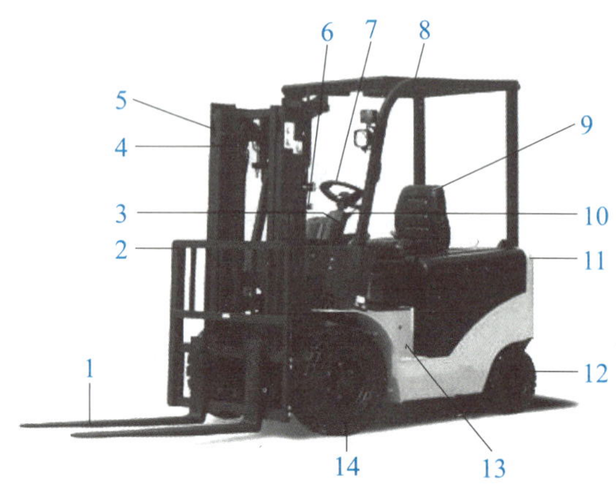

图2-17 电动平衡重式叉车的总体结构

1—货叉 2—挡货架 3—灯光开关 4—起升油缸 5—门架 6—控制杆 7—转向盘 8—护顶架 9—座椅 10—挡位 11—平衡重 12—转向轮 13—上下车踏板 14—驱动轮

电动平衡重式叉车的主要控制部件见表2-3。

表2-3 电动平衡重式叉车的主要控制部件

序号	控制部件图示	名称及说明
1	灯光开关 启动开关 紧急开关	电动平衡重式叉车的开关系统主要由启动开关、灯光开关、紧急开关组成
2	挡位操作系统 转向盘 升降与倾斜控制杆 喇叭开关 制动操作系统	电动平衡重式叉车的控制系统主要有转向盘（包括喇叭）、升降与倾斜控制杆、制动操作系统、挡位操作系统
3	LONKING 龙工	电动平衡重式叉车的仪表盘位于转向盘前部，主要实现辅助控制功能及为驾驶员提供车辆工况显示界面。它由电池电量表、计时器及指示灯组成。电池电量表显示蓄电池电量状态，具有超下限报警功能；计时器显示运行时间累计值，为日常保养提供参考；指示灯包括仪表电源指示灯、故障指示灯、电池状态指示灯、手闸指示灯、前进指示灯、后退指示灯、空挡指示灯、左右方向灯、大灯、示宽指示灯。故障、手闸、空挡指示灯为红色，其他均为绿色

四、叉车属具

叉车属具是指在叉车的货叉架上，增设或替代货叉进行多种作业的承载装置。叉车除了使用货叉做承载装置外，还可以配用各种形式的可拆换属具进行作业，这就扩大了叉车的使用范围，提高叉车的作业效率。目前叉车属具已有30余种，常用的10种叉车属具见表2-4。

表2-4　常用叉车属具

序号	属具	名称及说明
1		货叉套。套在货叉上，用来增加承载长度的构件
2		夹持器。夹持货物的属具
3		串杆。插在货物中的棒状属具
4		吊钩。安装在货叉或串杆上，用于吊起货物的起重钩
5		起重臂。用于起重作业的臂架和吊钩

（续）

序号	属具	名称及说明
6		载荷稳定器。压住货叉上的货物，以防其倒塌、滑落的属具
7		集装箱吊具。吊装挂运集装箱用的属具
8		铲斗。装卸散状物料用的属具
9		推拉器。用于搬运置于滑板上货物的属具
10		油桶夹。用来搬运油桶的属具

五、叉车的技术参数

叉车的技术参数是用来说明和反映叉车的结构特性和工作性能的，其主要技术参数见表2-5。

表2-5　叉车的主要技术参数

技术参数	类别	单位	举例：CPD15Ex
特征	驾驶方式		坐驾式
	额定载荷	kg	1500
	载荷中心距	mm	500
	前悬距	mm	428
	轴距	mm	1460
重量	自重	kg	3520
尺寸	轮距	mm	970/920（前/后）
	门架（货叉架）倾斜角度	（°）	3/6（前/后）
	门架闭合高度	mm	2090
	自由提升高度	mm	0
	起升高度	mm	3000
	总高（门架最高位置）	mm	3617
	门架底端离地高度（满载）	mm	100
	车体离地高度	mm	130
	最小工作通道宽[托盘尺寸：1000（长）×1200（宽）]	mm	3600
	最小工作通道宽[托盘尺寸：800（长）×1200（宽）]	mm	3400
	外缘转弯半径	mm	1980
性能	行驶速度	km/h	11.5/12（满载/空载）
	提升速度	mm/s	280/300（满载/空载）
	下降速度	mm/s	460/380（满载/空载）
	最大爬坡度	%	10/15（满载/空载）
电动机	驱动电动机功率	kW	7.5（交流）
	液压泵电动机功率	kW	8.2（交流）
蓄电池	电压	V	48
	容量	A·h	480
	电池重量	kg	750
	行走、提升、转向控制		交流变频
其他	平均噪声	dB（A）	68
	牵引栓		插销

任务1　学习操作电动叉车

任务描述

叉车是一种特种设备，属于场（厂）内专用机动车辆，操作中必须遵守《中华人民共和国特种设备安全法》，遵守叉车操作规程。取电动平衡重式叉车，认识其结构，学习安全操作规程，并进行实际操作。

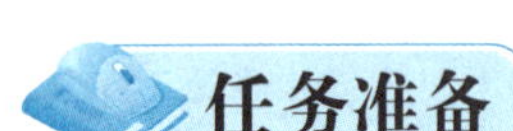

任务准备

电动平衡重式叉车，标准托盘（1200mm×1000mm），货箱，安全帽。

任务实施

叉车操作规程图示与说明见下表：

序号	操作规程图示	文字说明
1		检查车辆，确保设备安全 （1）作业前后，应检查外观、轮胎状态，有无漏油、漏水、零件松动现象 （2）检查车辆启动、运转及制动性能安全 （3）检查灯、鸣笛信号是否齐全有效 （4）运行后有无泄漏现象
2		起步 （1）起步前观察周围有无妨碍行车安全的障碍。右手扶椅子，左手拉把手登车，系上安全带 （2）合上电源总开关，闭合方向开关，鸣笛，松开驻车制动，上升货叉，门架后仰，平稳起步
3		行驶 （1）行驶时，货叉底端距离地面高度应保持在 30 ～ 40cm （2）载物行驶，货叉高度不能太高，否则会影响叉车的稳定性。同时注意限高要求，避免碰撞 （3）运行时，严禁人货混装（禁止人员站在货叉上把持货物）
4		装卸 （1）叉载货物时，应按需调整货叉间距，以确保货物能均匀分布在两个货叉上（调整货叉后，注意定位销的固定） （2）叉取货物时，货叉必须先后仰再抬升 （3）卸货时应先降货叉再平叉齿 （4）严禁超载
5		离开叉车 （1）禁止货叉上货物悬空时离开叉车（离开前必须卸下货物或降下货叉架） （2）减速停车，门架回位，车轮回正，鸣笛，拉紧驻车制动，方向开关回位，关闭电锁，切断总电源，规范下车

小视频2-6
基础操作电动叉车

随堂记

任务 2　搬运托盘货物“工”字行驶

任务描述

取载货托盘和电动平衡重式叉车，按照操作步骤及实训标准，依次进行电动平衡重式叉车载货移库搬运操作（“工”字路线说明：叉车从车库出发，取区一的托盘货物，将其运送至区三；再到区二将托盘货物搬运至区一），进行递进式反复练习，直至掌握电动平衡重式叉车的控制技巧和操作稳定性。

任务准备

场地准备

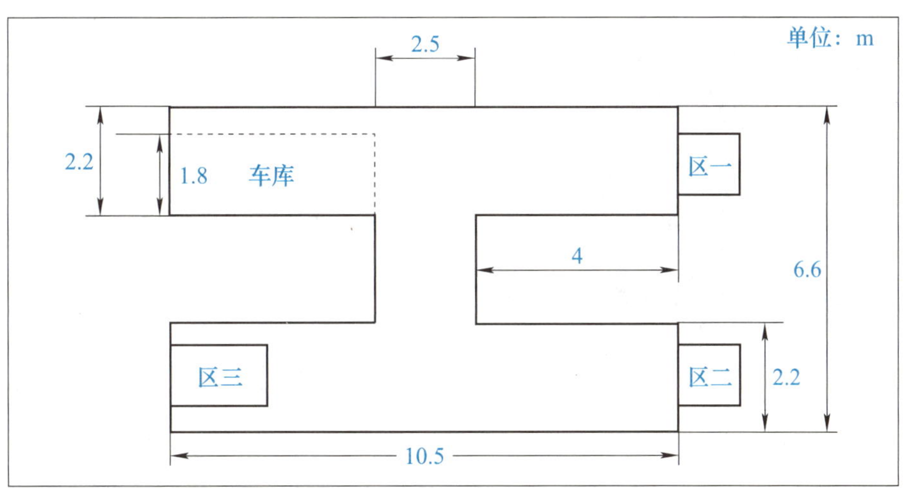

设备准备

电动平衡重式叉车，标准托盘（1200mm×1000mm），货箱（分别放置于区一、区二），桩，安全帽。

任务实施

使用电动平衡重式叉车完成托盘货物搬运作业的操作步骤图示与说明见下表：

序号	步骤图示	步骤说明
1		到区一取托盘，在托盘前 30cm 处停车，平放货叉，前进使货叉完全进入托盘，拉驻车制动并抬升托盘货物（向后倾斜 15°）
2		将区一托盘转移到区三：带货倒车进入区二前方，调整车辆方向，正向进入区三。卸货时，先拉驻车制动，再平放货叉，退出货叉
3		从区二取托盘到区一：从区三倒车进入中间位置，调整方向进入区二；在区二取另一个托盘货物，绕过中间位置进入车库，调整方向，再正向进入区一并把托盘货物卸下
4		将车驶回车库：将车停到原始出车位置，不能压线、出界；面向终（起）点线，减速停车，门架回位，车轮回正，鸣笛，拉紧驻车制动，方向开关回位，关闭电锁，切断总电源，规范下车

注意事项：电动平衡重式叉车在叉取和退出过程中货叉与托盘不要有剐蹭；行进时不得起降货叉；停止行进时必须踩制动踏板；电动平衡重式叉车使用后要归位。

任务 3 移库作业

小视频2-7
搬运托盘货物
“工”字行驶

任务描述

取载物托盘和电动平衡重式叉车，根据“入库单”要求，按照操作步骤及实训标准，将叉车驾驶至货架存储A区指定的储位处取货，移库至B区货架指定的储位，完成移库作业后，设备归位。

任务准备

场地准备

设备准备

货架，电动平衡重式叉车，标准托盘（1200mm×1000mm），货箱，桩，安全帽。

任务实施

使用电动平衡重式叉车完成货物移库作业的操作步骤图示与说明见下表：

序号	步骤图示	步骤说明
1		叉车起步：启动叉车后，观察仪表盘，检查电源是否充足，有无障碍提示；起步前观察周围有无妨碍行车安全的障碍，排除后，先鸣笛，后起步；起步必须缓慢平稳
2		将叉车驾驶到货架存储 A 区指定的储位处取货：取货前，在对应货位前，平放货叉；将货叉抬升到托盘货物所在位置后，再让货叉完全进入托盘，拉驻车制动并抬升托盘
3		带货退出原始储位，拉起手刹，调整货叉高度（货叉离地 30 ～ 40cm）

（续）

序号	步骤图示	步骤说明
4		从货架存储 A 区驾驶叉车行驶至货架存储 B 区目标储位前，拉起手刹，抬升货叉至储位横梁所在高度
5		确定高度略高于储位横梁时，松开手刹驶入货位。拉起手刹，下降货叉，将货物存放至目标储位
6		从目标储位退出货叉后，调整货叉高度（离地 30 ～ 40cm），将叉车归位：叉车必须停到原始出车位置，不能压线、出界；面向终（起）点线，减速停车，门架回位，车轮回正，鸣笛，拉紧驻车制动，方向开关回位，关闭电锁，切断总电源，规范下车

小视频2-8
移库作业

注意事项：电动平衡重式叉车在行进时货叉高度不大于40cm；停止行进时，必须踩制动踏板；带货升降货叉时，必须挂空挡，拉起手刹；归位时，必须关闭电锁。

项目评价

序号	评价任务	要素说明	扣分分值	次数	扣分小计	得分小计
1	电动叉车操作训练任务包括安全操作规范、“工”字托盘货物搬运、货物移库作业（70 分）	上车前未对叉车进行检查、登车不规范	5			
2		起步操作顺序错误	15			
3		行驶中升降货叉、离地高度不正确（按次数计数）	5			
4		轮胎压线、撞杆（按次数计数）	5			
5		叉取托盘货物时碰撞托盘（按次数计数）	10			
6		运行过程中货物掉落（按掉落数量计数）	10			
7		卸货时托盘压线（按次数计数）	5			
8		停车操作顺序错误	15			
9	7S 管理（30 分）	同一作业区域人车分离（按次数计数）	5			
10		作业过程中，叉车轮胎离地（按次数计数）	5			
11		作业过程中货物掉落，叉车与设备、设施之间发生碰撞（按次数计数）	5			
12		取、卸托盘货物或升降货叉时，未拉手制动（按次数计数）	5			
13		作业完成后，叉车未归位（关闭电源、整理工具等）	5			
14		在规定时间内，未完成全部操作	5			

注：“扣分小计”不得超过“评价任务”总分值。

总得分：

项目拓展

电动叉车的充电操作与维护保养

定期保养电动叉车可以提前发现叉车故障，降低叉车使用过程中的故障率，延长叉车使用寿命，并减少叉车维修的费用，减少整个叉车的运行成本，减少生产过程中事故发生次数。电动叉车厂家规定电动叉车在运行过程中每200h需要彻底地保养一次，通过保养项目检查，可以全面了解电动叉车运行的实际情况，及早地发现电动叉车存在的隐患，并及早排除故障。

通常，没有经过保养的电动叉车出现的故障一般都是大故障，往往会导致电动叉车不能运行。就电动叉车电动机来说，没有经过保养的电动机，没有经常检查电动机碳刷的磨损，往往会导致电动机起火，从而烧坏转子，加大维修费用。

一、电动叉车的充电

蓄电池是电动叉车的动力来源，定期检查蓄电池电量并及时充电是电动叉车日常维护的基本内容。其操作步骤为：检查电压表指示线是否正确显示在使用范围内，当电量不足时电动叉车会自动发出报警提示，此时应立即停止操作，待充电或更换蓄电池后才可继续工作。充电时，需要按下叉车红色紧急按钮，切断电源；同时掀开叉车坐垫，将蓄电池的盖子打开，以保证电池散热。

（1）检查电解液位，若不够需及时补加蒸馏水，再打开所有的气盖，如图2-18所示。

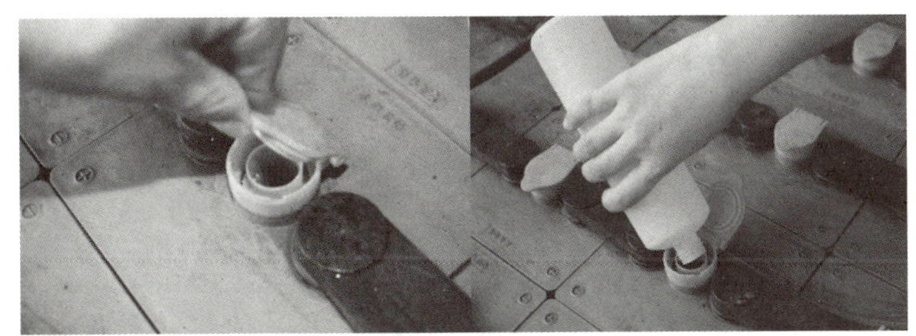

图2-18　检查电解液位并补加蒸馏水

（2）把蓄电池的插座拔下，然后和充电器的接口对接上，如图2-19所示。

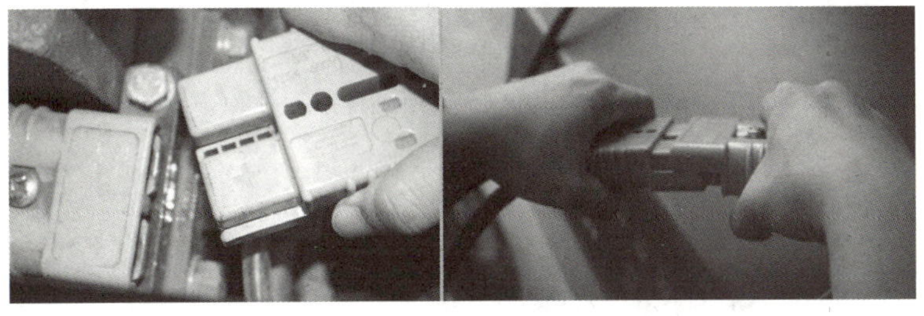

图2-19　拔下蓄电池插座并与充电器对接

随堂记

（3）打开充电桩的电源按钮，根据充电桩上的图示，判断车辆是否正在充电，如图2-20所示。

图2-20 正在充电

二、电动叉车的维护与保养

电动叉车的维护与保养一般包括三个等级，即日常维护、技术保养、全车润滑。

1. 日常维护

1）清洗电动叉车上污垢、泥土和尘埃，重点清洗货叉架及门架滑道、发电机及启动器、蓄电池电极叉柱、水箱、空气滤清器等部位。

2）检查各部位的紧固情况，重点检查货叉架支承、起重链拉紧螺钉、车轮螺钉、车轮固定销、制动器、转向器螺钉。

3）检查蓄电池是否缺电池水，及时补充电池水。

4）检查渗漏情况，重点检查各管接头、制动泵、升降液压缸、倾斜液压缸、变速器、驱动桥、液压转向器、转向液压缸。

5）检查制动器、转向器的可靠性、灵活性。

2. 技术保养

按照“日常维护”项目进行，并增添下列工作：

（1）液压系统

1）清理液压油箱，更换液压油，清理滤清器。

2）检查液压唧筒、油喉、接头及油封等是否漏油。

3）如有需要，调校、清理液压油阀。

（2）链条组件

1）清理升降链条、链轴，加润滑油。

2）清理行车链条、轴承，加润滑油。

3）检查升降链条是否有裂纹、损坏。

（3）传动系统

1）清理齿轮箱，换齿轮油。

2）清理传动轴承，加润滑油。

3）检查和调校制动系统，活动接头加润滑油。

4）检查自动波箱，如需要则更换自动波箱及滤清器。

5）检查轮胎情况。

（4）电路系统

1）整体电路除尘。

2）检查和调校电池硫酸比例，清理电池表面，收紧电池接线头。

3）绝缘和连接部件是否有受损或松脱。

4）检查接触点是否有磨损。

5）检查升降、行车及液压泵碳精。

6）检查灯光信号系统，如有需要，更换灯泡及熔丝。

7）检查各控制系统的灵敏度。

3. 全车润滑

新电动叉车或长期停止工作后的电动叉车，运行前应先加油润滑，应利用新润滑油将陈润滑油全部挤出，并润滑两次以上，同时应注意下列几点：

1）润滑前应清除油盖、油塞和油嘴上的污垢，以免污垢落入机构内部。

2）用油脂枪压注润滑油时，应压注到各部件的零件结合处挤出润滑油为止。

3）在夏季或冬季应更换季节性润滑油（机油等）。

随堂记

项目五

桥式起重机的认识

项目概述

在50m高的桥吊上，用巨大的吊具稳、准、快地吊运来自世界各地的集装箱。“每个集装箱摆放的偏差不能超过2cm。对于我们50m高空要完成2cm的精度，那它就是2500倍的精度。”从大约16层楼高的桥吊上往下看，如同针眼般大小的锁孔被箱体完全挡住，很难精准对位。竺士杰仔细观察靠近驾驶舱一侧集装箱的顶边和底边是否在一条线上，两条边一旦对齐，他就能迅速地在0.5s内精准对位，着箱率高达90%。“大国工匠”宁波舟山港码头桥吊司机竺士杰的故事登上了《新闻联播》。

由于出色的工作表现，竺士杰先后获得全国劳动模范、全国五一劳动奖章、全国技术能手、全国道德模范等荣誉。2011年，宁波港吉码头经营有限公司成立了“竺士杰操作法推进研究室”，自研究室成立至今，开展了多项技术攻关和管理创新研究，组织实施了20多个研发项目，推进了新技术的应用，促进了生产的发展，产生直接经济效益近700万元。2020年4月，大国工匠系列丛书《竺士杰工作法》在全国发行。

起重机械是仓储装卸搬运活动中的--种重要设备，承担着对物资进行垂直水平三维移动的功能，对于大重型物件的移动作业特别有效，实现了物流作业的机械化、省力化的目标。桥式起重机是指桥架在高架轨道上运行的一种起重机械，其桥架沿铺设在两侧高架上的轨道纵向运行，起重小车沿铺设在桥架上的轨道横向运行，构成一个矩形的工作范围，可以充分利用桥架下面的空间吊运物料，不受地面设备的阻碍。这种起重机广泛应用在室内外仓库、厂房、码头和露天贮料场等场所。

桥式起重机的认识项目包括2个任务:

任务1　认识桥式起重机

任务2　观摩桥式起重机操作

项目目标

- 够准确描述桥式起重机的类型和不同用途。
- 能够正确阐述桥式起重机的主要参数，基本了解桥式起重机的操作步骤。
- 能够掌握桥式起重机的使用注意事项。

知识准备

一、桥式起重机的概述

根据我国国家标准《物流术语GB/T 18354—2021》，超重机械（Hoisting Machinery）是一种以间歇作业方式对物品进行起升、下降和水平移动的搬运机械。桥式起重机是横架于车间、仓库和料场上空进行物料吊运的起重设备。它的两端坐落在高大的水泥柱或者金属支架上，形状似桥，所以俗称“天车”或“行车”。它是使用范围最广、数量最多的一种起重机械。

桥式起重机是现代工业生产和起重运输中实现生产过程机械化、自动化的重要工具和设备，可减轻工作人员的劳动强度，提高工作效率。桥式起重机在工矿企业、钢铁化工、铁路交通、港口码头以及物流周转等部门和场所均得到广泛的运用，它是生产活动中不可缺少的一种设备。

二、桥式起重机的类型

常见的桥式起重机有吊钩桥式起重机、抓斗桥式起重机、电磁桥式起重机、三用桥式起重机和双小车桥式起重机。

（1）吊钩桥式起重机。吊钩桥式起重机由金属结构、大车运行机构、小车运行机构、起升机构、电器及控制系统、驾驶室组成。这类起重机取物装置为吊钩，适用于多种作业环境，可以完成装卸、搬运物料和设备等作业。吊钩桥式起重机如图2-21所示。

（2）抓斗桥式起重机。抓斗桥式起重机的取物装置为抓斗，以钢丝绳分别连接抓斗、起升机构、开闭机构。它主要用于废旧钢铁、散货（煤、石子）、木材等物料的装卸、吊运作业。这种起重机除了起升、闭合机构以外，其结构部件与吊钩桥式起重机相同。抓斗桥式起重机如图2-22所示。

图2-21 吊钩桥式起重机

图2-22 抓斗桥式起重机

（3）电磁桥式起重机。电磁桥式起重机的基本构造与吊钩桥式起重机大致相同，不同之处在于吊钩上挂了一个直流起重电磁铁，又称为电磁吸盘，用来吊运具有导磁性的钢铁材料及其制品。电磁桥式起重机如图2-23所示。

图2-23 电磁桥式起重机

（4）三用桥式起重机。三用桥式起重机基本构造与电磁桥式起重机大致相同，是一种多用途的起重机。根据需要可以使用吊钩吊运重物，也可以在吊钩上挂电动机抓斗装卸物料，还可以把抓斗卸下来再挂上电磁吸盘吊运钢铁材料，故称为三用桥式起重机。这种起重机一般适用于经常变换取物装置的物料装卸场所。三用桥式起重机如图2-24所示。

（5）双小车桥式起重机。这种起重机的基本结构与吊钩桥式起重机基本相同，只是在桥架上装有两台起重量相同的小车，常用于吊运与装卸长条形物件。双小车桥式起重机如图2-25所示。

图2-24 三用桥式起重机

图2-25 双小车桥式起重机

三、桥式起重机的安全装置

为了确保起重作业安全可靠，起重机必须装有较完善的安全装置，以便在意外的情况下，保护机件或提醒操作人员注意，从而起到安全保护作用。桥式起重机的安全装置见表2-6。

表2-6 桥式起重机的安全装置

序号	名称	功用
1	液压系统中各溢流阀	液压系统中各溢流阀可抑制回路中的异常高压，以防止液压泵及马达的损坏或处于过载状态
2	吊臂变幅安全装置	当事故发生，吊臂变幅液压缸回路中的高压软管或油管爆裂或切断时，液压回路中的平衡阀就会起到作用，锁闭来自液压缸下腔的工作油，使吊臂不会下跌，从而确保作业的安全性
3	吊臂伸缩安全装置	当事故发生，吊臂伸缩液压缸回路中的高压软管或油管爆裂或切断时，液压回路中的平衡阀就会起到作用，锁闭来自液压缸下腔的工作油，使吊臂自己缩回，从而确保作业的安全性
4	高度限位装置	吊钩起升到规定的高度后，碰触限位重锤，打开行程开关，“过绕”指示灯亮起，同时切断吊钩起升、吊臂伸出等动作的操作而确保安全。这时只要操纵吊钩下降、吊臂缩回或吊臂仰起（即向安全方操作）等手柄时，限位重锤会解除约束，操作恢复正常。在特殊的场合，如仍需要做微量的过绕操作，可按下仪表盒上的释放按钮，此时限位的作用便会解除，但此时的操作必须十分谨慎小心，以防发生事故
5	支腿锁定装置	当事故发生，通往支腿垂直液压缸的高压软管或油管破裂或切断时，液压系统中的双向液压锁能封锁支腿液压缸两腔的压力油，使支腿不回缩或甩出，从而确保起重作业的安全性
6	起重量指示器	起重量指示器设置在基本臂的右侧（即操纵室的右侧），操作者坐在操纵室内便能清楚地观察到指示器，并能准确地指示出吊臂的仰角及对应工况下起重机允许的额定起重量
7	起重特性表	起重特性表设置在操纵室内前侧下墙板上，该表列出了各种臂长和各种工作幅度下的额定起重量和起重高度，以便操作时查阅。进行起重作业时，切不可超过表中规定的数值

四、桥式起重机的主要技术参数

桥式起重机的主要技术参数有起重量、跨度、提升高度、运行速度、提升速度、工作类型及电动机的通电持续率等，见表2-7。

表2-7 桥式起重机的主要技术参数

技术参数	描述	举例
起重量	又称额定起重量，是指起重机实际允许的起吊最大负荷量，以吨（t）为单位	如 15/3t 起重机，数字中的分子为主钩起重量，分母为副钩起重量，是指主钩的额定起重量为 15t，副钩的额定起重量为 3t
跨度	桥式起重机的跨度是指起重机主梁两端车轮中心线间的距离，即大车轨道中心线间的距离，以米（m）为单位	桥式起重机跨度有 10.5m、13.5m、16.5m、19.5m、22.5m、25.5m、28.5m、31.5m 等多种，每 3m 为一个等级
提升高度	起重机的吊具或抓取装置（如抓斗、电磁吸盘）的上极限位置与下极限位置之间的距离，称为起重机的提升高度，以米（m）为单位	起重机常用的提升高度有 12m、16m、12/14m、12/18m、16/18m、19/21m、20/22m、21/23m、22/26m、24/26m 等几种，其中分子为主钩提升高度，分母为副钩提升高度
运行速度	运行速度是指大、小车移动机构在其拖动电动机以额定转速运行时所对应的速度，以米 / 分（m/min）为单位	小车运行速度一般为 40 ～ 60m/min，大车运行速度一般 100 ～ 135m/min
提升速度	提升机构的电动机以额定转速使重物上升的速度，即提升速度。一般提升速度不超过 30m/min	依重物性质、重量、提升要求来决定，速度一般为 4 ～ 6m/min
工作类型	起重机的工作类型按其载荷率和工作繁忙程度决定，可分为轻级、中级、重级和特重级四种	（1）轻级。满载机会少，通电持续率为 15%，用于不紧张及不繁重的工作场所。（2）中级。经常在不同载荷下工作，速度中等，工作不太繁重，通电持续率为 25%。（3）重级。工作繁重，经常在重载荷下工作，通电持续率为 40%。（4）特重级。经常吊额定负荷，工作特别繁忙，通电持续率为 60%
电动机的通电持续率	桥式起重机的各台电动机在一个工作周期内是断续工作的，其工作的繁重程度用通电持续率 JC% 表示	通电持续率为工作时间与工作周期的百分比，标准的通电持续率规定为 15%、25%、40%、60% 四种

五、桥式起重机使用注意事项

1. 驾驶员应遵守的基本规定

（1）无操作证或饮酒后不允许驾驶起重机。

（2）操作中必须精神集中，不许谈话、吸烟或做无关的事情。

（3）车上要清洁干净：不许乱放设备、工具，不许存放易燃品、易爆品和危险品。

（4）工作中，桥架上不许有人或用吊钩运送人。

（5）被吊物件严禁在人或设备上空运行。

（6）严禁起重机超负荷使用。

（7）严禁随便从起重机上往下乱扔东西。

2. 驾驶桥式起重机的基本要求与规范

（1）下列情况不许起吊：捆绑不牢，机件超负荷，信号不明，斜拉，埋或冻在地里的物件，被吊物件上有人，没有安全保护措施的易燃品、易爆器和危险品，过满的液体物品，钢丝绳不符合安全使用要求，升降机构有故障。

（2）起重机在没有障碍物的线路上运行时，吊钩、吊具或吊物底面必须离地2m以上。如果越过障碍物时，须超过障碍物0.5m。

（3）对吊运小于额定起重量50%的物件，允许两个机构同时动作；吊运大于额定起重量50%的物件，则只允许一个机构动作。

（4）具有主、副钩的桥式起重机，不能同时上升或下降主、副钩（特殊例外）。

（5）不许在被吊起的物件上施焊、锤击或在物件下面工作（有支撑时可以）。

（6）吊钩处于下极限位置时，卷筒上必须保留有两圈以上的安全绳圈。

（7）起重机不允许互相碰撞，更不允许利用一台起重机去推动另一台起重机进行工作。

（8）吊运较重的物件、液态金属、易爆及危险品时，必须先缓慢地吊离地面100～200mm，测试制动器的可靠性。

任务1 认识桥式起重机

任务描述

通过实地调查或网络查找某一种类型的桥式起重机，搜集相关资料（类型、用途、技术参数）并制作PPT，向全体同学介绍该桥式起重机。

任务准备

桥式起重机图片及相关资料。

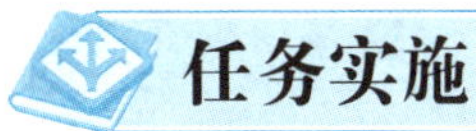

任务实施

介绍桥式起重机的步骤及说明见下表：

序号	任务内容	任务实施要求	任务实施记录
1	实地调查或网络查找某一种类型的桥式起重机	判断企业类型、业务范围	
2		判断该起重机属于什么类型	
3		简述该起重机的适用场合	
4		查询该起重机的主要技术参数	
5	制作 PPT，介绍桥式起重机	PPT 要求图文并茂，内容准确连贯，互动性强，美观大方	
6		介绍桥式起重机的名称、类别属性、安全操作事项、典型事故案例等	

任务 2　观摩桥式起重机操作

任务描述

观看码头桥式起重机的操作步骤，记录好步骤要领，并制作PPT进行汇报交流。

任务准备

桥式起重机，反光背心，安全帽，相机（手机），记录本，笔。

任务实施

结合本地区实际，参观考察本地物流园区（码头），记录、补充、完善码头桥式起重机的操作步骤。码头桥式起重机的操作步骤图示与说明见下表：

序号	步骤图示	步骤说明
1		货轮到达桥式起重机下方，启动桥式起重机，对准集装箱将吊具缓慢放下
2		确认四边吊钩已完全钩牢集装箱箱体，缓慢提起集装箱
3		操作桥式起重机水平移动，将工位调整到相应载货货车位置
4		调整角度，将集装箱平稳放到货车上，收回吊钩

小视频2-9
观摩桥式
起重机操作

项目评价

序号	评价任务	要素说明	扣分分值	次数	扣分小计	得分小计
1	评价标准（70分）	桥式起重机图片清晰、准确	20			
2		PPT制作图文并茂、美观大方	20			
3		搜集的相关资料素材丰富，涵盖类型、用途、技术参数等内容	30			
4	7S管理（30分）	限时3min，超时或不足扣1分/5s（按时间计数）	1			
5		小组团队协作充分，分工明确	10			
6		语言表达流畅、准确，言简意赅	15			

注：“扣分小计”不得超过“评价任务”总分值。

总得分：

项目拓展

桥式起重机日常使用与维护要求

（1）每台起重机必须在明显的地方挂上额定起重量的标牌。

（2）对起重机某部进行焊接时，要专门设置地线，不准利用机身作地线。

（3）必须在关闭电源后，并在电门上挂有“停电作业”的标志时，方可进行检查或维修工作。如需带电作业时，必须提供安全保护措施，并有专人照管。

（4）限位开关和联锁保护装置需要经常检查。

（5）不允许通过触碰限位开关来进行停车。

（6）升降制动器存在问题时，不允许升降重物。

（7）修理和检查用的照明灯，其电压必须在36V以下。

（8）桥式起重机所有的电气设备外壳均应接地，如小车轨道不是焊接在主梁上时，应采取焊接地线措施。接地线可用截面积大于75mm^{2}的镀锌扁铁，或截面积大于10mm^{2}的裸铜线，或截面积大于30mm^{2}的镀锌圆钢。司机室或起重机体的接地位置应多于两处。起重机上任何一点到电源中性点间的接地电阻均应小于4Ω。

（9）要定期进行安全技术检查，做好预检预修工作。

项目六

传送带的选择与维护

项目概述

在浙江睿峰电喷系统有限公司的转子车间内，细长的运送带正将一个个转子送入加工台，上料、组装、搬运、检测、打标……只需要短短13s这条智能化生产线就能完成从原材料到成品的所有工序。同样，偌大的泵芯装配车间里也看不到几个工人，数台设备通过机械臂精准作业，实现全流程自动化生产。相似的，胜宏科技（惠州）股份有限公司过去完成10亿元产值需要1900名工人，现在通过“机器换人”，只需要350人。

当前，全球科技和产业竞争更趋激烈，大国战略博弈进一步聚焦制造业，美国“先进制造业领导力战略”、德国“国家工业战略2030”、日本“社会5.0”等以重振制造业为核心的发展战略，均以智能制造为主要抓手，力图抢占全球制造业新一轮竞争制高点。而“灯塔工厂”由达沃斯世界经济论坛和麦肯锡咨询公司共同遴选，作为“数字化制造”和“全球化4.0”示范者，代表着全球制造业领域智能制造和数字化的最高水平。

截至目前，全球已有103家“灯塔工厂”，其中我国拥有37家，占比超过1/3，总数居世界第一。随着我国一批领军企业的探索、布局，“中国智造”的雄厚实力和巨大潜力充分显现。在全球新一轮产业革命中，“中国制造”已从追赶者变为领跑者，而“中国智造”的领跑前景，也令人期待。

物料输送是装卸搬运活动的重要组成部分，物流各个阶段和同一阶段的不同活动之间都必须进行输送作业。在现代物流活动中，传送带即由连续输送机组成的带状传送设备，承担着物料的运输任务，把各物流阶段连接起来，是物料搬运系统机械化和自动化不可缺少的组成部分。

传送带的选择与维护项目包括两个任务：

任务1　制作传送带选型指南

任务2　日常检查传送带

项目目标

- 能够了解传送带的工作原理。
- 能够正确阐述传送带的类型。
- 能够制作一份传送带的选型指南。
- 能够完成传送带简单的维护保养。

知识准备

随堂记

一、传送带概述

传送带，又称输送带，是一种由连续输送机组成的带状传送设备，以连续的方式沿着一定的线路从装货点到卸货点均匀输送货物的机械。传送带是机械化、连续化、自动化流水作业运输线中不可缺少的组成部分，是配送中心、自动化仓库、大型货场的生命线。

传送带一般以胶带作为牵引机构和承载机构，具有结构简单、运行平稳、能耗低、对环境污染小、便于集中控制以实现自动化、管理维护方便、在连续装载条件下可实现连续运输等优点。目前根据生产的需要已设计出了通用传送带以及各种各样的特种传送带，虽然它们结构各异，使用场合也不同，但是工作原理基本相同。大多数传送带以输送带兼做牵引机构和承载机构，利用摩擦力带动物体运动，借以实现散碎物料或成件品的连续输送。

二、传送带的类型

1. 按传送带结构特点分类

（1）具有挠性牵引构件的传送带。工作特点是被运物品放在牵引构件上或工作构件内，利用牵引构件的连续运转使物品往一定方向进行运送。常见的有带式传送带（见图2-26）、链式传送带、埋刮板传送带、悬挂传送带、斗式提升机等。

图2-26　带式传送带

（2）无挠性牵引构件的传送带。工作特点是利用工作构件的旋转运动或往复运动使货物沿封闭的管道或料槽移动。常见的有气力传送带、旋转传送带、振动传送带等。

2. 按安装方式不同分类

（1）固定式传送带。它是指整个传送带固定地安装在特定的地方，不能再移动的传送带。特点是输送量大、单位电耗低、效率高，主要用于固

随堂记

定输送场合。如仓库中货物移动、工厂生产工序之间的输送、原料的接收和成品的发放等。

（2）移动式传送带。它是指整个设备安装在车轮上，可以移动的传送带。特点是机动性强、利用率高，能及时布置输送作业达到装卸要求。这类设备输送量不高，输送距离不长，适用于中小型仓库使用。移动式传送带如图2-27所示。

图2-27 移动式传送带

3. 其他分类方法

（1）按输送货物力的形式划分，传送带可分为机械式、惯性式、气力式、液力式等。

（2）按输送货物的种类划分，传送带可分为输送件货传送带和输送散货传送带等。

三、常见的传送带

1. 带式传送带

带式传送带是以封闭无端的输送带作为牵引构件和承载构件的连续输送货物机械，是仓库中广泛使用的装卸搬运机械。传送带有橡胶带、帆布带、塑料带和钢芯带四大类，其中以橡胶输送带应用最广，如图2-28所示。

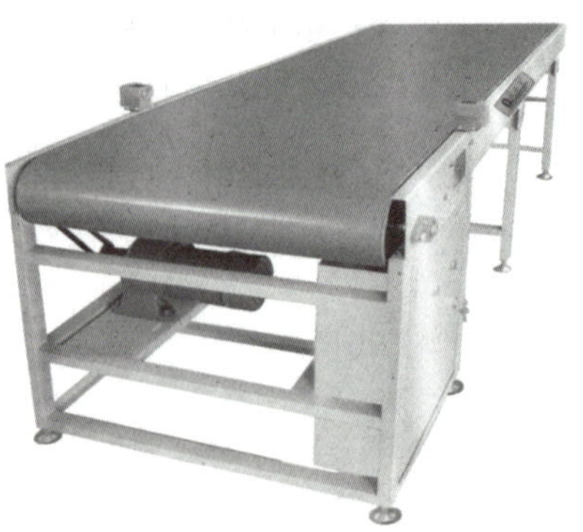

图2-28 橡胶传送带

（1）带式传送带的适用范围

带式传送带主要用于水平方向或坡度不大的倾斜方向连续输送货物，适用于家电、电子、电器、机械、烟草、注塑、邮电、印刷、食品等行业。

（2）带式传送带的使用与维护

1）加料要均匀。料应加在带的中心线附近，防止带振动或走偏。

2）尽量使加料的初速度方向与带的运动方向相同。减小加料高度，以减轻对带的冲击。

3）输送散物料时，注意清扫带的正反两面，保持带与滚筒及托辊间的清洁，减少磨损。

4）保证润滑。及时加注润滑剂，以减小摩擦阻力。

5）向上输送物料的倾角过大时，最好选用花纹输送带，以免物料滑落。

6）经常检查和调整带的张紧程度，防止带过松而使传送带产生振动或走偏。

2. 链式传送带

链式传送带使用绕过若干链轮的无端链条作牵引构件，由驱动链通过轮齿与链节的啮合将圆周牵引力传递给链条，在链条连接着的工作构件上输送货物，是连续传送带的一种主要形式，可分为链条式、链板式、链网式和板条式等。链式传送带如图2-29所示。

图2-29　链式传送带

（1）链式传送带的适用范围

链式传送带广泛用于食品、药品、化妆品、洗涤用品、纸制品及烟草等行业的自动输送、分配和后道包装的连线输送。

（2）链式传送带的使用与维护

1）传送带轨道的维护。传送带停止运行时，检查轨道是否能轻易打开，必要时可润滑一下铰链；传送带停止运行时，保持轨道清洁。

2）牵引链条的维护。由于工作条件不同，链条的磨损情况有很大差

随堂记

别，因此在链条运行3～6个月后，应仔细检查链条零件的状况，及时润滑并按工作条件制定检查、润滑周期。

3）保证润滑。链式传送带在中等运行速度（8～15m/min），每天运行8h，每周工作5日，室内温度适中（不超过55℃），其润滑周期为一个月左右；如运行速度较低，润滑相应减少；当传送带工作时间较长以及工作环境恶劣时，润滑周期需作相应的调整。

4）定期检查传送带的驱动装置。检查零件的磨损情况及是否有松动的零部件，避免非正常情况下工作致使驱动装置故障。

3. 辊子传送带

辊子传送带是利用按一定间距架设在固定支架上的若干个辊子来输送成件物品的传送带。固定支架一般由若干个直线或曲线的支架分段按需拼成。这种传送带按辊子是否具有驱动装置，可分为无动力式和动力式两类。辊子传送带如图2-30所示。

图2-30 辊子传送带

（1）辊子传送带的适用范围

辊子传送带适用于各类箱、包、托盘等件货的输送，散料、小件物品或不规则的物品需放在托盘上或周转箱内输送。辊子传送带能够输送单件重量很大的物料，可以承受较大的冲击载荷。

（2）辊子传送带的使用与维护

1）使用前应检查滚柱是否运转灵活，各滚柱载物面是否在同一平面，有驱动的滚柱其驱动连接是否可靠；传动链条或胶带有无磨损；驱动装置的电控装置各开关按钮和指示灯工作是否正常。

2）使用中观察货物在滚柱上移动是否平稳，速度是否均匀；各货物分叉区域的滚柱运转是否平稳，分货和转移动作是否准确；货物放上滚柱时不应有冲击，以防损伤滚柱轴上的滚动轴承。

3）使用后应定期对各滚柱轴承加注润滑油，对传动链加注润滑油。

4. 传送带的选择依据

（1）根据被输送物料的性质进行选择

对于传送带的选择，被输送物料的颗粒大小、表面状态、容重、外摩

随堂记

擦系数、散落性、破碎性等特性是主要的影响因素。一般来讲，对于表面粗糙、坚硬的物料，在选择传送带的构件材料时，应选择耐磨的材料；对于容易破碎的物料，不宜选用破碎作用较大的传送带；对于散状物料，为提高输送量并防止输送中物料撒落，应选用深槽形带式传送带；对于包装物料，一般选用带式传送带或辊子传送带。

（2）根据被输送物料的输送量大小进行选择

通常输送速度大则物料的输送量大。在选择时应考虑输送稳定性、电耗增大比例、设备机械性能、物料特性等因素，选用合适速度的传送带。

（3）根据物料的输送距离和方向进行选择

输送距离长的水平输送，一般选用带式传送带；需要进行垂直输送的多采用斗式提升机；对于既要求水平输送又要求垂直输送的散装物料，一般可选择斗式提升机或刮板传送带。

（4）根据物流在输送中工艺流程进行选择

物料从何处接收，发放到何种设备上或场所，决定着选用的传送带的类型。此外，工艺流程不同，要求不同，也应该采用不同传送带。例如，要求输送过程中进行搅拌，则可选用螺旋传送带等。

（5）根据安装场地进行选择

安装场地不同，要求选用不同的输送设备，因此应根据安装场地条件，选用合适的传送带。正确选用传送带，须综合考虑各方面因素，权衡利弊得失，进行综合分析比较，选择经济、合理的传送带类型。

任务1 制作传送带选型指南

任务描述

随着快递业务需求量的飞速发展，大大小小的快递公司应运而生，远大快递公司就是其中一员。为了适应公司规范发展的需要，该公司准备购置一批传送带机械，以提高公司整体运作效率，提升服务质量。连续传送带类型繁多、各具特点，你能帮远大快递公司分析一下，选择哪种连续传送带比较好吗？

远大快递公司相关资料：公司成立于2017年，起初从事货物运输，2023年转型进入快递业，主要为其所在城市客户提供快递服务。随着业务量的增加，公司考虑增添物流设备，提高物流运作效率。公司现用于快递分拣的场地2000m²，宽40m，长50m；目前公司主要业务范围集中在小件包裹的速递服务上，但各包裹包装不一，大小不均，重量也不等。另外，由于多数包裹是网购商品，所以包裹的外包装质量较好。

任务准备

白纸，记号笔，PPT。

任务实施

根据任务描述与背景信息，向远大快递公司推荐一种传送带，并记录在表2-8中。

表2-8 企业传送带推荐表

物流公司名称	
传送带名称	
传送带的类型	
传送带的适用范围	
传送带的使用与维护	

同时，整理组织材料，形成传送带选型指南；制作PPT，进行组间交流，要求图文并茂，美观大方。

任务2 日常检查传送带

任务描述

传送带在日常的使用中，由于频繁的货物输送，企业往往忽视对传送带的维护与保养，最终导致设备出现故障，无法运行，严重影响货物的分拨效率。为了培养设备维护习惯，根据所学知识，对校内物流传送带设备开展经常性的维护保养。

任务准备

传送带，《传送带日常点检表》。

任务实施

根据《传送带日常点检表》（见表2-9），完成传送带日常检查，发现问题并及时报告。

表2-9 传送带日常点检表

<table>
<tr><td colspan="17">设备编号：</td><td colspan="17">设备名称：</td></tr>
<tr><th>序号</th><th>检查项目</th><th>检查方法</th><th>1</th><th>2</th><th>3</th><th>4</th><th>5</th><th>6</th><th>7</th><th>8</th><th>9</th><th>10</th><th>11</th><th>12</th><th>13</th><th>14</th><th>15</th><th>16</th><th>17</th><th>18</th><th>19</th><th>20</th><th>21</th><th>22</th><th>23</th><th>24</th><th>25</th><th>26</th><th>27</th><th>28</th><th>29</th><th>30</th><th>31</th></tr>
<tr><td>1</td><td>检查光感应开关是否正常运行</td><td>先开启传送带电源，用手遮挡感应开关，观察光感应开关指示灯是否为闪烁状态，传送带即将启动，如有灰尘和污垢，请用软布擦拭干净</td><td></td><td></td><td></td><td></td><td></td><td></td><td></td><td></td><td></td><td></td><td></td><td></td><td></td><td></td><td></td><td></td><td></td><td></td><td></td><td></td><td></td><td></td><td></td><td></td><td></td><td></td><td></td><td></td><td></td><td></td><td></td></tr>
<tr><td>2</td><td>检查设备的定位有无移位等现象</td><td>检查传送带支撑点有无松动和偏移</td><td></td><td></td><td></td><td></td><td></td><td></td><td></td><td></td><td></td><td></td><td></td><td></td><td></td><td></td><td></td><td></td><td></td><td></td><td></td><td></td><td></td><td></td><td></td><td></td><td></td><td></td><td></td><td></td><td></td><td></td><td></td></tr>
<tr><td>3</td><td>检查电机轴承声音</td><td>开启电机，旋转轴承无声音</td><td></td><td></td><td></td><td></td><td></td><td></td><td></td><td></td><td></td><td></td><td></td><td></td><td></td><td></td><td></td><td></td><td></td><td></td><td></td><td></td><td></td><td></td><td></td><td></td><td></td><td></td><td></td><td></td><td></td><td></td><td></td></tr>
<tr><td>4</td><td>检查皮带是否完好</td><td>检查皮带有无磨损现象</td><td></td><td></td><td></td><td></td><td></td><td></td><td></td><td></td><td></td><td></td><td></td><td></td><td></td><td></td><td></td><td></td><td></td><td></td><td></td><td></td><td></td><td></td><td></td><td></td><td></td><td></td><td></td><td></td><td></td><td></td><td></td></tr>
<tr><td>5</td><td>检查辊筒是否堵转或有异常声响</td><td>首先停用传送带，检查辊筒、螺丝有无松动，如有松动，先断开电源再更换；其次开启传送带，听辊筒有无异常声音</td><td></td><td></td><td></td><td></td><td></td><td></td><td></td><td></td><td></td><td></td><td></td><td></td><td></td><td></td><td></td><td></td><td></td><td></td><td></td><td></td><td></td><td></td><td></td><td></td><td></td><td></td><td></td><td></td><td></td><td></td><td></td></tr>
<tr><td>6</td><td>检查皮带有无跑偏现象</td><td>检查皮带是否在正确的位置，如果跑偏，需要及时调整：断开电源，打开侧面的盖板，松开或拉紧以使皮带端正</td><td></td><td></td><td></td><td></td><td></td><td></td><td></td><td></td><td></td><td></td><td></td><td></td><td></td><td></td><td></td><td></td><td></td><td></td><td></td><td></td><td></td><td></td><td></td><td></td><td></td><td></td><td></td><td></td><td></td><td></td><td></td></tr>
</table>

（续）

设备编号：																	设备名称：																
序号	检查项目	检查方法	1	2	3	4	5	6	7	8	9	10	11	12	13	14	15	16	17	18	19	20	21	22	23	24	25	26	27	28	29	30	31
7	检查电机运行是否有噪声等现象	开启传送带，听传送带在运行时有无异常声音																															
8	检查电机运行时的温度是否在正常范围内	用温度测温仪扫描电机的轴承端（距离电机 20cm）																															
9	检查护网	检查护网是否保持正常完好																															
10	检查线路	测试传送带翻起机在行程开关位置是否起作用																															
11	检查拉绳开关	信号线路和电缆线路是否完好，无破损现象																															
12	检查配电柜	打开配电柜，闻有无焦味，检查线路有无老化现象																															
		备注																															
		检查人（操作者）																															
		实训室负责人																															

注：1. 操作者每日检查　2. 实训室负责人每周检查　3. ×表示异常问题　0表示无异常　⊗表示异常修好

项目评价

序号	评价任务	要素说明	扣分分值	次数	扣分小计	得分小计
1	操作标准（70 分）	传送带选型指南分析到位	20			
2		PPT 制作图文并茂，美观大方	15			
3		日常检查是否及时（按次计分）	5			
4		检查内容是否完整，有无遗漏	10			
5		检查过程是否到位	5			
6		检查表登记是否规范	5			
7		检查结果处理是否及时	10			
8	7S 管理（30 分）	小组团队协作充分，分工明确	5			
9		汇报时语言表达流畅、准确，言简意赅	5			
10		检查过程是否存在安全隐患（按次计分）	5			
11		灰尘、杂物是否及时清理，保持清洁（按次计分）	5			
12		暂停使用或检查时是否及时切断电源（按次计分）	5			
13		检查过程、记录是否真实（按次计分）	5			

注：“扣分小计”不得超过“评价任务”总分值。

总得分：

项目拓展

传送带的历史与发展趋势

中国古代的高转筒车和提水的翻车，是现代斗式提升机和刮板传送带的雏形；17世纪中叶，美国开始应用架空索道输送散状物料；19世纪中叶，各种现代结构的传送带相继出现。

1868年，在英国出现了带式传送带；1887年，在美国出现了螺旋传送带；1905年，在瑞士出现了钢带式传送带；1906年，在英国和德国出现了惯性传送带。此后，传送带受到机械制造、电机、化工和冶金工业技术进步的影响，不断完善，逐步由完成车间内部的输送发展到完成在企业内部、企业之间甚至城市之间的物料搬运，成为物料搬运系统机械化和自动化不可缺少的组成部分。

经过一个多世纪的快速发展，传送带已发展成为多品种、多功能、多形态、多规格的高技术含量产品。它既可水平、倾斜输送，又可垂直、盘旋上下输送；既可敞开输送，又可封闭输送；既可长距离直线运行，又可长距离弯曲运行；既可单纯输送物料，又可在输送过程中对物料进行加工。

因此，现代传送带被认为是现代物料搬运与加工过程中解决环境、能源、交通、空间、劳动力和生产安全性等问题最为经济有效的方法之一。目前，传送带的主要发展趋势是向多品种、高强度化、大型化和轻量化方向发展。

模块三 流通加工设备的操作与维护

项目一 半自动打包机的操作与维护

项目概述

目前，我国已经成为世界最大的商品生产和出口国。包装工业正在成长为国民经济的重要组成部分，包装设备、包装材料领域的发展都十分迅速。根据国家统计局数据，2021年，国内包装机械制造业实现营业收入约472亿元；2022年，国内包装机械制造业实现营业收入约410亿元。我国包装机械品种约有1300多种，包装机械已成为机械工业中十大行业之一，为包装工业快速发展提供了有力的保障。

半自动打包机是一种较现代化的包装机械，速度快、效率高、操作方便，广泛用于食品、医药、五金、化工、服装、邮政等行业，适用于纸箱打包、纸张打包、包裹信函打包、药箱打包、五金工具打包、陶瓷制品打包、汽车配件打包、日化用品打包、文体用品打包、器材打包等各种大小货物的自动打包捆扎。

半自动打包机的操作与维护项目包括三个任务：

任务1　安装半自动打包机打包带

任务2　十字打包

任务3　处理半自动打包机卡带故障

项目目标

- 能够准确描述打包机的类型和不同用途。
- 能够正确阐述半自动打包机的主要结构。
- 能够规范操作半自动打包机完成十字打包作业。
- 能够完成半自动打包机的简单维护保养。

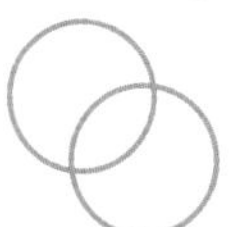

知识准备

一、打包机的概述

打包机又称捆包机、打带机或捆扎机，是使用捆扎带捆扎产品或包装件，然后收紧并将两端通过发热烫头热融黏接方式结合起来的打包机械。打包机的功能是加固物品的包装，使物品在搬运过程和贮存中避免因捆扎不牢而散落。

二、打包机的类型

打包机按照自动化程度可以分为四类：手动打包机、半自动打包机、全自动打包机和全自动无人化打包机。

（1）手动打包机。这类打包机又称手提式打包机，需要人工操作来完成整个过程，是较常用的一种打包机械。手动打包机一般包括手动收紧器（见图3-1）和咬扣器（见图3-2）两部分，其工作原理是将打包带缠绕于打包物上，通过收紧器将打包带收紧，最后在缠绕的打包带端口套上打包扣，利用咬扣器将打包扣夹紧，完成打包作业。手动打包机适用于需要进行打包操作，但打包量较小的作业。

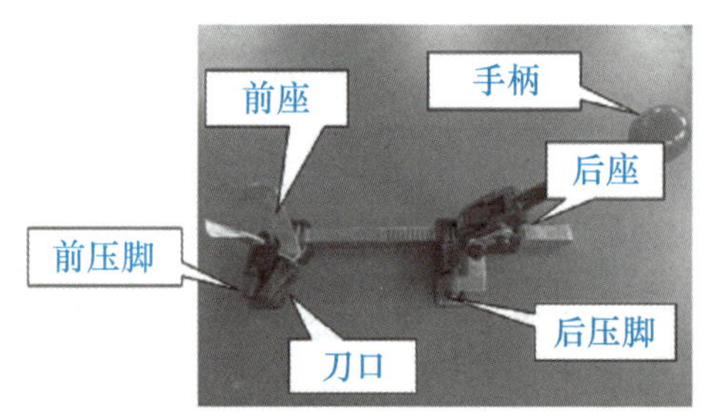

图3-1 手动收紧器

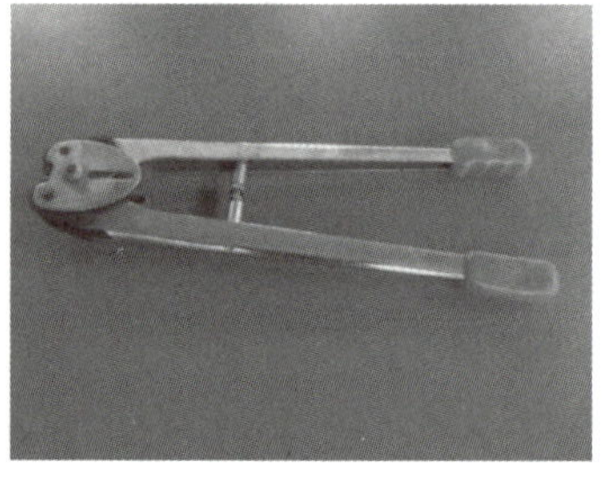
图3-2 咬扣器

（2）半自动打包机。这类打包机的台面一般无动力装置，需手动将打包带插入加热口，并通过热效应熔融或使用包扣自动完成打包带的聚带、热合、切断、出带、停机，从而完成捆扎过程。半自动打包机适用于各种大小货物的打包作业，如书刊杂志、纸箱、邮政包裹等物品。半自动打包机如图3-3所示。

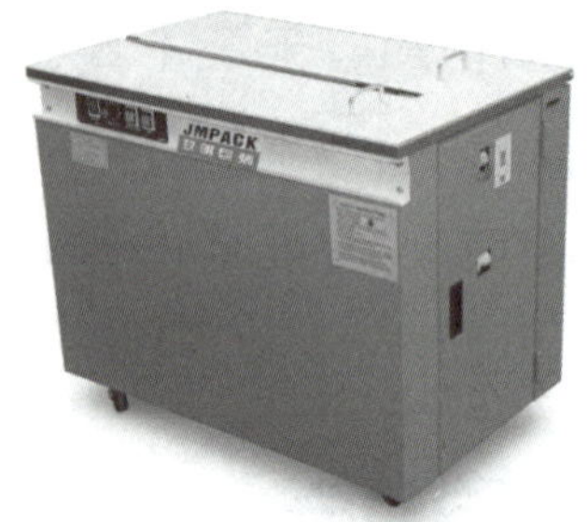

图3-3 半自动打包机

（3）全自动打包机。这类打包机无须人工插带，只需按动开关就可以自动完成打包。全自动打包机的优势明显，打出来的捆扎带美观牢固，速度快，提高了工人的打包效率；同时减少浪费，节约成本。全自动打包机适合各类常规物体的打包，包括体积大、宽度长、重量型的物体以及液体、粉状等各式特殊物体的打包，并能进行加压打包。全自动打包机如图3-4所示。

（4）全自动无人化打包机。全自动无人化打包机无须人工插带，只需设定好即可自动完成聚带、黏合、切断、出带、停机整个过程。根据需求可定制1～5道捆包，速度为2s/道。全自动无人化打包机外形设计简单美观，操作方便，功能完善；零部件均由数控机床锻造而成，性能卓越，故障少，维修方便；打包结束后电机马上停止，省电实用。全自动无人化打包机如图3-5所示。

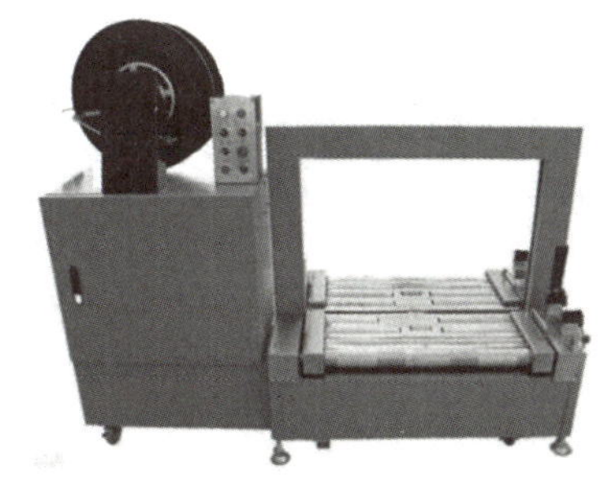

图3-4　全自动打包机

图3-5　全自动无人化打包机

小知识3-1
智能化自动打包机

三、半自动打包机的特点

优点：机型小巧，价格便宜，操作简单，对打包带的要求不高，可适应各种材质的打包带，应用领域广泛。

缺点：每个产品都需手动操作，所以不适合大批量的作业。

四、常见半自动打包机的结构

常见半自动打包机的主要结构如图3-6所示。

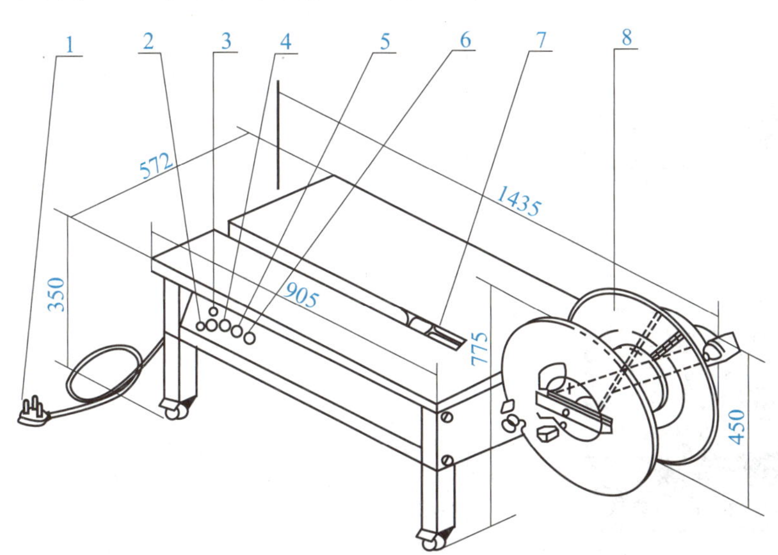

图3-6　常见半自动打包机的主要结构（单位：mm）

1—供电电源插头　2—电源总开关　3—工作状态指示灯　4—送带长度调节器　5—捆紧力调节器　6—复位按钮　7—打包带插入槽口　8—大带轮盘

使用半自动打包机打包时，打包物体需放在打包机中间，首先打包机右顶体上升，压紧打包带的前端，打包带受力收紧并捆在物体上；随后左

顶体上升，压紧下层打包带；之后加热片伸进打包带两端接合处，通过发热烫头将打包带两端黏合在一起；中顶刀上升，切断打包带；最后把下一捆打包带送到位，完成一个工作循环。

半自动打包机的主要控制部件见表3-1。

表3-1 半自动打包机的主要控制部件

序号	控制部件图示	名称及说明
1	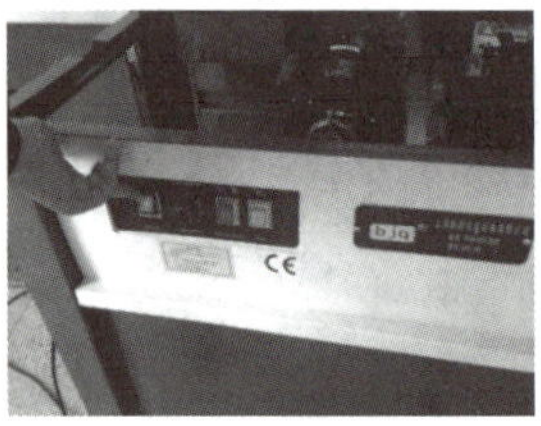	电源开关。控制总电源，抬起则打开电源，按下则切断电源
2	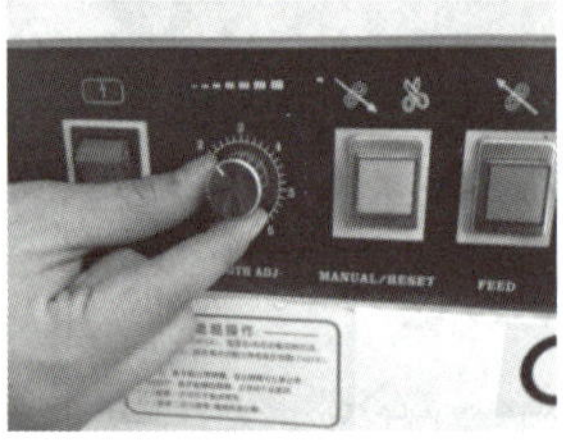	长度调整旋钮
3		归零按钮
4		进带按钮
5		加热口
6	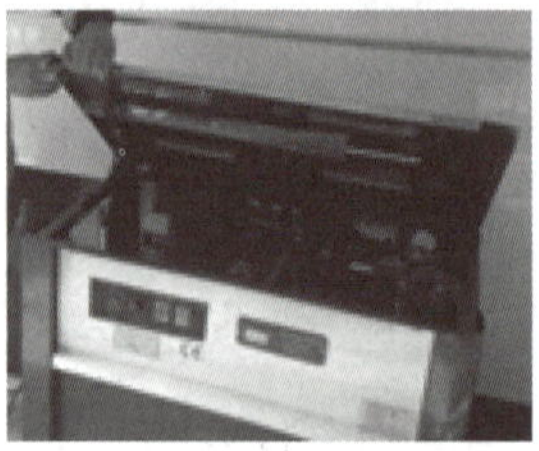	加带箱

任务1　安装半自动打包机打包带

任务描述

各小组分别取半自动打包机、打包带、剪刀，按照操作步骤及实训标准，依次进行打包带的安装作业。

任务准备

场地准备

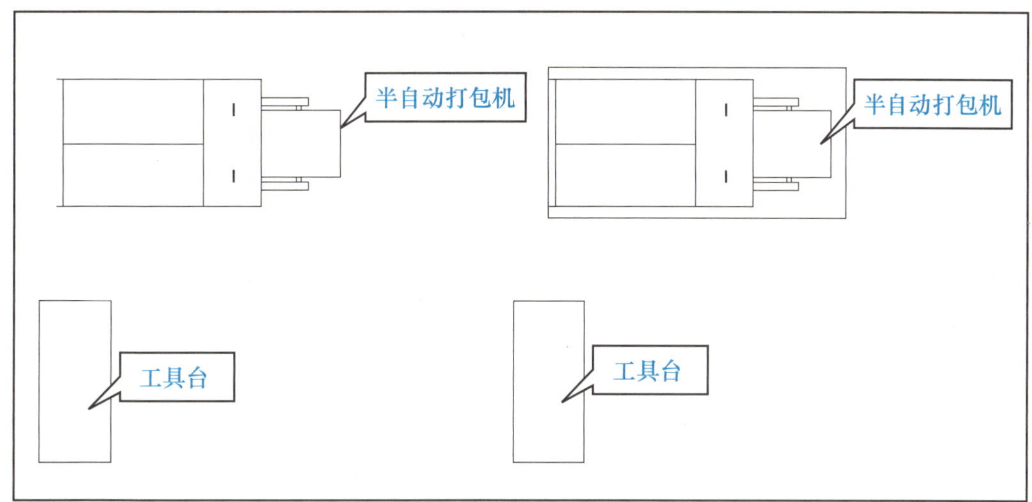

设备准备

半自动打包机，打包带，剪刀。

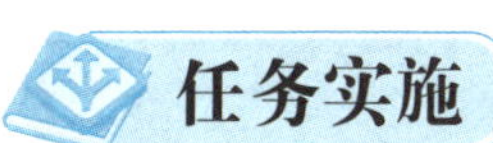

任务实施

安装半自动打包机打包带的操作步骤图示及说明见下表：

序号	步骤图示	步骤说明
1		切断半自动打包机的电源，将打包带放置在一侧

随堂记

（续）

序号	步骤图示	步骤说明
2		打开打包机的台板
3		勾住台板左下角的挂钩，固定台板
4		打开打包机的左门，双手小心取出空带盘
5	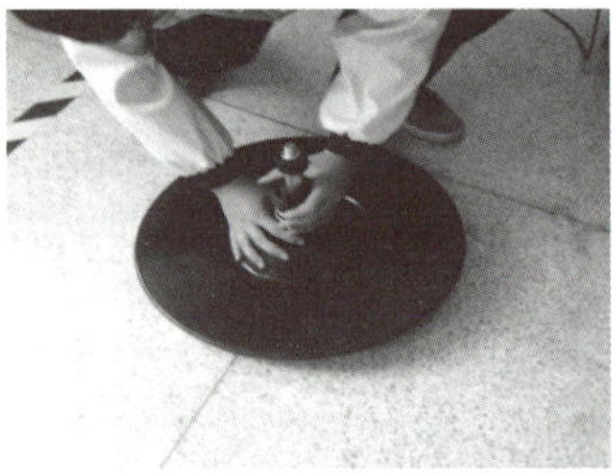	逆时针旋松带盘轴套筒
6		依次取出套筒、弹簧和外圈带盘，将取出的零部件整齐摆放，方便安装时取用
7		将带卷拆封，装入带盘（注意出带的方向需与内圈带盘上箭头所指的方向一致）

（续）

序号	步骤图示	步骤说明
8		用剪刀剪断固定绳（注意不要使打包带松散），助手可帮助操作员固定打包带
9		依次装回外圈带盘、弹簧和套筒，拧紧手柄
10	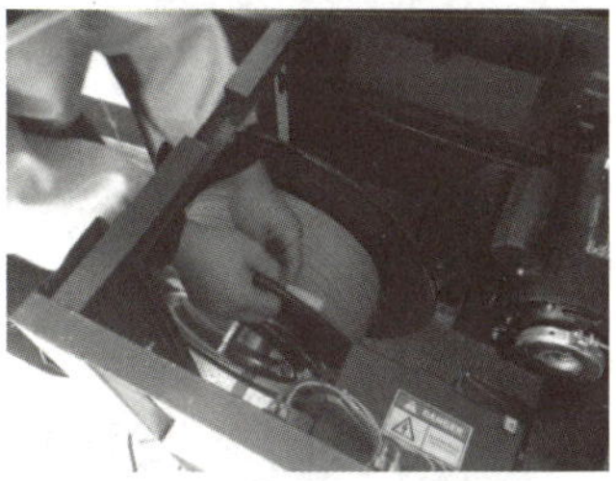	双手将装好带卷的带盘放入卡槽中，注意出带方向向上
11	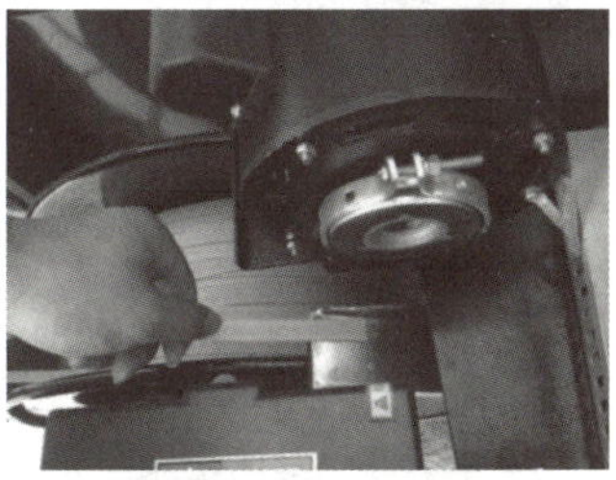	将带头从带盘中引出，放入槽口
12	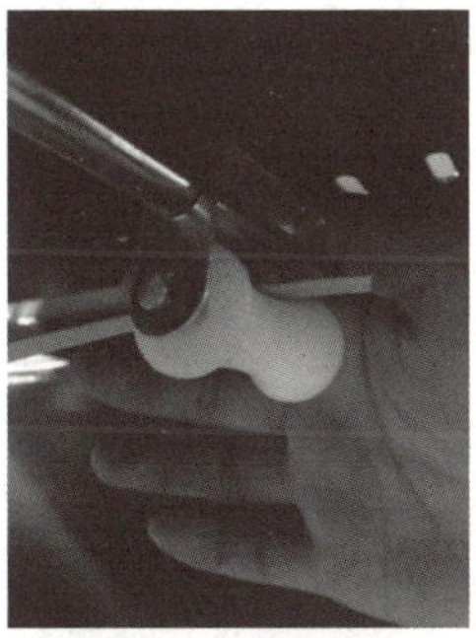	打开打包机右门，将带头从底部的导带轮滑上部穿过
13		将带头从右门口的导带轮滑下部穿过

随堂记

随堂记

（续）

序号	步骤图示	步骤说明
14	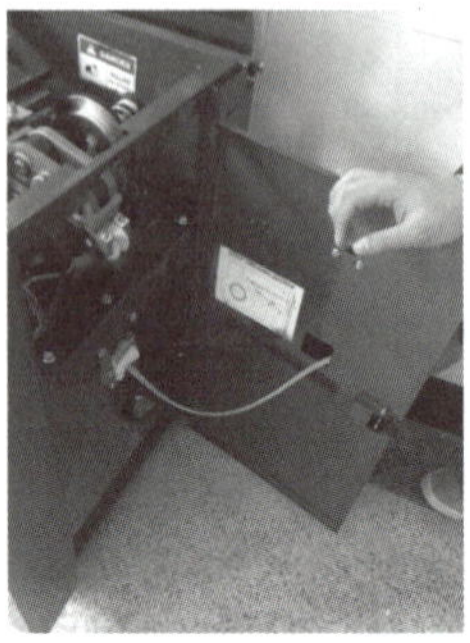	将带头穿过右门下孔
15	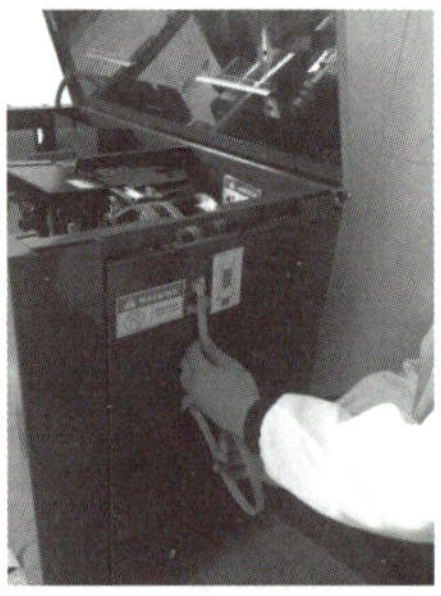	关上右门，将带头依次穿过右门上孔的导带片和导带轮
16	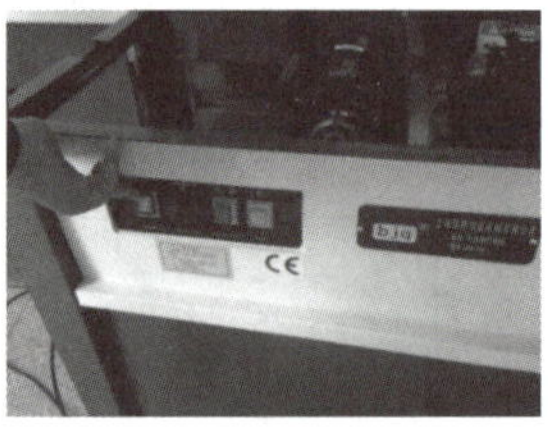	插上打包机电源，打开打包机前方面板上的电源开关，启动机器
17	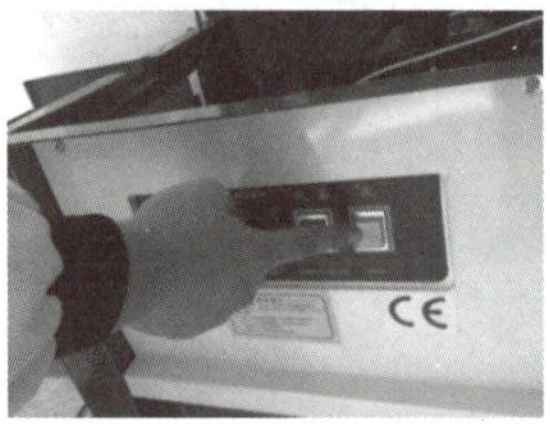	按“进带”按钮（即“FEED”键），使打包带出带至一定长度
18	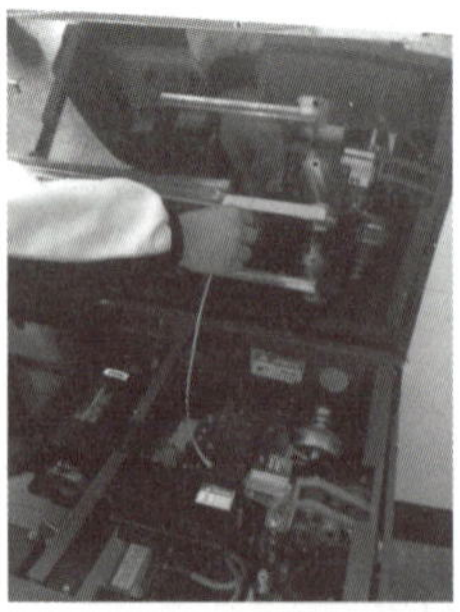	将带头穿过台板，置于工作台上
19		将台板的挂钩放松，关上台板和左门

（续）

序号	步骤图示	步骤说明
20		完成打包机的装带和穿带作业，关闭开关，拔下电源，工具归位

注意事项：在操作过程中要注意操作安全，确保切断电源后再进行打包带的安装作业；在安装打包带时，注意固定带卷不要松散；操作时请勿将自己的头或手伸入打包机的传带道，以免机器卡到使其受伤。

任务2 十字打包

任务描述

各小组取装有打包带的半自动打包机和货箱若干，按照操作步骤及实训标准，依次进行半自动打包机十字打包作业，并进行循环反复练习，直至掌握半自动打包机的控制技巧，保证操作的稳定性。

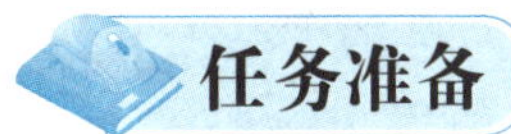

任务准备

场地准备

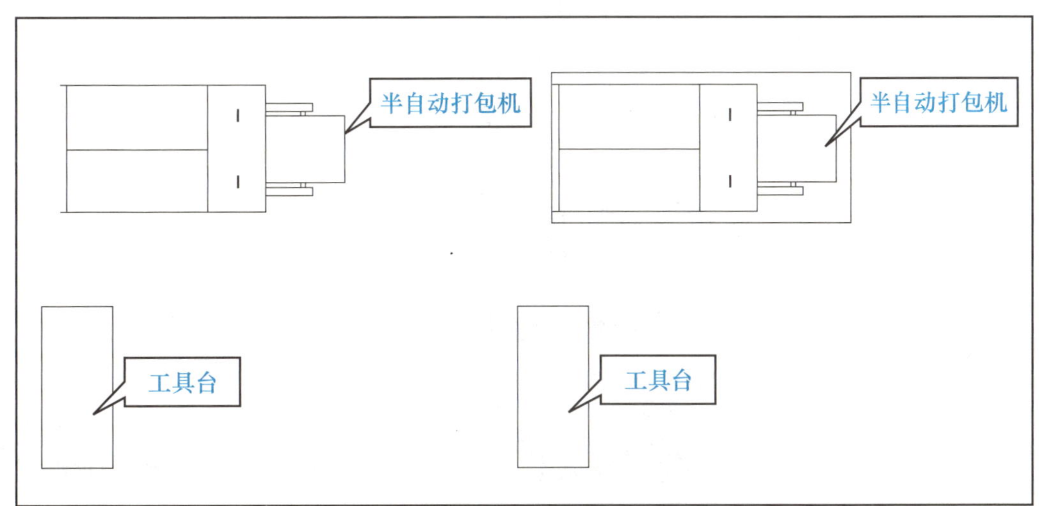

设备准备

半自动打包机，模拟货箱，剪刀。

任务实施

随堂记

使用半自动打包机进行十字打包作业步骤图示与说明见下表：

序号	步骤图示	步骤说明
1		检查电源和设备是否正常。接通电源，按下开关，指示灯显示正常；预热1min，即可开始打包工作
2		选择送带定时时间（即送带长度控制），时间调节范围0～6s，一般调节至2s为宜
3		放上待打包的货箱，紧贴阻挡板。用手抓住带头绕过待打包的货物（如果打包带太短，可按“FEED”键），用左手固定打包带，右手将带头插入“带子入口”
4		带头进入“带子入口”后，触动开关，松开左手，机器便自动压住带头，进行拉紧、切带、断带、出带等动作，完成一次捆扎的全过程
5		将货箱旋转90°，紧贴阻挡板，重复上步操作，机器即完成自动捆包
6		完成十字打包
7		将打包好的货箱归位到指定的暂存区。机器使用完毕后，按退带按钮，机器自动归位，随后关闭开关

注意事项：若带子黏合不良，可调整烫头温度或调整烫头位置；若卡带，可关掉电机开关，顺着退带方向将打包带拉出。

任务 3　处理半自动打包机卡带故障

任务描述

日常使用中，半自动打包机时常会发生卡带现象，各小组分别取半自动打包机、打包带、剪刀，按照操作步骤及实训标准，依次处理半自动打包机卡带故障。

任务准备

场地准备

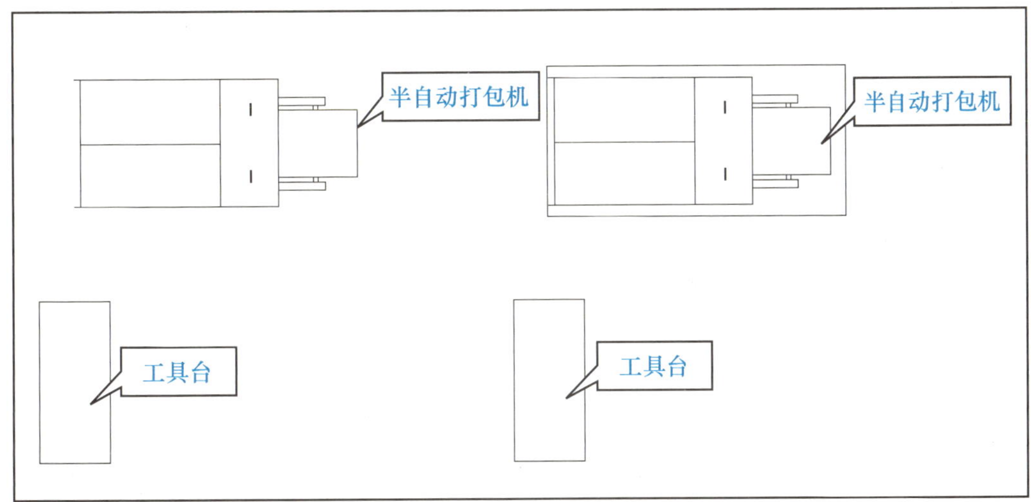

设备准备

半自动打包机，打包带，剪刀。

任务实施

处理半自动打包机卡带故障的操作步骤图示与说明见下表：

序号	步骤图示	步骤说明
1		半自动打包机发生卡带现象，检查卡带位置，大部分情况是卡在上下分机之间或卡在上滑板下面。本次故障是打包带熔接以后没有及时弹出，卡在挡片下面
2		梳理发生卡带的打包带并拉直，电源保持接通状态

（续）

序号	步骤图示	步骤说明
3	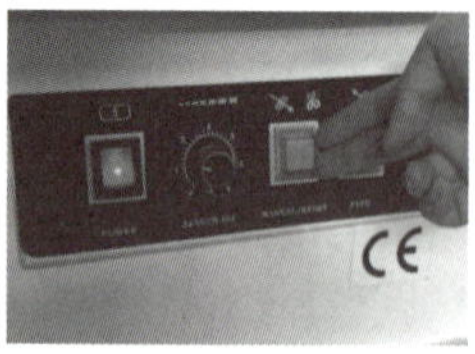	按归零按钮
4	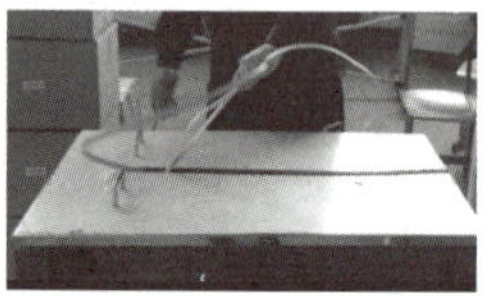	拉紧、拉直打包带，机器自动压住带头并进行拉紧、切带、断带、出带等动作
5	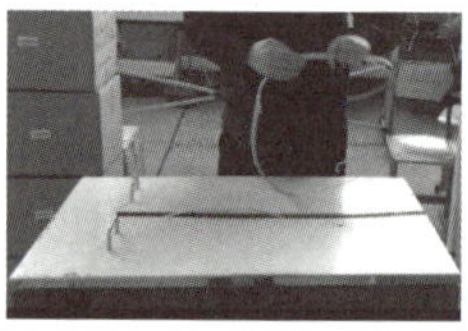	完成卡带部分的熔断，保证打包机可以正常出带
6	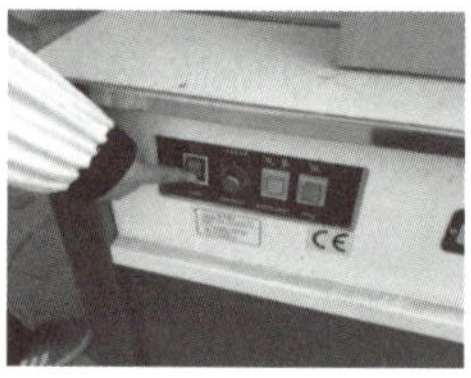	机器使用完毕后，按退带按钮，机器自动归位，随后关闭开关

项目评价

序号	评价任务	要素说明	扣分分值	次数	扣分小计	得分小计
1	半自动打包机打包带的安装（包括装带和穿带）（45分）	未固定台板挂钩	5			
2		带盘拆分零件未有序摆放	5			
3		带卷出带方向与箭头不一致	5			
4		带卷拆封后大量松散	10			
5		打包带未依次穿过轮滑或带片	10			
6		安装完毕后不能正常出带	10			
7	货物的十字打包作业（15分）	未进行相关设备、电源的常规检查	5			
8		十字打包不紧凑	10			
9	处理半自动打包机卡带故障（15分）	未进行故障排查	5			
10		卡带故障未解决	10			
11	7S管理（25分）	工作无序，步骤混乱	5			
12		操作完毕后未进行场地环境的清洁	5			
13		操作过程中出现设备损坏和材料浪费现象	5			
14		未遵守操作规则，缺乏良好的操作素养	5			
15		作业过程中人员、设备、设施之间发生碰撞或者人员受伤	5			

注：“扣分小计”不得超过“评价任务”总分值。

总得分：

项目拓展

半自动打包机的维护保养

半自动打包机是打包机的一种，是很多企业最常用的打包设备，操作简单，价格低廉。半自动打包机在运行中难免出现故障，因此需要定期进行维护保养。半自动打包机常见的故障类型、原因与处理方法见表3–2。

表3–2　半自动打包机常见的故障类型、原因与处理方法

故障类型	故障原因与处理方法
打包机通电后不动作	1. 电源指示灯不亮，确认电源插头是否插好，电源线是否出现断路 2. 打包按钮开关损坏（按钮开关为常开，检查是否接触不良） 3. 检查熔丝是否正常工作（正常为两个熔丝，一个保护电动机，一个保护控制信号） 4. 电动机损坏（电动机出现质量问题，本身启动不好，需要手动辅助才能正常转动） 5. 电动机正常转动，其他不动作（电磁刹车不吸合，检查皮带轮组和刹车定子间隙是否过大，并确认减速机线是否出现断路）
打包机出现断带或黏合不好	1. 温度太低（加热片或加热线老化，加热温度达不到预定温度，需进行更换。表现为加热片或加热线部分位置发灰发暗） 2. 温度太高（温控旋钮调整太高） 3. 没有温度（检查加热片是否损坏，温控变压器或温控板损坏，确认保险丝是否完好） 4. 温度正常，黏合不上或不好（加热片位置不正确，偏高或偏低；或中刀轴承损坏，黏合时中顶刀与上滑板有间隙）
打包机使用时，收紧后不自动切带	1. 收带力量太小（调整螺丝杆加大收带力量） 2. 摩擦片打滑（摩擦片表面有油渍，需要清理） 3. 皮带打滑（皮带松动，带不动皮带轮，无法正常转动） 4. 切带开关或磁簧开关损坏
打包时带子没有收紧就切带	1. 切带开关或磁簧开关损坏（正常信号显示“正常”） 2. 收带力量太小（偶尔会出现这种情况，收带力量需要加大） 3. 收紧轮或输送轮中间带槽出现磨损或内部有打包带残留

项目二

台秤的认识与操作

项目概述

我国是世界上最早实行法制计量的文明古国，在古代计量精度、计量单位和计量管理体制上，都是举世无双的。俗话说“天地之间有杆秤”，秤在我国的文化当中，不仅仅是一个称重的工具，还象征着一种标准、道德模范和行为准则，“秤文化”早已埋入了中国人的血髓之中，是我国一项极其重要的传统文化遗产。

随着社会的进步和科学技术的发展，台秤以稳定性好、示数清晰，在公共贸易中被大量使用。

台秤也称磅秤，底座上带有承重的托盘或金属板，承重装置为矩形台面，是一种通常在地面上使用的小型衡器。台秤可分为机械台秤和电子台秤。电子台秤是利用非电量电测原理工作的小型电子衡器，主要测量30～600kg范围内的物品，不但计量精度高，而且具有快速准确读数、零位自动跟踪、置零、去皮以及重量、单价、金额综合运算等多种功能，广泛应用于物流、食品、化工等行业。

台秤的认识与操作项目包括三个任务:

任务1　称量整件货物毛重

任务2　称量零散货物净重

任务3　校准电子台秤

项目目标

- 能够正确描述台秤的类型和原理。
- 能够正确阐述电子台秤的主要结构。
- 能够正确、规范使用电子台秤称量货物的重量。
- 能够完成电子台秤的充电与简单的维护保养。

知识准备

一、台秤的概述

根据我国国家标准《物流术语GB/T 18354—2021》，称量装置（Load Weighing Device）是针对起重、运输、装卸、包装、配送以及生产过程中的物品实施重量检测的设备。台秤是承重装置为矩形台面，通常在地面上使用的小型衡器。台秤主要由显示装置、力传递机构、承重装置及支撑装置组成。按功能可分为计重台秤、计数台秤、计价台秤等。

二、台秤的类型

台秤按结构原理可分为机械台秤和电子台秤两类。

（1）机械台秤。这类台秤利用“不等臂杠杆原理”工作，由承重装置、读数装置、基层杠杆和秤体等部分组成。读数装置包括增砣、砣挂、计量杠杆等。基层杠杆由长杠杆和短杠杆并列连接。称量时力的传递系统如下：在承重板上放置被称物时，4个分力作用在长、短杠杆的重点刀上，由长杠杆的力点刀和连接钩将力传到计量杠杆重点刀上。通过手动加、减增砣和移动游砣，使计量杠杆达到平衡，即可得出被称物的重量值。机械台秤如图3-7所示。

机械台秤结构简单，计量较准确，只需要一个平整坚实的秤架或地面就能放置使用，秤体坚固，经久耐用并配有4个轮子，移动方便。中国台秤产品的型号由“TGT”3个汉语拼音字母和一组阿拉伯数字组成，其中字母“T”“G”“T”分别表示台秤、杠杆结构、增砣式，阿拉伯数字表示最大称量（kg）。主要型号有TGT-50、TGT-300、TGT-500和TGT-1000。

（2）电子台秤。这类台秤称量时，被测物重量通过称重传感器转换为电信号，再由运算放大器放大并经单片微处理机处理后，以数码形式显示出称量值。电子台秤可放置在坚硬地面或安装在基坑内使用，如图3-8所示。

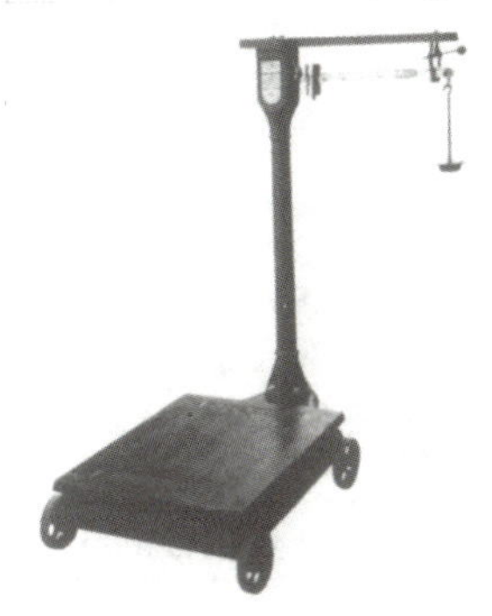

图3-7　机械台秤

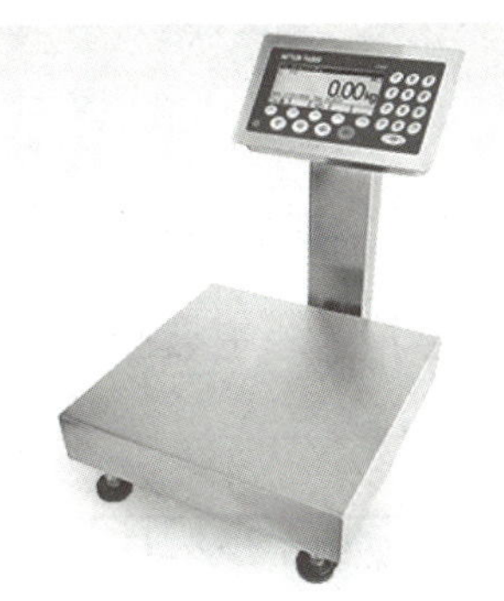

图3-8　电子台秤

电子台秤按显示功能可分为普通显示电子台秤、带打印电子台秤和物流专用电子台秤等；按用途可分为计价电子台秤、计数电子台秤、条码电子台秤和单纯的计重电子台秤。称重体（台面）和称重显示部分组合在一起的衡器称为电子案秤，如图3-9所示。它整体重量轻，移动方便，称量在1.5～30kg，显示精度较高。

图3-9　电子案秤

在日常的物流活动中，运用最为广泛的是电子台秤。

三、电子台秤的特点

电子台秤按照国家标准属于中准确度等级的衡器，作为台式多功能称量器具，具有自重轻、移动方便、计量准确、使用方便、易学易操作等优点。电子台秤的显示器和秤体用电缆连接，使用时可按需要放置，除称重、去皮重、累计重等功能之外，还可与执行机构联机，设定上下限以控制快慢加料，作为小包装配料秤或定量秤使用。

随堂记

四、电子台秤的结构

电子台秤由承重台面、秤体、称重传感器、称重显示器和稳压电源等部分组成，主要结构如图3-10所示。

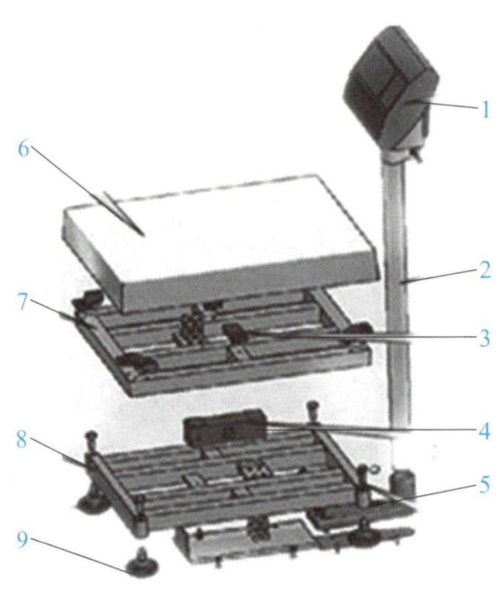

图3-10 电子台秤的主要结构

1—称重仪表 2—立柱 3—缓冲橡胶板 4—传感器 5—过载保护螺钉 6—秤盘 7—上秤架 8—下秤架 9—支脚

五、电子台秤的技术参数

电子台秤主要技术参数见表3-3。

表3-3 电子台秤主要技术参数

规格	60kg/20g，150kg/50g，300kg/100g，600kg/200g
秤盘尺寸	300mm×400mm，500mm×600mm，600mm×800mm
精度（分度值）	1/3000FS
键盘	16 键双重防水
去皮	去皮重量等于最大称量
超重报警	超过最大称量的 0.15% 时，系统会自动报警
工作电源	交流 220V（−15% ～ +10%）50Hz，直流配用 6V4Ah 可充电电池
环境温度	储存：−20 ～ 50℃；工作：0 ～ 40℃
环境湿度	储存：<70%RH（无结露）；工作：<85%RH（无结露）

六、电子台秤使用注意事项

1. 安全方面

（1）勿置于高温、潮湿、有腐蚀气体的有害环境中。

（2）不能工作在振动的运输车辆中。

（3）运输、使用中避免雨水冲淋、抛丢、碰撞。

2. 操作方面

（1）定时给蓄电池充电，一般充电12h即可（时间不可过长）。稳定的工作电压可以提高电子台秤称重的准确性。

（2）在使用电子台秤时应注意保持清洁，如有灰尘，应用软毛刷轻轻扫净，不能使用有机化学液体擦洗（如香蕉水、苯等）。

（3）必须空秤开机，不能有任何物品放在秤上开机；即使不通电使用，秤台上也不得施加大于最大称量的物品或压力。

（4）称量时电子台秤应保持干净整洁，须水平放置在稳定的平台（地面）上，物体应放置在台面中央位置进行称重。

（5）不准称量过热或过冷的物品，被称量物品的温度应接近室温，并不得超过电子台秤的最大载荷。

（6）称量具有吸湿性、挥发性、腐蚀性物品时，须将物品放在密闭容器中再进行称量。

（7）在增减被称量货物时必须轻拿轻放，以免电子台秤受损。

任务1　称量整件货物毛重

任务描述

取电子台秤和货物若干，按照操作步骤及实训标准，反复练习，依次进行物品毛重称量的操作。

任务准备

场地准备

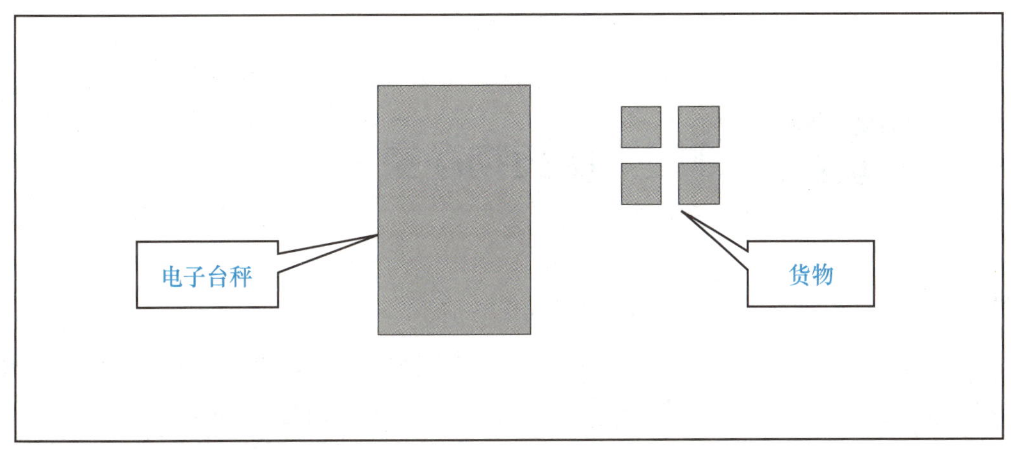

设备准备

电子台秤，不同重量的货物若干。

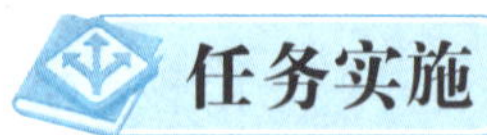

任务实施

使用电子台秤称量物品毛重的操作步骤图示及说明见下表：

序号	步骤图示	步骤说明
1		接通电子台秤电源，打开电子台秤“开 / 关”按钮，预置 1 分钟，查看电子台秤仪表上的数字是否为“0”，若不是，需按“置零”按钮
2		将需要称重的物品轻放于承重秤台中央位置后，双手离开物品
3		待电子台秤仪表上的数据稳定后，记录显示的物品重量数据
4		货物称重结束后，立即把称量的物品从承重秤台上移去，完成操作后按“开 / 关”按钮，使台秤进入关机状态

注意事项：称重时，将物品放置于承重秤台中央，以获得准确的称重数据，避免损坏电子台秤的精度；称重结束后应立即把被称量的物品从台面上移去，不要在台面上长期放置，否则会对传感器造成伤害，影响电子台秤的使用寿命及精度；确保物品不超出电子台秤最大载荷，不能产生撞击、碰撞。

任务 2　称量零散货物净重

任务描述

取电子台秤、零散货物以及帮助称重的容器若干，称量物品净重时，按照操作步骤及实训标准反复练习，直至掌握电子台秤的操作技巧，注意操作的规范性和安全性。

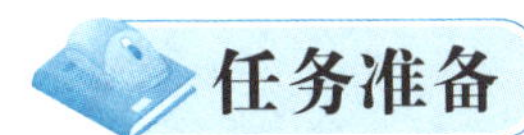

任务准备

场地准备

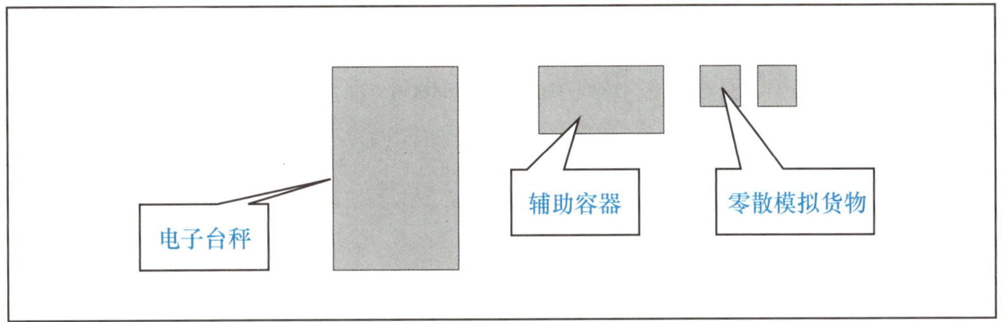

设备准备

电子台秤，零散货物若干，帮助称重的容器（如小盆、周转箱等辅助物品）。

任务实施

使用电子台秤称量零散货物（无包装材料）净重的步骤图示与说明见下表：

序号	步骤图示	步骤说明
1		接通电子台秤电源，打开电子台秤“开 / 关”按钮，预置1min，查看电子台秤仪表上的数字是否为“0”，若不是，需按“置零”按钮
2		将辅助称重的容器放置于承重秤台中央位置，待电子台秤仪表上的数据稳定后，记录显示的重量数据，再按“置零”按钮
3		将需要称重的零散物品装入容器中，待电子台秤仪表上的数据稳定后，记录显示的物品重量数据。该数据减去容器重量即为零散物品的净重
4		货物称重结束后，立即把称量的物品从承重秤台上移去，完成操作后按“开 / 关”按钮，使台秤进入关机状态

注意事项：使用电子台秤称量零散物品，将零散物品放置于辅助容器内时，应注意轻拿轻放，避免任何碰撞电子台秤的情形发生。

任务3 校准电子台秤

任务描述

电子台秤经过长时间的使用会出现重量显示值不准确的问题，各品牌的校准方法稍有不同，本次实训以惠丰牌电子台秤为例。各小组取电子台秤、10kg标准砝码，对电子台秤重新进行校准，按照操作步骤及实训标准反复练习，直至掌握校准的操作技巧，注意操作的规范性和安全性。

任务准备

场地准备

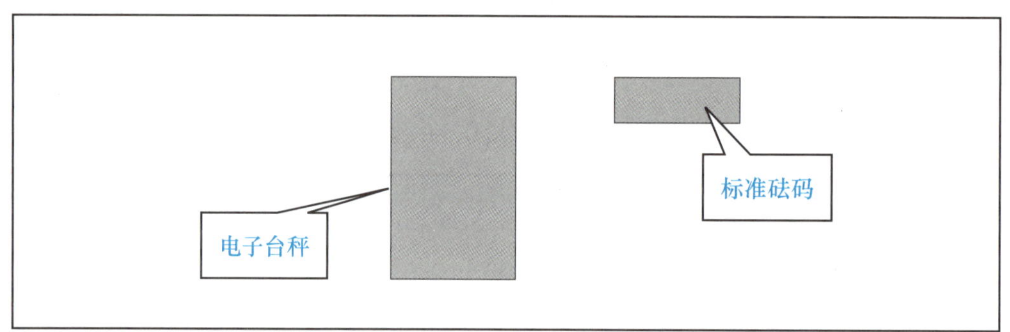

设备准备

电子台秤，10kg标准砝码。

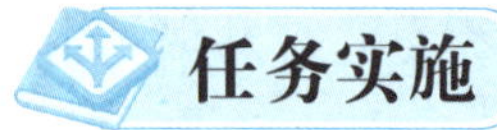

任务实施

对电子台秤进行校准的步骤图示与说明见下表：

序号	步骤图示	步骤说明
1		打开电子台秤“开 / 关”按钮
2		输入标定密码，按“去皮”键，单价栏显示半个“0”，说明标定密码正确，进入校准程序

（续）

序号	步骤图示	步骤说明
3		按“1”“去皮”键，单价栏显示“2”，金额栏出现虚线
4		将重量标准 10kg 砝码放置于承重秤台中央位置，按去皮
5		输入砝码重量“1000”，按“去皮”键
6		输入本款电子台秤称重上限，若是 200kg，则输入 20000，按“去皮”键
7	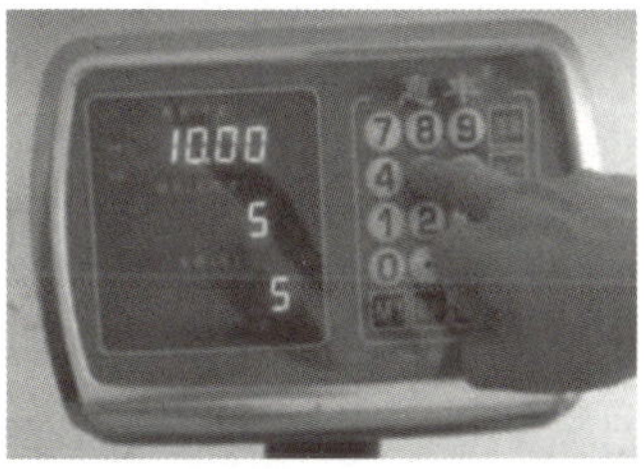	输入“5”，按“去皮”键，校准完毕
8	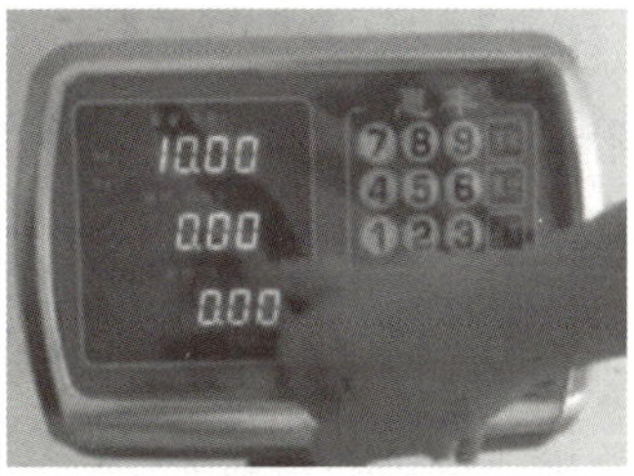	校准结束后，立即把砝码从承重秤台上移去，完成操作后按“开 / 关”按钮，使台秤进入关机状态

注意事项：操作前确定电子台秤电池电量是否充足，电量不足会导致电子台秤显示不准确，应及时更换；使用电子台秤校准时应注意轻拿轻放，避免任何碰撞电子台秤的情形发生；砝码必须放回专用盒内，并定期送检，检定周期为一年，校验合格后方能使用；若无标准砝码，电子台秤一旦失准，应立即停止使用，并送有合格资质单位维修校正。

项目评价

序号	评价任务	要素说明	扣分分值	次数	扣分小计	得分小计
1	称量工具操作训练，包括物品毛重称量、物品净重称量以及校准训练（70分）	电子台秤启动不规范，未检查仪表初始数据（按次数计数）	5			
2		称重校准时，未将砝码置于承重秤台中央（按次数计数）	5			
3		称重校准时，砝码与电子台秤发生碰撞	5			
4		称重校准时，人体与电子台秤发生碰撞	5			
5		搬运物品或砝码时，货物或砝码跌落	10			
6		操作完毕后，未进行关闭电子台秤等复位操作	2			
7	7S管理（30分）	电子台秤未归位（按未归位次数计数）	1			
8		作业过程中人员、设备、设施之间发生碰撞或者人员受伤	5			
9		置设备于无人看管的状态（按发生次数计数）	5			
10		随意进行个人体重称量	10			

注：“扣分小计”不得超过“评价任务”总分值。

总得分：

项目拓展

电子台秤的维护保养

1. 电子台秤的操作要求

（1）电子台秤必须在额定电压下使用，否则有可能会损坏。

（2）电子台秤不能在有腐蚀气体和有害环境中工作和储存。

（3）电子台秤必须在关机状态下充电。

（4）电子台秤长期不使用时，必须每两个月充电一次（每次不小于4h），以免机内电池过度放电损坏。

（5）电子台秤应注意防潮、防震；在干燥环境下使用时，必须有良好的接地。

（6）电子台秤每年送有合格资质的单位核对校正一次，以确保其准确度，合格证有效期为一年。

（7）移动秤体时要轻拿轻放，避免跌落和碰撞，不宜经常搬动。

（8）秤板上不能施加大于最大称量的重物或外力，否则其准确度会降低。

（9）称重完毕，及时做好清洁卫生，不能使用有机化学液体擦洗。

2. 电子台秤常见的问题及处理方法

电子台秤常见的问题及处理方法见表 3-4。

表3-4　电子台秤常见的问题及处理方法

现象	说明	原因	处理方法
电源指示灯不亮	未接通交流电	① 插头接触不良 ② 电源线断裂	① 插好插头或更换插座 ② 更换电源线
使用电池时，开机不显示，无声音	机内无直流电源	① 蓄电池损坏，无电压 ② 导线与蓄电池插接不良	① 更换同型号蓄电池 ② 将导线正负极与蓄电池插牢
欠压灯亮，并发出报警声，然后自动关机	蓄电池电压不足	使用蓄电池过久	① 将秤的电源线插接在交流电源上进行充电 ② 更换蓄电池
称重显示不稳定	机内电源电压不足或受潮	当电池电压不足报警后继续使用电池或使用场地湿度大	将秤的电源线插接在交流电源上进行充电 10h

模块四 物流信息技术设备的操作与维护

项目一 条码识读与打印设备的操作与维护

项目概述

在中国消费是一种什么体验？2020年，一名中国5岁小孩使用智能腕表加二维码买饮料的视频再一次点燃了外网。如今，全球超九成的二维码应用发生在我国。健康码、支付码、交通码……二维码已应用于城市生活的各个领域。随时随地用手机扫一扫二维码，就能完成支付交易、乘车出行、“打卡”网红景点……这些，已经成为人们日常生活中常见的情景。二维码作为“接口”，已开始连接城市的公共服务、经济金融、文化生活等不同领域，让越来越多的市民能轻松获得更便捷、新颖的“码上生活”体验。

条码是货物的“身份证”，可以标出物品的生产国、制造厂家、商品名称、生产日期、图书分类号、邮件起止地点、类别、日期等诸多信息，因而在商品流通、图书管理、邮政管理、银行系统等领域得到广泛应用。条码技术是随着计算机与信息技术的发展和应用而诞生的，是集编码、印刷、识别、数据采集和处理于一身的新型技术，是迄今为止最为经济、实用的一种自动识别技术，广泛应用于仓库、工厂、医院、学校、商场、货运站、机场等。因此，学习并掌握条码的编辑、条码打印机的使用规范和日常维护保养技能是非常有必要的。

条码识读与打印设备的操作与维护项目包括三个任务：

任务1　安装与调试条码打印机

任务2　设置与应用条码打印软件BarTender

任务3　应用移动终端条码识读“我查查”APP

项目目标

- 熟悉条码打印机的特点，能够准确识别条码设备。
- 掌握条码打印机的构造和操作规范，熟悉日常维护保养作业。
- 能熟练使用BarTender条码打印软件编辑条码，并完成打印。
- 熟悉移动终端型APP的条码应用

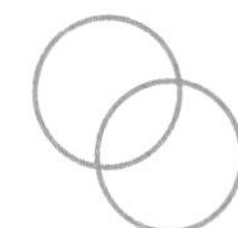

知识准备

一、条码打印机的概述

根据我国国家标准《物流术语GB/T 18354—2021》，条码（Bar Code）由一组规则排列的条、空组成的符号，可供机器识读，用以表示一定的信息。条码打印机简称条码机，也称为标签打印机和标签机，是一种以不干胶标签、POSTEK标签、PET标签、吊牌、水洗布等为打印介质，能够大量快速打印条码（包括流水号）、文字、符号、图片的专业打印设备。

条码打印机和普通打印机最大的区别在于条码打印机的打印是以热为基础，以碳带为打印介质（或直接使用热敏纸）完成打印，这种打印方式相对于普通打印方式的最大优点在于它可以在无人看管的情况下实现连续高速打印。它所打印的内容一般为企业的品牌标识、序列号标识、包装标识、条码标识、信封标签、服装吊牌等。

条码打印机拥有众多优点，对打印量、打印材料、工作环境均无限制性要求，并可连续工作24h，速度快，质量有保证；如果使用特殊工艺或是特制材料，条码打印机还可以打印出防刮、防水、防腐蚀的图片和文字。正是由于这些优点，条码打印机受到了越来越多商家的喜爱，应用也越来越广泛。

二、条码识读设备

条码识读设备是用来读取条码信息的设备，利用光学装置将条码的条空信息转换成电子信息，再由专用译码器翻译成相应的数据信息。

条码识读设备由条码扫描和译码两部分组成。现在绝大部分的条码识读设备都将扫描器和译码器集成为一体。人们根据不同的用途和需求设计了各种类型的条码识读器，具体分类见表4-1。

表4-1 条码识读器的分类

分类方式	类别	说明
按扫描方式的不同	接触式扫描器	接触式扫描器必须与被扫描的条码接触，才能达到读取数据的目的，如光笔、卡槽式扫描器
	非接触式扫描器	非接触式扫描器只要在有效景深范围内，光源照射到条码符号即可自动完成扫描，如 CCD 扫描器、激光扫描器
按操作方式的不同	手持式扫描器	手持式扫描器应用领域广泛，特别适用于条码尺寸多样、识读场合复杂、条码形状不规整的场合。如光笔、手持激光扫描器、手持式全向扫描器、手持式 CCD 扫描器和手持式图像扫描器
	固定式扫描器	固定式扫描器不需人手把持，适用于省力、人手劳动强度大（如超市的扫描结算台）或无人操作的自动识别场合。如卡槽式扫描器、固定式单线或单方向多线式（栅栏式）扫描器、固定式全向扫描器和固定式 CCD 扫描器

（续）

分类方式	类别	说明
按扫描原理的不同	光笔	光笔结构简单，操作方便，但只能识读一维条码，如图 4-1 所示
	CCD 扫描器	CCD 扫描器价格低、寿命长、性能可靠，能识读一维条码和二维条码。手持式 CCD 扫描器如图 4-2 所示
	激光扫描器	激光扫描器只能识读行排式二维条码（如 PDF417 码）和一维条码
	拍摄式扫描器	拍摄式扫描器不仅可以识读常用的一维条码，而且还能识读行排式和矩阵式的二维条码
按扫描方向的不同	单向条码扫描器	单向条码扫描器在扫描条码时只能从一个方向扫描，一般是从左到右
	全向条码扫描器	全向条码扫描器（如图 4-3 所示）可分为平台式和悬挂式。悬挂式全向扫描器是从平台式全向扫描器中发展而来，适用于商业 POS 系统以及文件识读系统。使用全向条码扫描器识读时可以手持，也可以放在桌子上或挂在墙上，使用更加灵活方便

图4-1　光笔

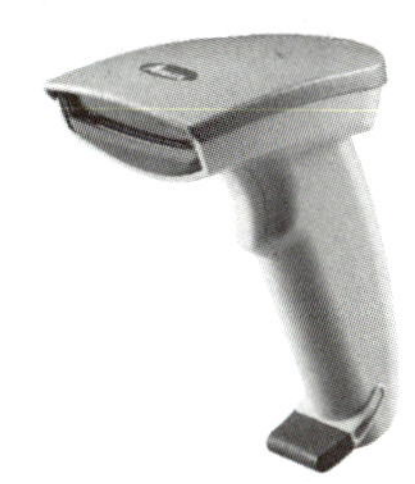
图4-2　手持式CCD扫描器

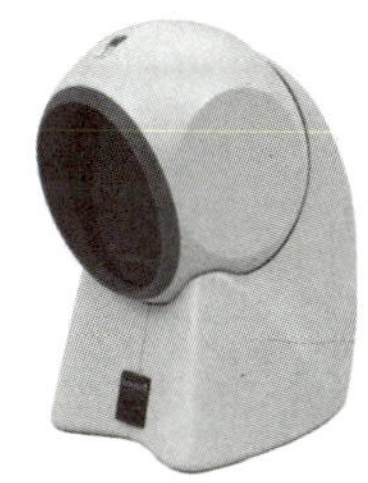
图4-3　全向条码扫描器

伴随着条码技术的不断发展，条码识读设备目前已成为物流仓储、产品溯源、交通系统、电子商务和医疗健康等信息化系统建设中必不可少的基础设备。近年来，在国家“互联网+”战略下，“O2O”、物联网等领域得到了极大的发展，进一步推动了条码识别产业的发展。条码识读设备在各领域的具体应用见表4-2。

表4-2　条码识读设备在各领域的具体应用

序号	应用领域	具体应用
1	零售、物流、仓储等领域	条码识读设备是零售、物流、仓储市场中的主要信息采集设备，被广泛应用于物资存储、运输、分发、销售、派送等各个环节
2	产品溯源领域	通过条码等技术在产品上做出相应的质量状态标识，生产管理者或消费者可通过该标识直接查询产品的生产、流转、存储记录
3	工业制造领域	条码识别技术及在其基础之上的机器视觉是现代工业设备实现检测、感知、通信和响应的主要路径之一，而机器视觉系统更是减少人为误差、提升生产流水线的柔性和自动化程度的重要途径
4	医疗健康领域	利用条码等自动识别技术，标示和识别包括药品、生化标本、医疗设备、医疗工作人员以及病人身份等在内的信息，通过智能移动终端在核心业务流程进行信息采集，并与医院管理信息化系统（HIS）及临床管理信息化系统（CIS）进行信息交互，搭建移动医疗作业平台
5	O2O 运营领域	二维码与 O2O 运营模式的交织将使国内市场转变为一个多点触控式的销售环境，消费体验更加动态，线下的产品、服务及用户信息能随时随地线上化，并且依托手机支付等途径形成从移动营销、消费者渗透、数据采集、产品服务、支付结算、后续服务为一体的良性商业循环

三、常见条码打印机的构造和接口

以斑马/zebra GT800为例，常见条码打印机的构造和接口如图4-4所示，性能参数见表4-3。

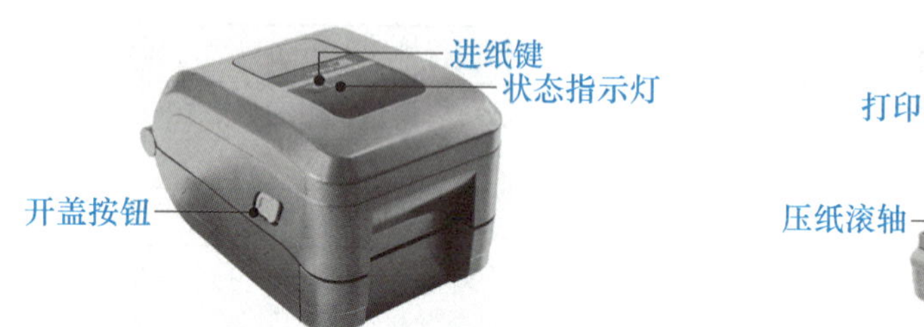

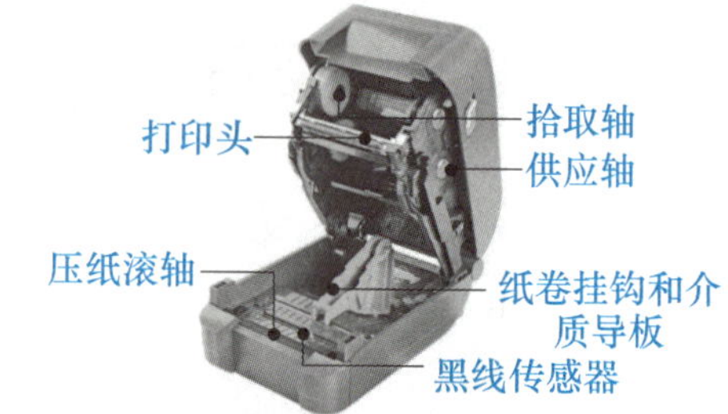

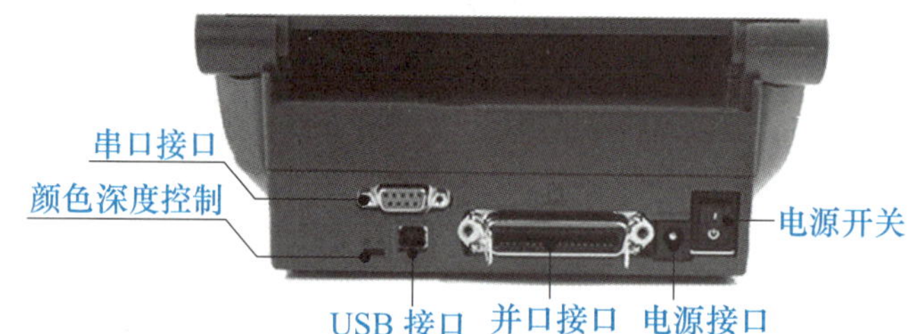

图4-4 斑马/zebra GT800的构造和接口

表4-3 斑马/zebra GT800的性能参数

产品品牌型号	斑马 /zebra GT800			打印方式	热敏 / 热转印
打印宽度	104mm	分辨率	300dpi	通信接口	USB、串口
打印长度	991mm	用纸类型	连续型、膜切型、标签纸、黑标型		
碳带长度	300m	碳带卷直径	外径 66mm，内径 25.4mm		

任务1 安装与调试条码打印机

任务描述

某物流公司新采购了一批条码打印机，物流中心倪经理要求信息员尽快完成此批打印机的安装调试。如果你是信息员，你该如何完成这项任务，确保设备正常使用。

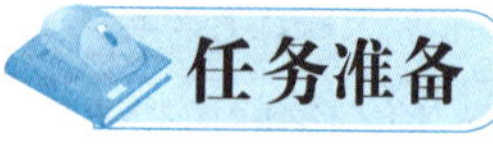

任务准备

条码打印机（型号为斑马/zebra GT800），条码标签，其他打印耗材若干。

条码打印机

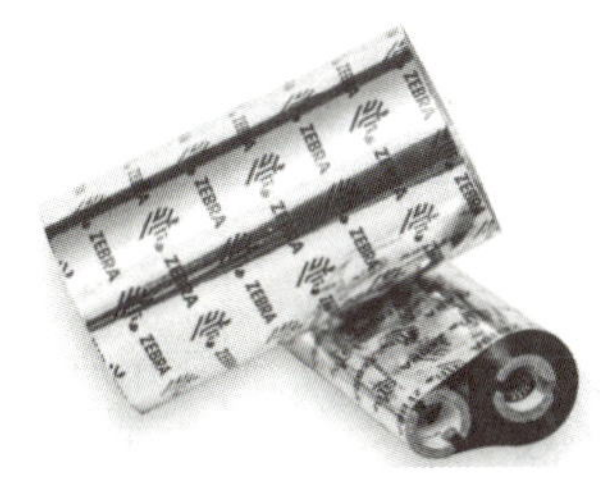

碳带（也称色带）（规格：300m或70m）

条码标签

任务实施

条码打印机安装与调试的步骤图示及说明见下表：

序号	步骤图示	步骤说明
1		将条码打印机放置于平整的桌面上
2		双手拨开条码打印机左右两侧的开盖按钮，打开机器上盖
3		将新的碳带卷放在打印机底部的碳带“供应轴”上，将带芯的右侧推入弹簧压紧转轴（右侧），将碳带芯对准左侧转轴轮毂的中心，旋转碳带芯，直到缺口对准并锁入
4		将空碳带芯放在打印机的“拾取轴”上，将空碳带芯的右侧推入弹簧压紧转轴（右侧），并将左侧锁定，操作方法与固定拾取碳带芯相同
5	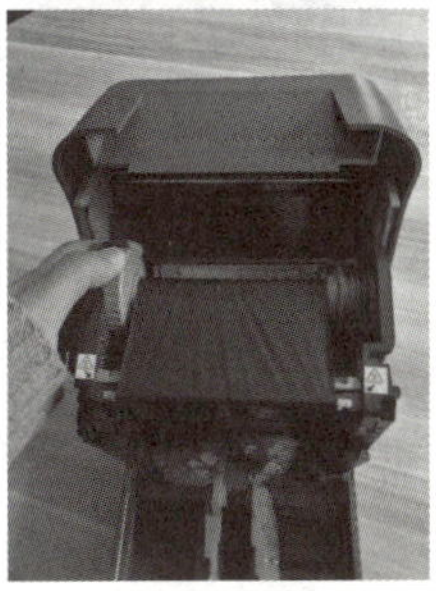	将碳带连接至碳带芯的“拾取轴”上，使用新拾取轴上的胶带，或使用一段薄胶带，对准碳带，让其平直卷绕在碳带芯上。向后旋转碳带拾取轮毂，收紧碳带的松弛部分

（续）

序号	步骤图示	步骤说明
6		打开纸卷挂钩，使用另一只手将介质导板拉开，将标签纸放在纸卷挂钩上，并松开导板。调整标签纸位置，使其在通过打印辊上方时打印面朝上
7		将标签纸拉出，使标签纸从打印机前端伸出，检查标签纸是否能够自由转动，检查标签纸的打印面是否朝上
8		将标签纸推入两个介质导板下面，检查是否已经装入介质，就绪后即可打印，关闭打印机盖
9		按下打印机的“开关”按钮，按下“进纸”按钮，让打印机送入至少20cm的介质，将松弛部分和碳带褶皱收紧，使碳带平直，并将碳带在转轴上对准

任务2 设置与应用条码打印软件BarTender

任务描述

某物流公司新采购了一批货物，物流中心倪经理要求仓管员尽快完成这批货物的入库作业。仓管员通知信息员打印好这批货物的条码。如果你是信息员，你该如何使用条码打印软件和打印机完成条码的打印。

任务准备

条码打印机，条码打印软件BarTender。

任务实施

BarTender是专业的标签、条码、RFID和证卡设计打印软件，功能强大，操作简单，具有很强的灵活性。

条码打印软件BarTender的安装步骤图示及说明见下表：

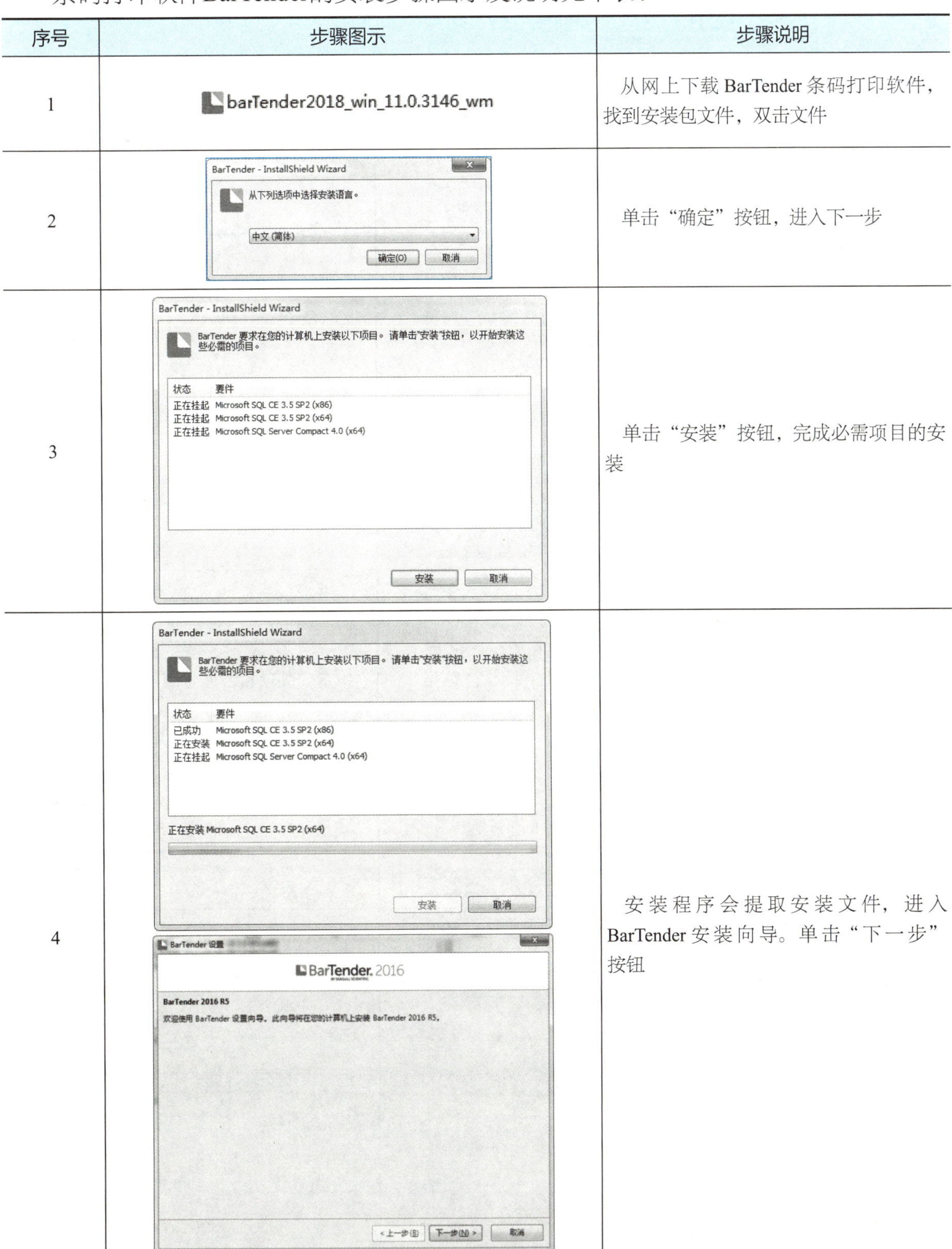

序号	步骤图示	步骤说明
1	barTender2018_win_11.0.3146_wm	从网上下载BarTender条码打印软件，找到安装包文件，双击文件
2	BarTender - InstallShield Wizard 从下列选项中选择安装语言。 中文（简体） 确定(O)　取消	单击“确定”按钮，进入下一步
3	BarTender - InstallShield Wizard BarTender 要求在您的计算机上安装以下项目。请单击"安装"按钮，以开始安装这些必需的项目。 状态　要件 正在挂起　Microsoft SQL CE 3.5 SP2 (x86) 正在挂起　Microsoft SQL CE 3.5 SP2 (x64) 正在挂起　Microsoft SQL Server Compact 4.0 (x64) 安装　取消	单击“安装”按钮，完成必需项目的安装
4	BarTender - InstallShield Wizard BarTender 要求在您的计算机上安装以下项目。请单击"安装"按钮，以开始安装这些必需的项目。 状态　要件 已成功　Microsoft SQL CE 3.5 SP2 (x86) 正在安装　Microsoft SQL CE 3.5 SP2 (x64) 正在挂起　Microsoft SQL Server Compact 4.0 (x64) 正在安装 Microsoft SQL CE 3.5 SP2 (x64) 安装　取消 BarTender 设置 BarTender. 2016 BarTender 2016 R5 欢迎使用 BarTender 设置向导。此向导将在您的计算机上安装 BarTender 2016 R5。 < 上一步(B)　下一步(N) >　取消	安装程序会提取安装文件，进入BarTender安装向导。单击“下一步”按钮

（续）

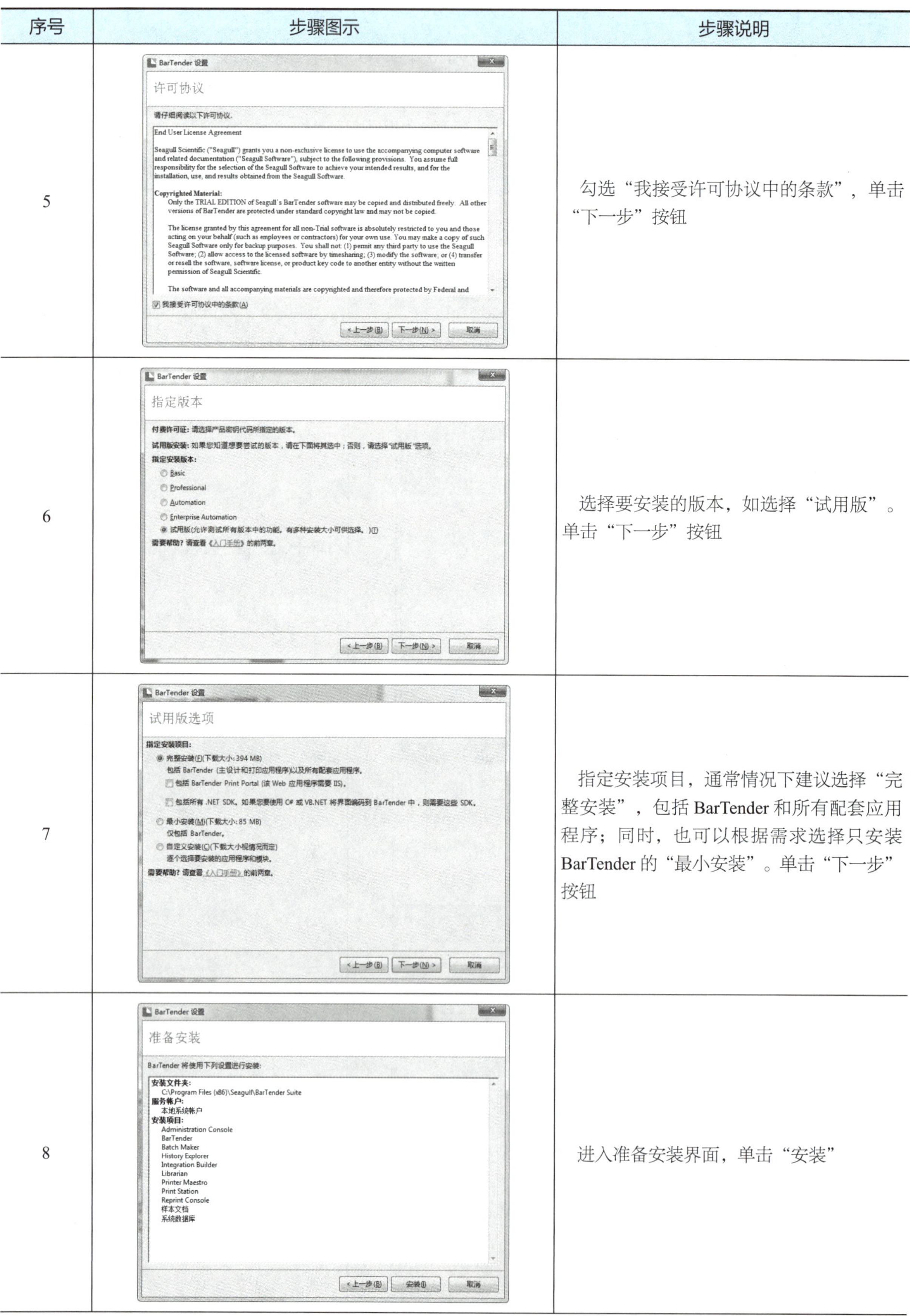

序号	步骤图示	步骤说明
5		勾选“我接受许可协议中的条款”，单击“下一步”按钮
6		选择要安装的版本，如选择“试用版”。单击“下一步”按钮
7		指定安装项目，通常情况下建议选择“完整安装”，包括 BarTender 和所有配套应用程序；同时，也可以根据需求选择只安装 BarTender 的“最小安装”。单击“下一步”按钮
8		进入准备安装界面，单击“安装”

（续）

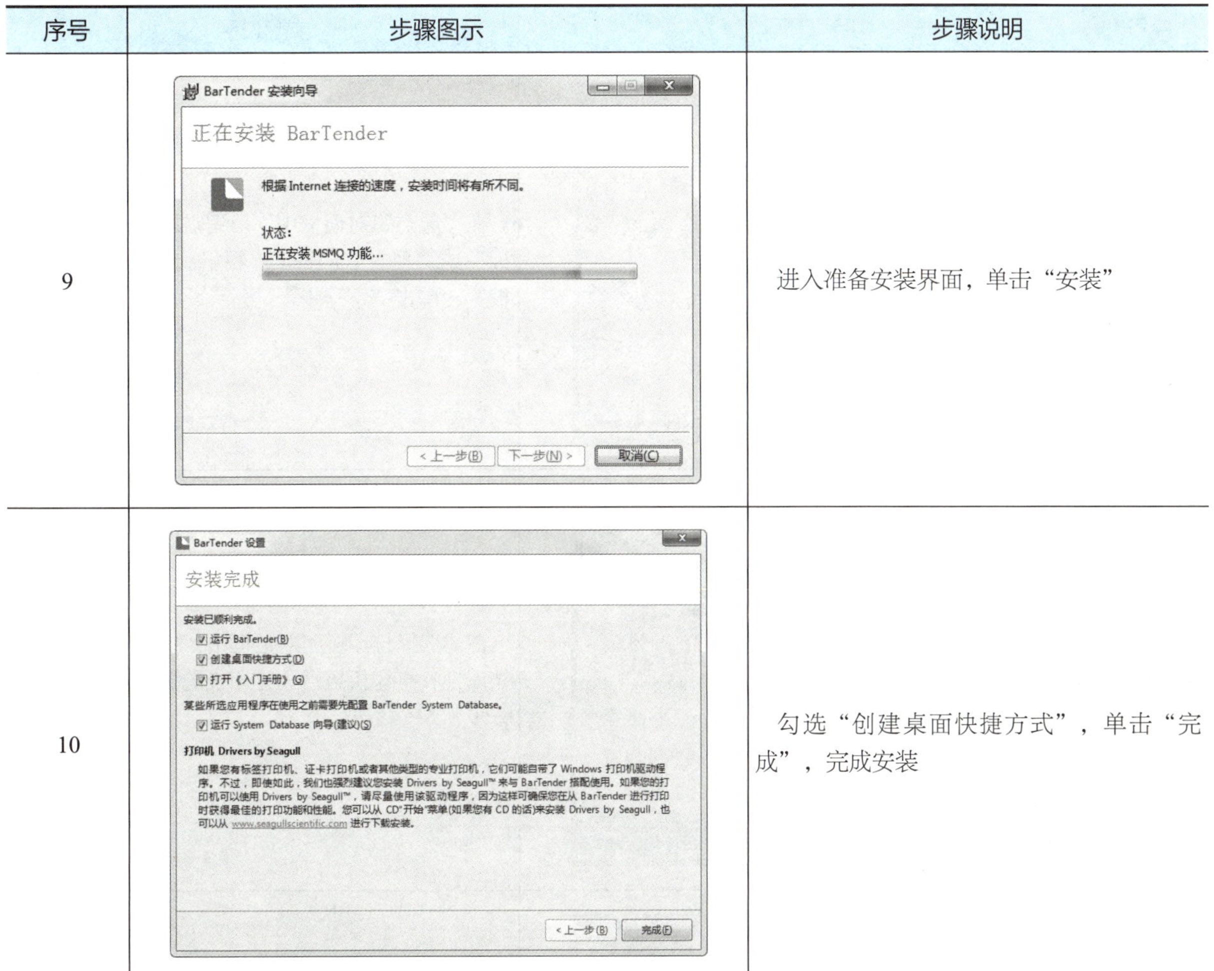

序号	步骤图示	步骤说明
9		进入准备安装界面，单击“安装”
10		勾选“创建桌面快捷方式”，单击“完成”，完成安装

条码打印软件BarTender的设置与文档创建的步骤图示及说明见下表：

序号	步骤图示	步骤说明
1		第一次启动 BarTender，首先弹出激活对话框，单击“取消”按钮，不进行软件激活。接下来进入“版本选择”对话框，选择“Professional”试用版并勾选“不再显示此对话框”，之后再启动 BarTender 时将不会弹出该对话框
2		单击“确定”，进入欢迎界面，选择“启动新的 BarTender 文档”来打开空白工作界面，或者选择“打开现有 BarTender 文档”对现有条码进行编辑。单击选择“启动新的 BarTender 文档”

（续）

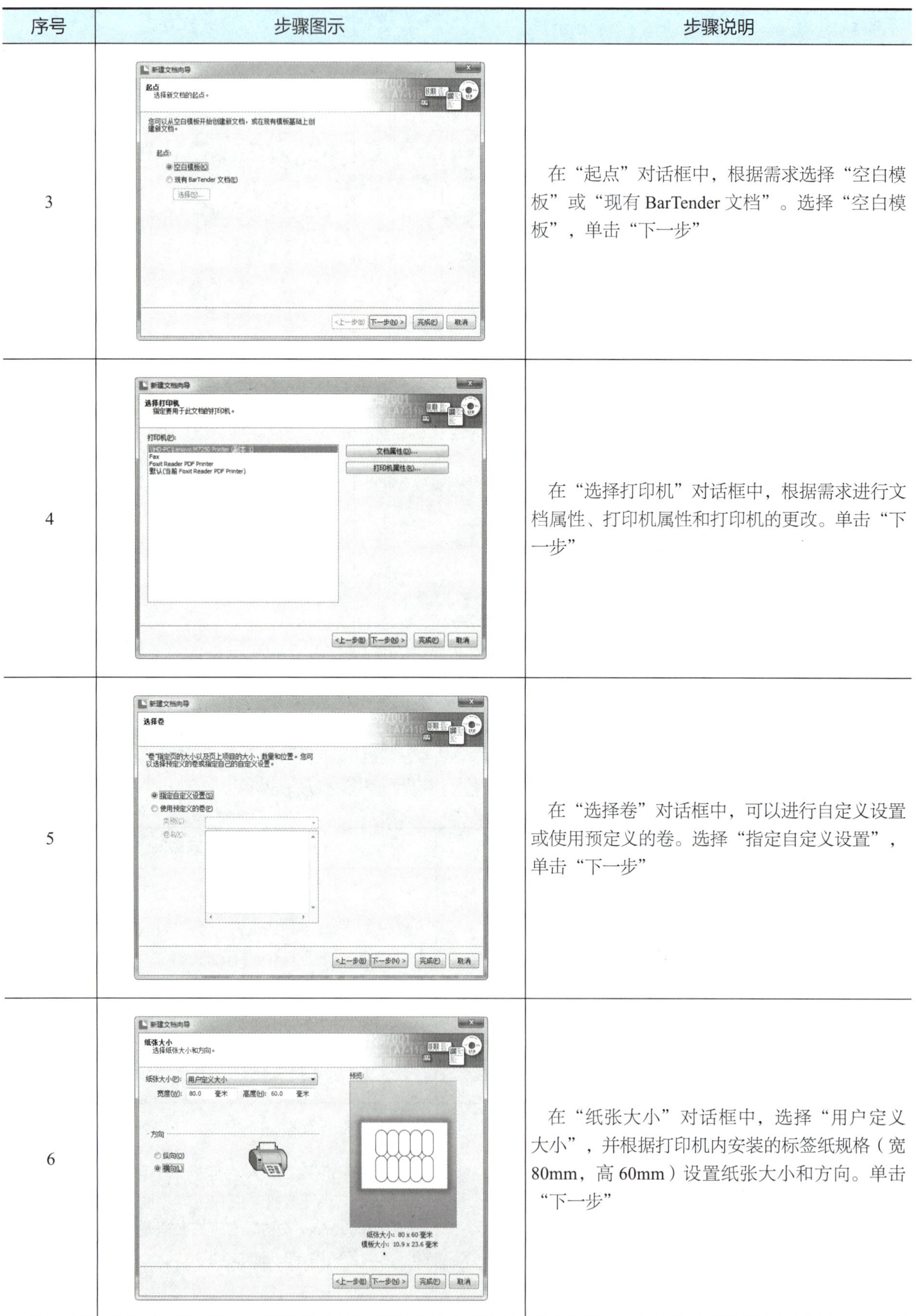

序号	步骤图示	步骤说明
3		在“起点”对话框中，根据需求选择“空白模板”或“现有 BarTender 文档”。选择“空白模板”，单击“下一步”
4		在“选择打印机”对话框中，根据需求进行文档属性、打印机属性和打印机的更改。单击“下一步”
5		在“选择卷”对话框中，可以进行自定义设置或使用预定义的卷。选择“指定自定义设置”，单击“下一步”
6		在“纸张大小”对话框中，选择“用户定义大小”，并根据打印机内安装的标签纸规格（宽 80mm，高 60mm）设置纸张大小和方向。单击“下一步”

（续）

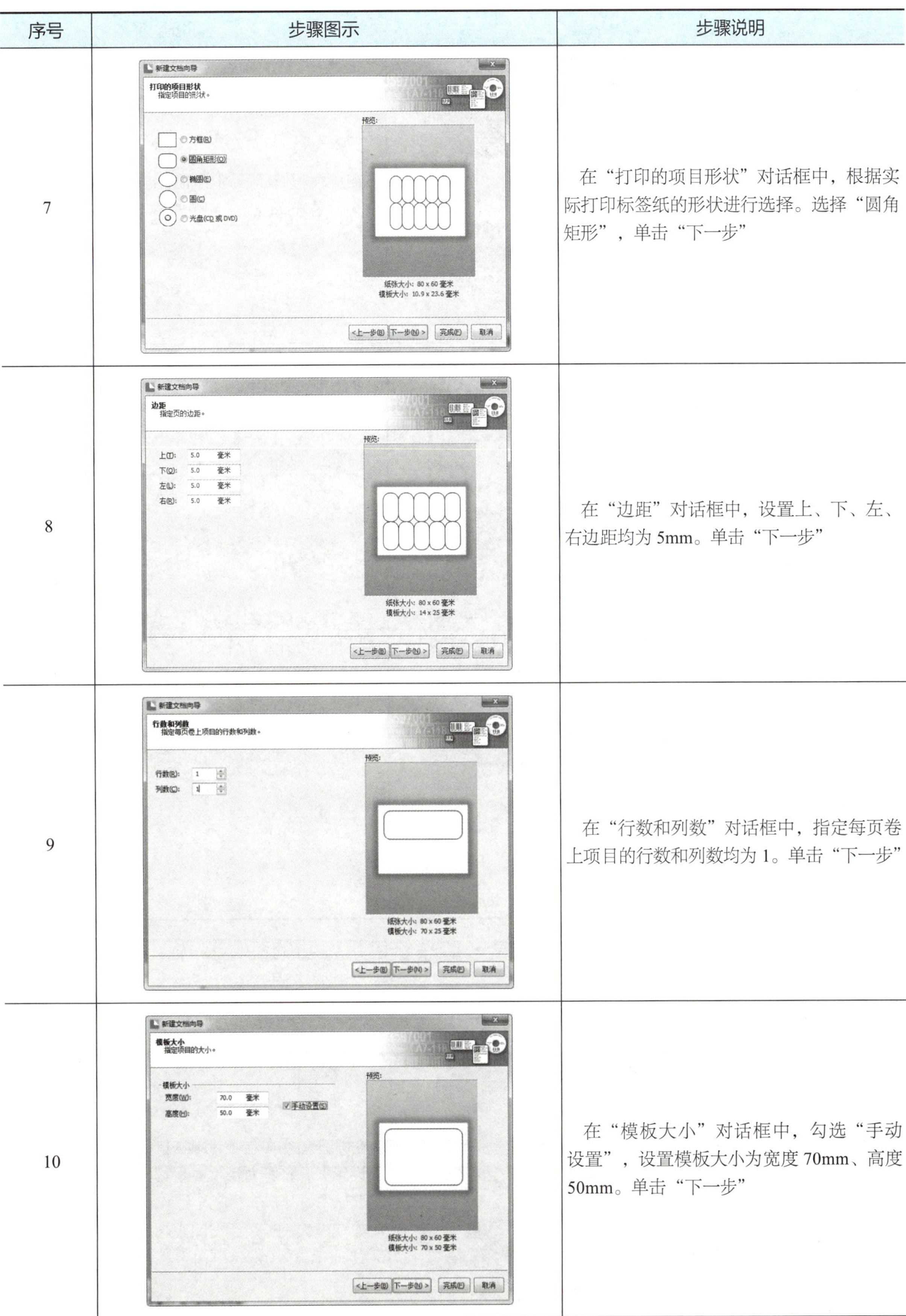

序号	步骤图示	步骤说明
7		在“打印的项目形状”对话框中，根据实际打印标签纸的形状进行选择。选择“圆角矩形”，单击“下一步”
8		在“边距”对话框中，设置上、下、左、右边距均为5mm。单击“下一步”
9		在“行数和列数”对话框中，指定每页卷上项目的行数和列数均为1。单击“下一步”
10		在“模板大小”对话框中，勾选“手动设置”，设置模板大小为宽度70mm、高度50mm。单击“下一步”

（续）

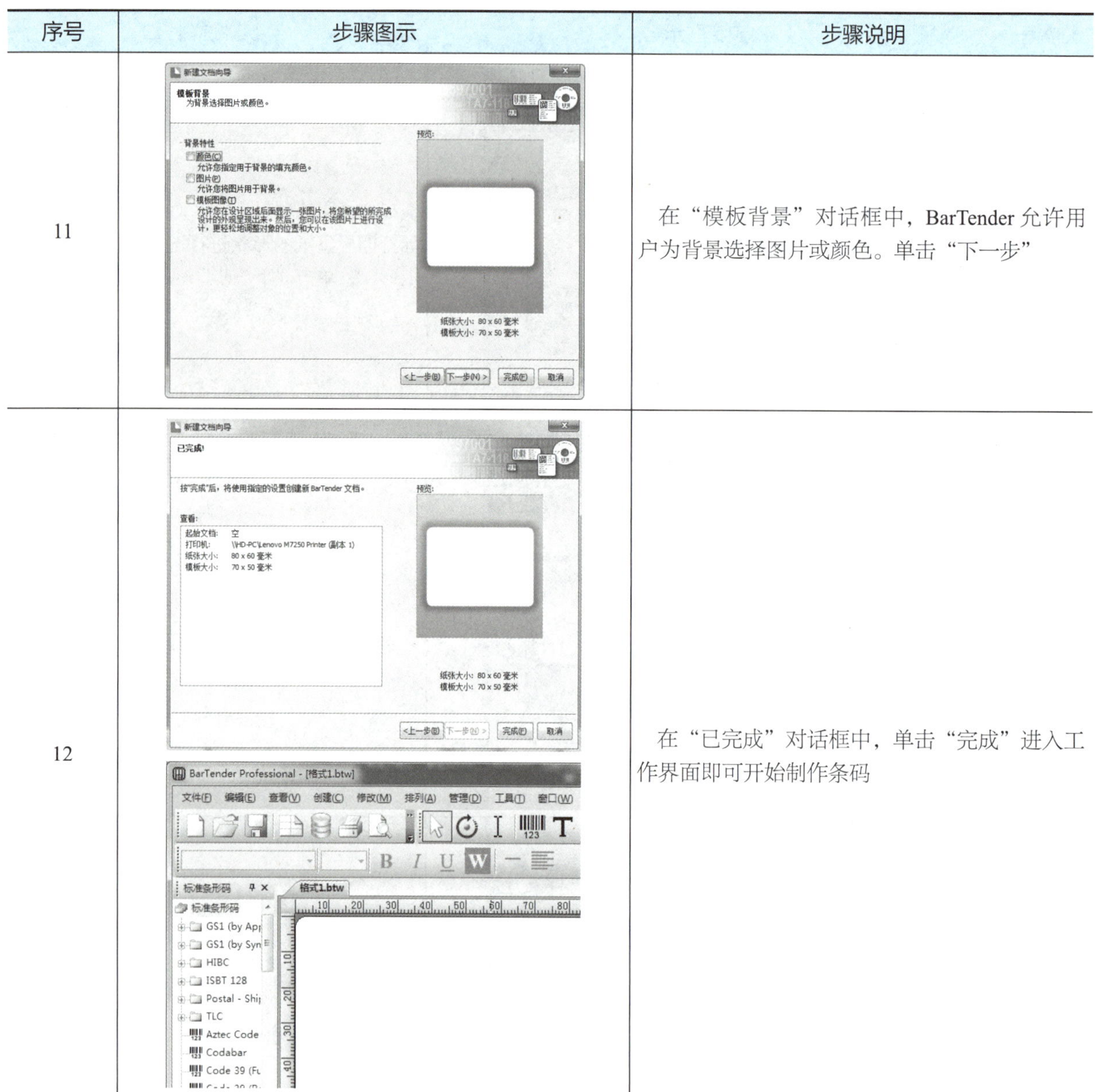

序号	步骤图示	步骤说明
11		在“模板背景”对话框中，BarTender 允许用户为背景选择图片或颜色。单击“下一步”
12		在“已完成”对话框中，单击“完成”进入工作界面即可开始制作条码

条码打印软件BarTender使用案例—— 产品外包箱说明的制作步骤图示及说明见下表：

序号	步骤图示	步骤说明
1		在打开的空白卷上，单击鼠标右键，选择“页面设置”，打开对话框。根据标签实际大小设置纸张大小或自定义纸张大小，并进行模板设置（如模板大小、边距、间距等）

（续）

序号	步骤图示	步骤说明
2	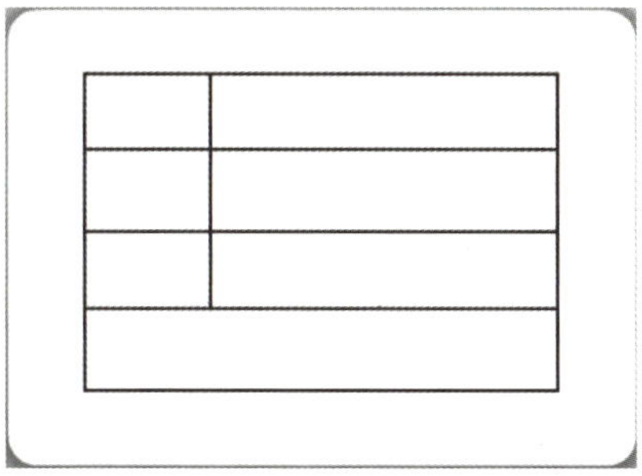	选择窗口工具栏上的“线条”工具，根据需求添加到设计区域，线条的粗细、颜色等属性可以在属性中修改，也可以右键单击对象设置属性。位置上的精确调整除了可以手动拖动外，还可以在属性对话框中设置对象的精准位置
3	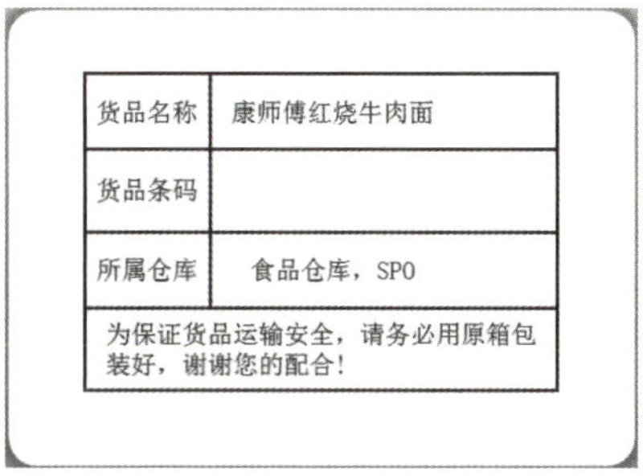货品名称 康师傅红烧牛肉面 货品条码 所属仓库 食品仓库，SPO 为保证货品运输安全，请务必用原箱包装好，谢谢您的配合！	选择窗口工具栏上的“文本”工具A，向表格中添加文本信息，利用文本工具或属性页及排列工具，调整字体大小和文本位置
4	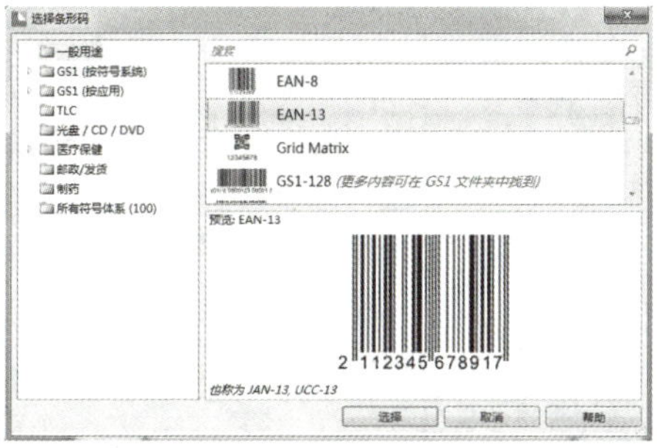选择条形码 EAN-8 EAN-13 Grid Matrix 预览: EAN-13 2 112345 678917 也称为 JAN-13, UCC-13 选择 取消 帮助	选择窗口工具栏上的“条形码”工具，在对话框中找到条码类型为“一般条码”中的“EAN-13”
5	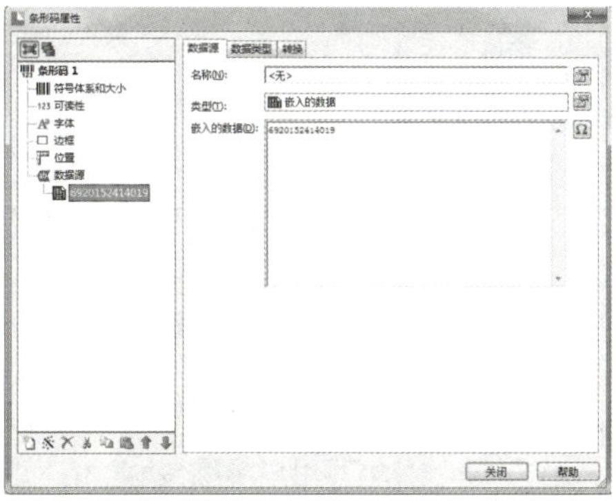条形码属性 数据源 名称(N): <无> 嵌入的数据 6920152414019 关闭 帮助	单击“选择”按钮，向表格中添加条码图示，利用属性页修改数据内容和字体
6	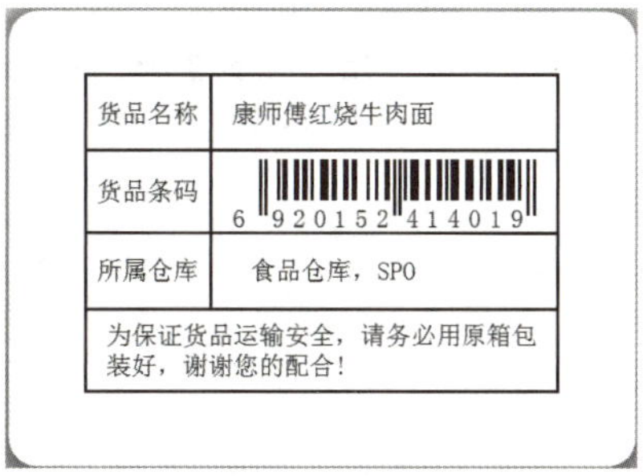货品名称 康师傅红烧牛肉面 货品条码 6 920152 414019 所属仓库 食品仓库，SPO 为保证货品运输安全，请务必用原箱包装好，谢谢您的配合！	拖动鼠标，调整条码的大小和位置。单击工具栏上“保存”按钮，将表格命名为“产品外包箱说明”，并将文件保存到合适的位置

条码打印软件BarTender使用案例——制作二维码流程并链接跳转的制作步骤图示及

说明见下表：

序号	步骤图示	步骤说明
1		在设计模板视图下，单击工具栏上的“条形码”工具，在“更多条形码”中创建 QR Code 二维码
2		在设计区域添加一个二维码，双击该二维码，在弹出的“条形码属性”对话框中，通过“符号体系特殊选项”设计条码外观，在可读性中将二维码的可读性设置为“无”
3		在“数据源”选项卡中，将“嵌入的数据”内容更改为“https://www.baidu.com/”，或填写用户想跳转地址的完整链接。单击“关闭”即可 此时，通过手机扫描标签中生成的二维码可直接跳转至“百度”网站
4		在设计模板视图下，单击对象工具栏上的“图片”按钮，在出现的下拉列表中选择嵌入的图片；选择“从文件插入”，接着浏览查找并选择所需图片文件

随堂记

（续）

序号	步骤图示	步骤说明
5	Baidu百度	在模板设计区域拖动鼠标，确定图片大小（图片不宜过大，以免信息被遮挡），然后选择对象，设置为水平、垂直居中
6	Baidu百度 扫一扫二维码，打开网址	在设计模板视图下，单击工具栏上的“文本”工具**A**，从下拉菜单中选择“单行” 在模板区域中单击添加文本，双击该文本，输入所需的内容。若需要移动文本对象位置，可将鼠标放置在边框线上，当光标呈十字箭头形状时，即可移动文本

任务3　应用移动终端条码识读“我查查”APP

任务描述

“我查查”APP是一款基于图形传感器和移动互联网的商品条码比价的生活实用类手机应用。条码扫描支持一维EAN码、QR码（二维条码）、二维WEPC码和快递单号（Code128码）等。

通过“我查查”APP，在购买商品时，扫描商品条码之后，该商品相关信息将会显示在移动终端屏幕上，包括售卖商店、售价等信息。通过“我查查”APP扫描二维码中的网址、邮箱、电话号码、文本、音乐、视频、名片等信息，可以快速地调用移动终端功能打开浏览器进行访问，打开邮箱发送电子邮件，将电话号码存入手机通讯录，或是快捷获取移动应用的下载地址、商户优惠信息等服务。

任务准备

移动终端手机或平板电脑，从应用市场中下载安装“我查查”APP。

任务实施

“我查查”APP商品比价功能的操作步骤图示及说明见下表：

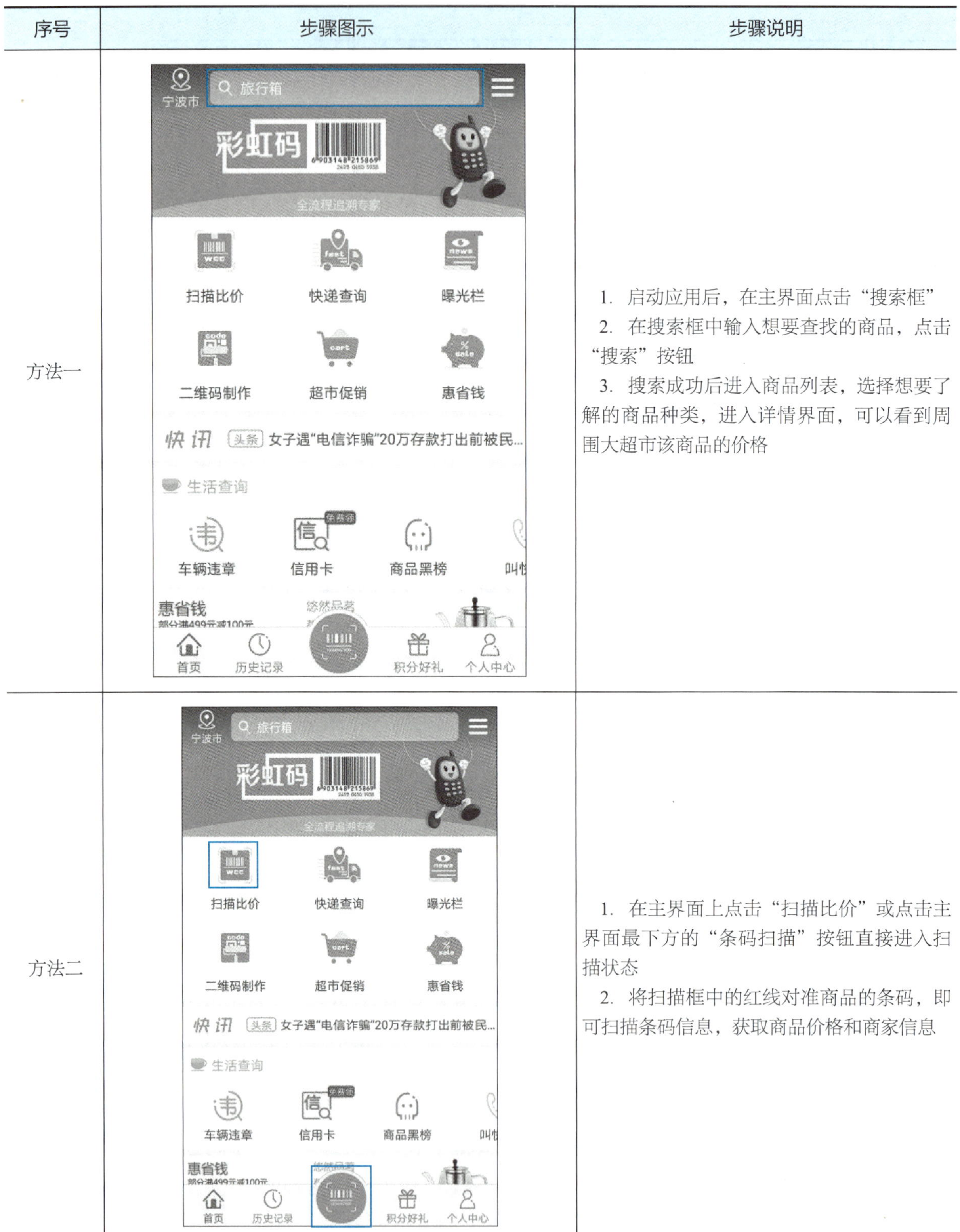

序号	步骤图示	步骤说明
方法一		1. 启动应用后，在主界面点击“搜索框” 2. 在搜索框中输入想要查找的商品，点击“搜索”按钮 3. 搜索成功后进入商品列表，选择想要了解的商品种类，进入详情界面，可以看到周围大超市该商品的价格
方法二		1. 在主界面上点击“扫描比价”或点击主界面最下方的“条码扫描”按钮直接进入扫描状态 2. 将扫描框中的红线对准商品的条码，即可扫描条码信息，获取商品价格和商家信息

注意事项：①使用手持终端进行扫描时，需要将竖线条码和数字均置于扫描框内，保证终端屏幕上的红线穿过条码区域；②扫描时由远及近，手持终端距离条码10cm左右时停下，让摄像头自动对焦；③如果识别不出条码信息，可前后小距离移动；④扫描时可以以任意角度扫描识别条码；⑤如果扫描时灯光较暗，或者不是标准的条码，或移动终端的摄像头不能自动对焦，可以采用手动输入的方式进行查询。

“我查查”APP快递查询功能的操作步骤图示及说明见下表：

序号	步骤图示	步骤说明
1		在主界面上点击“快递查询”或点击主界面最下方的“条码扫描”按钮直接进入扫描状态
2		在查询界面输入快递单号或者直接扫描快递单上的条码，即可直接进入物流详情界面获取快递追踪信息

“我查查”APP二维码制作功能的操作步骤图示及说明见下表：

序号	步骤图示	步骤说明
1		在主界面上点击“二维码制作”进入二维码类型的选择页面

（续）

序号	步骤图示	步骤说明
2	 二维码制作 文本 网址 名片 Wifi 电话 短信 邮箱 位置	选择需要制作的二维码类型，如文本、网址、名片等
3	 二维码制作 内容 参数 颜色 样式 网址：http://www.baidu.com	如类型选择“网址”，输入需要生成的网址后点击“生成”，即可生成对应的二维码
4	 二维码制作 内容 参数 颜色 样式 容错 7% 15% 25% 30% 尺寸 50px 300px 600px 800px	点击“参数”可以调整二维码的容错和尺寸

（续）

序号	步骤图示	步骤说明
5		点击“颜色”调整二维码颜色
6		如果需要设计精美的二维码，可以点击“样式”，给二维码添加炫酷的边框，并可在二维码中间嵌入图片

项目评价

序号	评价任务	要素说明	扣分分值	次数	扣分小计	得分小计
1	条码打印耗材的安装与调试（40 分）	碳带安装方向错误	10			
2		碳带安装未卡到位	10			
3		标签安装未到位	10			
4		调试未成功	10			
5	条码打印软件的设置与标签制作（30 分）	未按要求设置	10			
6		标签制作内容错误	10			
7		二维码制作错误	10			
8	移动终端 APP 二维码制作（10 分）	二维码制作错误	10			
9	7S 管理（20 分）	操作过程中出现耗材浪费现象	10			
10		未遵守操作规则，缺乏良好的操作素养	10			

注：“扣分小计”不得超过“评价任务”总分值。

总得分：

项目拓展

条码打印机的日常维护保养

为了保证条码打印机的质量和良好的性能，需要定期对其进行清洁，条码打印机使用越频繁，清洁频率越高。

1. 打印头的清洁

打印头需要经常性的清洁，清洁工具可以使用棉签和酒精。清洁前关掉条码打印机的电源，擦拭时请保持同一方向（避免来回擦拭导致脏污残留），将打印头翻起，移去色带、标签纸，用浸有打印头清洗液的棉签（或棉布），轻擦打印头直至干净。之后用干净的棉签轻轻擦干打印头即可。

保持打印头的洁净既可以得到好的打印效果，还可以延长打印头的寿命。

2. 胶棍（Platen Roller）的清洁

条码打印机的胶棍需要经常性的清洁，清洁工具可以使用棉签和酒精。保持胶棍的洁净，既可以得到好的打印效果，还可以延长打印头的寿命。在打印过程中标签纸会在胶棍上留下很多粉末，如果不及时清洁，就会伤及打印头；另外，胶棍经过长时间使用，会出现磨损或一些凹凸不平，也会影响打印效果及损坏打印头。

3. 滚筒的清洁

清洗完打印头后，用浸有75%酒精的棉签（或棉布）清洗滚筒。方法是一边用手转动滚筒，一边擦洗，待洗净后擦干。上述两个步骤的清洗间隔一般是三天一次，如果条码打印机使用频繁，最好一天一次。

4. 传动系统的清洁和机箱内的清洁

标签纸一般为不干胶，其胶容易粘在传动轴和通道上，再加上有灰尘，直接影响打印效果，故需经常清洁。频率一般为一周一次，方法是用浸有酒精的棉签（或棉布）擦洗传动系统中的各个轴、通道的表面以及机箱，洗净后擦干。

5. 传感器的清洁

保持传感器的清洁，可以避免发生测纸错误或碳带错误。传感器包括色带传感器和标签传感器，其位置见产品说明书，一般三个月至六个月清洗一次，方法是用浸有酒精的棉签（或棉布）擦洗传感器头，洗净后擦干。

6. 进纸导槽的清洁

导槽一般不会出现大问题，但有时会由于人为原因或标签质量问题而导致标签粘在导槽里边，需要及时清洁。

7. 条码打印机日常使用中的注意事项

条码打印机温度一般保持在10～24℃之间，温度过高容易影响打印头使用寿命；注意碳带和标签的搭配，铜版纸配腊基碳带，合成纸配半树或全树碳带；另外，注意保持标签纸的平坦，切勿使其高低不平，否则容易磨损打印头。

项目二

RF手持终端的操作

项目概述

2022年是我国进入全面建设社会主义现代化国家、向第二个百年奋斗目标进军新征程的重要一年。这一年，我国数字技术创新能力快速提升，人工智能、云计算、大数据、区块链、量子信息等新兴技术跻身全球第一梯队，已建成全球规模最大、技术领先的网络基础设施。截至2021年底，我国已建成142.5万个5G基站，总量占全球60%以上，5G用户数达到3.55亿户；我国数据产量从2.3ZB增长至6.6ZB，全球占比9.9%，位居世界第二；我国所有中小学（含教学点）全部实现联网。一系列的改革创新不断推动数字中国建设向更高标准、更高质量迈进。

随着“互联网+教育”模式的开展，数字终端技术与各行业加速融合，推动着传统物流向智能化方向发展，数字技术的发展也催生了更多的新职业，如区块链工程技术人员、互联网营销师、连锁经营管理师等。

RF（Radio Frequency）手持终端设备是指利用无线射频技术完成数据采集、传输等功能的便于携带的数据处理终端。它常见于现代化的仓储管理系统中，将射频技术、计算机无线网络技术、条码技术相结合，形成了高度集成的软硬件环境，从而降低了劳动成本，提高了作业效率，真正达到了科学化的管理。

如今，随着人工智能技术的不断发展，借助RF手持终端的便捷优势，其应用领域已广泛覆盖水电行业抄表业务、移动警务业务、无线餐饮业务等。

RF手持终端的操作项目包括三个任务:

任务1　配置RF手持终端初始环境

任务2　安装RF手持终端应用软件

任务3　操作RF手持终端实现入库作业

项目目标

- 能够准确辨认RF手持终端的品牌型号。
- 能够正确阐述RF手持终端的主要结构。
- 能够规范完成RF手持终端应用软件的安装及基本配置与操作，利用RF手持终端完成入库作业信息操作流程。
- 能够规范完成RF手持终端的扩容操作。

知识准备

一、RF手持终端概述

RF手持终端是一种将射频识别技术与数据终端相结合的无线数据采集器，一般具有储存容量大、续航时间长、实时数据传输、防水防尘等特点，可在恶劣环境下工作，设备符合人体工学设计，操作便捷，主要应用于大型仓库或云仓的现代化仓储管理系统中，借助RF手持终端，可以完成入库、移库、出库、盘点等各环节作业。在信息化、智能化高度发展的今天，手持终端的应用遍及人类工作和生活的各行各业。

二、RF手持终端的类型

RF手持终端按照所搭载的操作系统主要分为三类：安卓系统手持终端、Windows CE系统手持终端和Windows Mobile系统手持终端。

小知识4-2
RFID手持终端采集设备

三、RF手持终端的优缺点

（1）优点：操作便捷、信息储存量大、传输快速准确，可以提高作业效率，节约劳动成本。

（2）缺点：价格昂贵、后期维修保养费用高、使用前需要对员工进行一定的操作培训、软件数据库等集成要求高、需要配套完善的仓储管理系统、对网络的硬件要求高等。

四、常见RF手持终端的结构

常见的Windows Mobile系统手持终端（摩托罗拉 MC3190）的主要结构如图4-5所示。

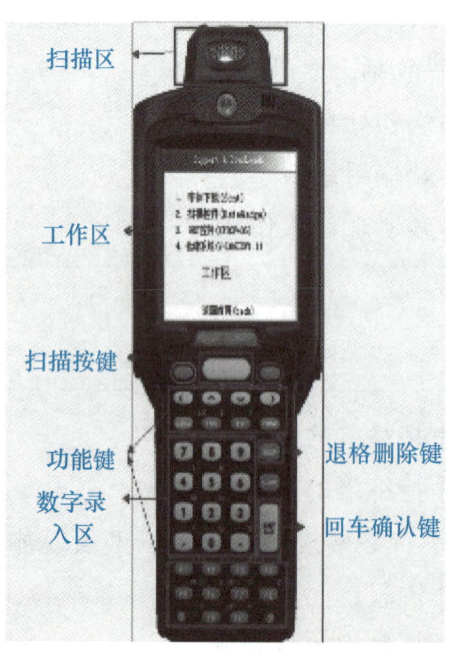

图4-5 Windows Mobile系统手持终端的主要结构

下面介绍Windows Mobile系统手持终端（摩托罗拉 MC3190）的基本结构，见表4-4。

表4-4　Windows Mobile系统手持终端（摩托罗拉 MC3190）的基本结构

序号	控制部件图示	名称及说明
1	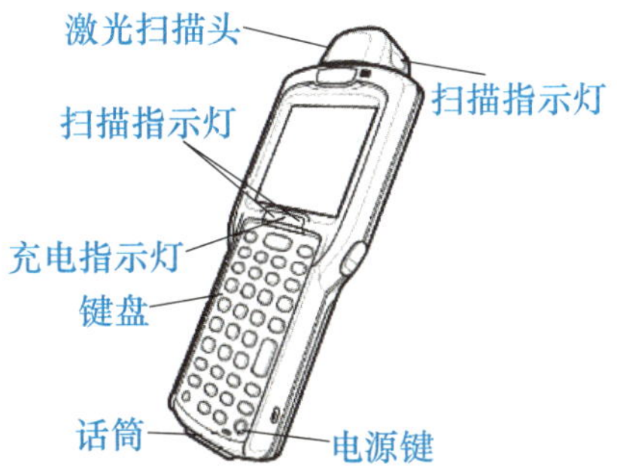 激光扫描头、扫描指示灯、扫描指示灯、充电指示灯、键盘、话筒、电源键	激光扫描头：用于扫描条码 充电指示灯：充电时常亮 键盘：用于信息输入 电源键：按一下开机，连续按两下待机
2	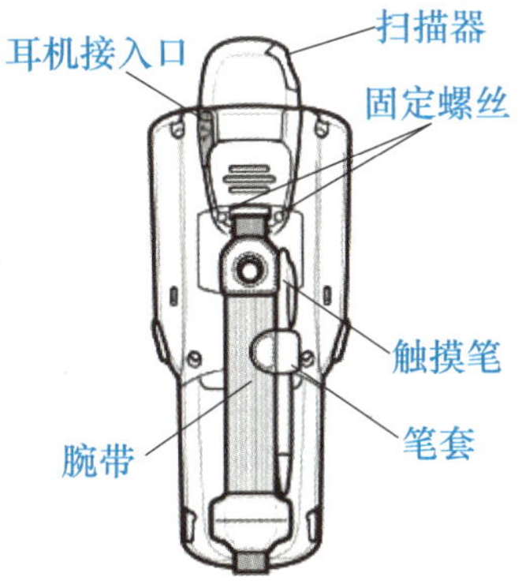 耳机接入口、扫描器、固定螺丝、触摸笔、笔套、腕带	触摸笔：用于信息输入 腕带：操作时可佩戴于手腕（灰色部分）
3	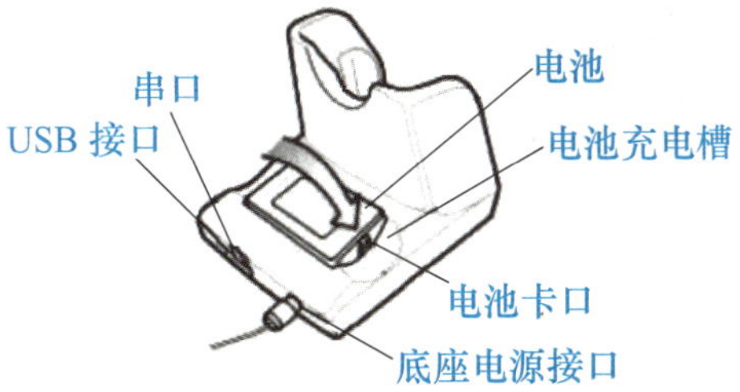 串口、USB 接口、电池、电池充电槽、电池卡口、底座电源接口	USB 接口：用于连接计算机的接口 底座电源接口：用于连接底座电源适配器

任务 1　配置 RF 手持终端初始环境

任务描述

取RF手持终端，完成无线局域网连接、扫描软件启动、冷热启动等基本操作与配置。

随堂记

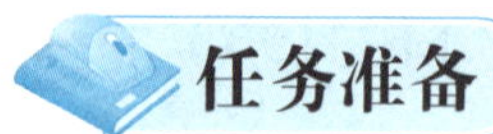

任务准备

场地准备

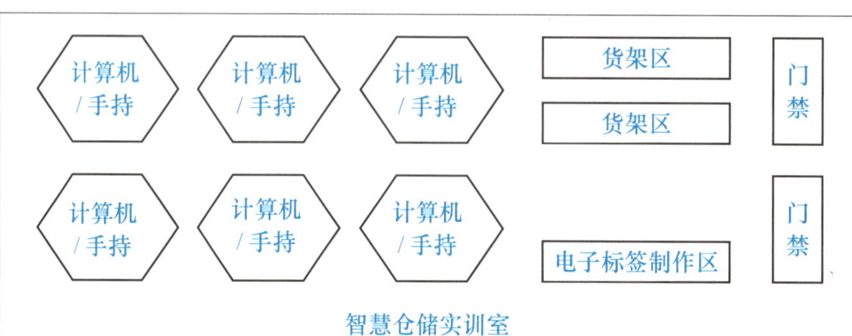

设备准备

RF手持终端。

任务实施

RF手持终端基本配置与操作步骤图示与说明见下表：

序号	步骤图示	步骤说明
1		开机后点击任务栏右下角第一个图标，点击“Options”选项
2	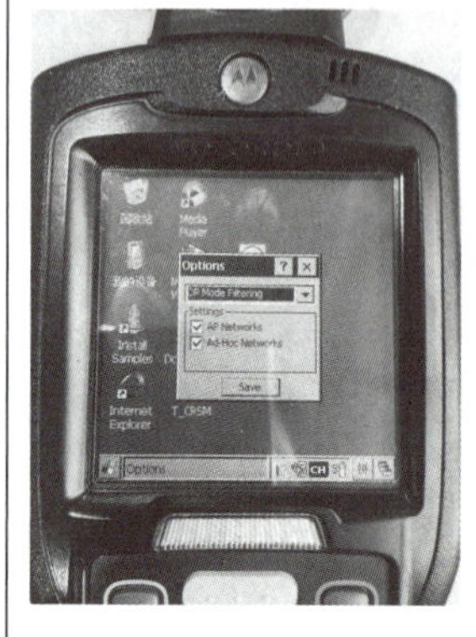 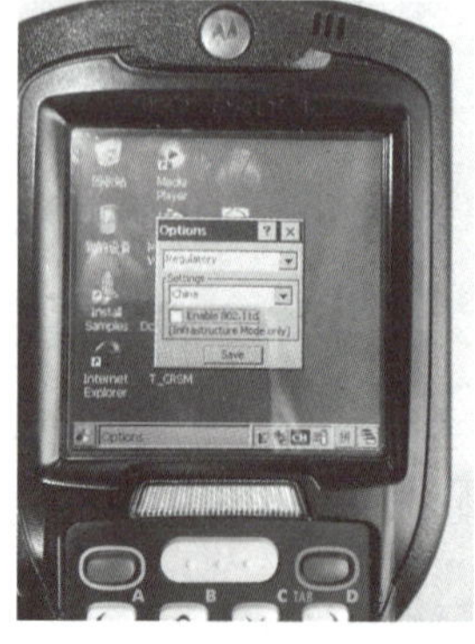	弹出Options对话框，在“Settings”中选中“AP Networks”，取消“Ad-Hoc Networks”；在下拉箭头选项框中选择“Regulatory”选项，“Setting”选项中选择“China”，取消“Enable 801.11d”，点击“save”进行保存

（续）

序号	步骤图示	步骤说明
3	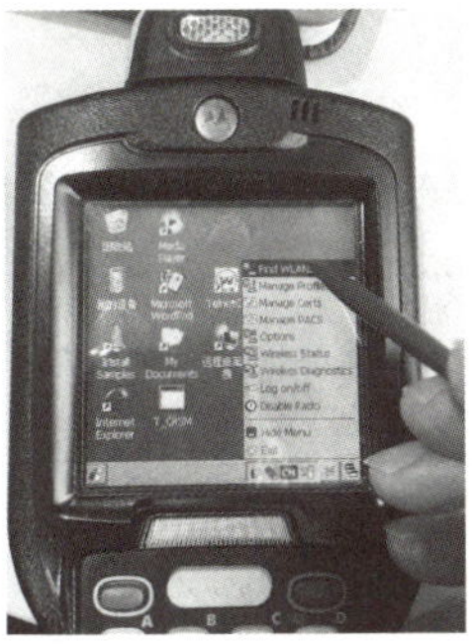 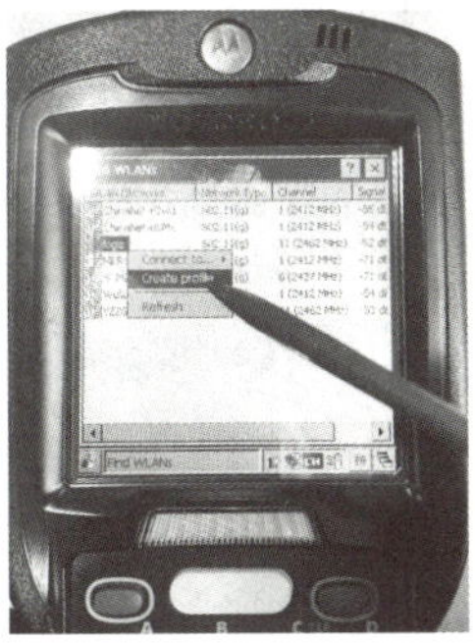	回到主页面，点击右下角第一个图标，点击“Find WLANS”选项，系统会自动搜索无线基站，点击“create profile”
4	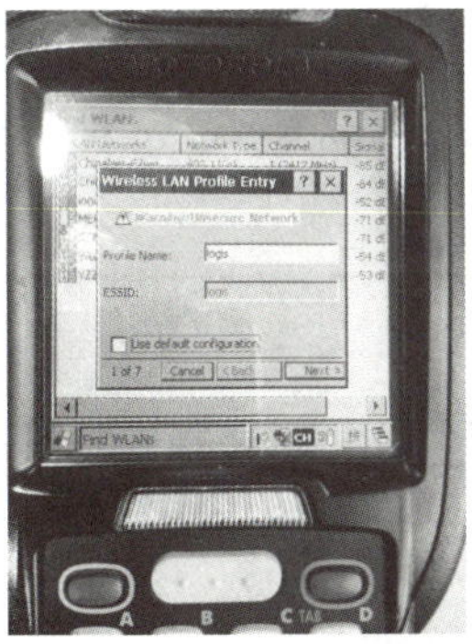 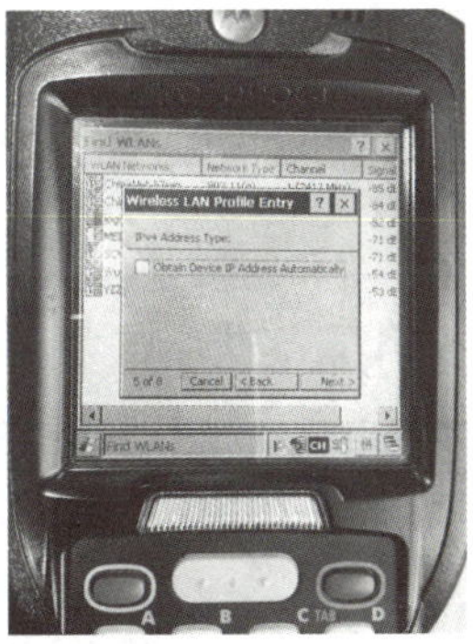 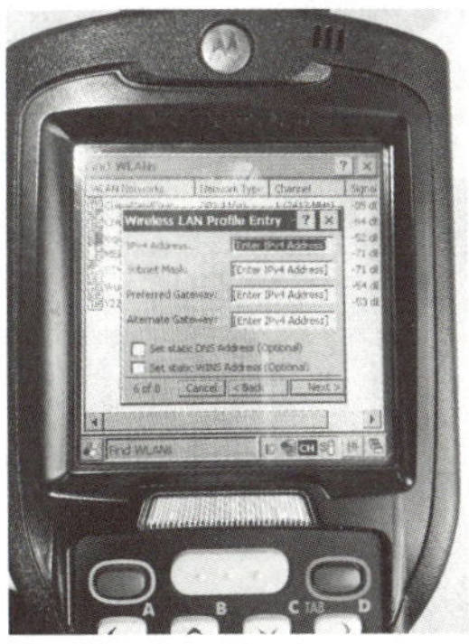	在“Profile Name”界面直接点击“next”，之后连续点击“next”直至来到“IP Address Entry”页面，在“IP Address Entry”界面选择“Static”
5	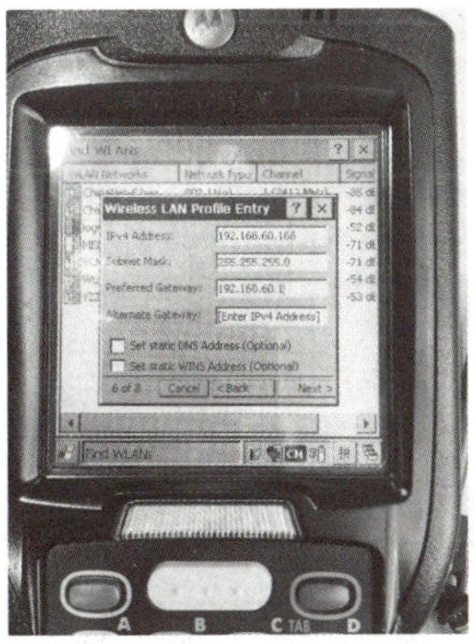 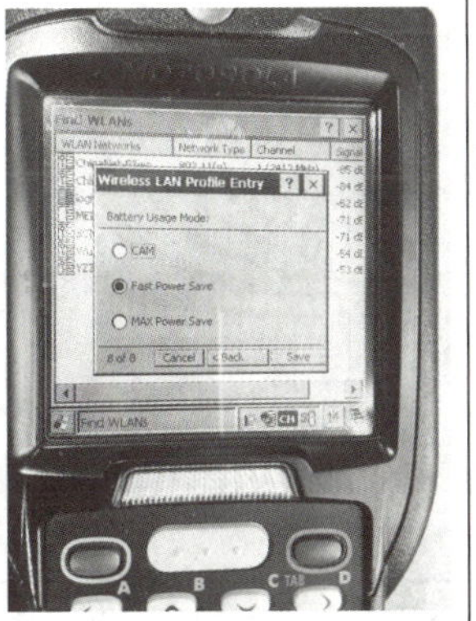	在“IP Address Entry IP Address”界面输入能与计算机连接的IP地址和子网掩码，例如： IP Address: 192.168.60.166 Subnet Mask: 255.255.255.0 Default Gateway: 192.168.60.1 在“Transmit Power”界面直接点击“next” 在“Battery Usage”界面直接点击“finish”

RF手持终端扫描软件步骤图示与说明见下表：

随堂记

小视频4-1
配置手持终端初始环境

序号	步骤图示	步骤说明
1	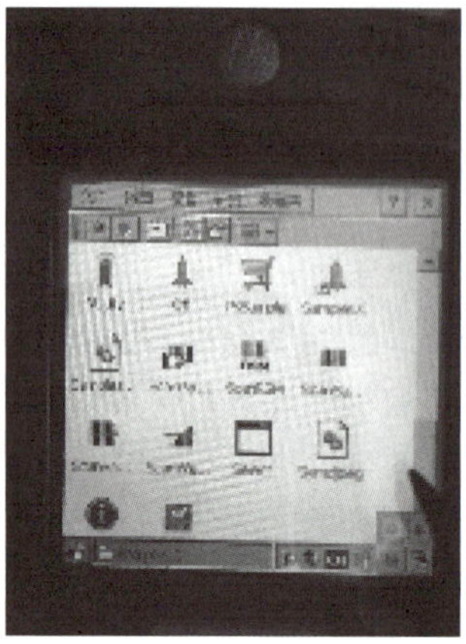	进入手持我的设备 -Application-Samples.C-ScanWedge,文件启动出现一个倒三角（有红色竖线）的条码样子的图标
2	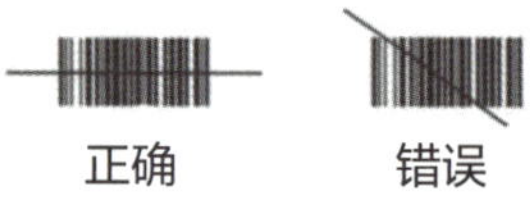 正确 错误 扫描条码方法	正确的扫描方法：扫描条码时必须使扫描器发出的激光束完全覆盖条码，不能斜着或者是没有整个覆盖，这样是无法准确扫描条码内容的

RF手持终端冷热启动操作步骤图示与说明见下表：

序号	步骤图示	步骤说明
1	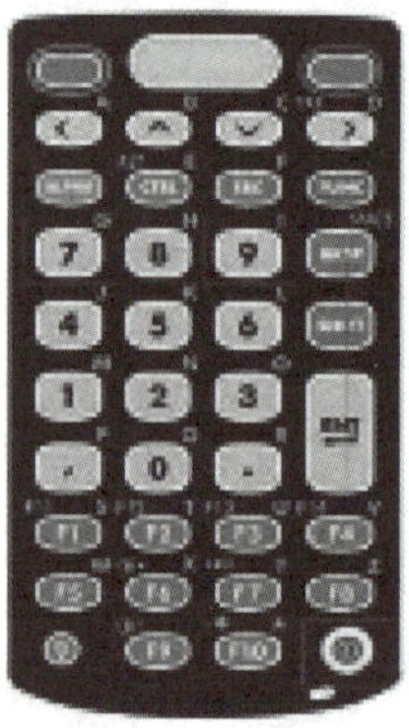	热启动：同时按 <7> <9> < 开机 > 键，手持终端将重新启动
2	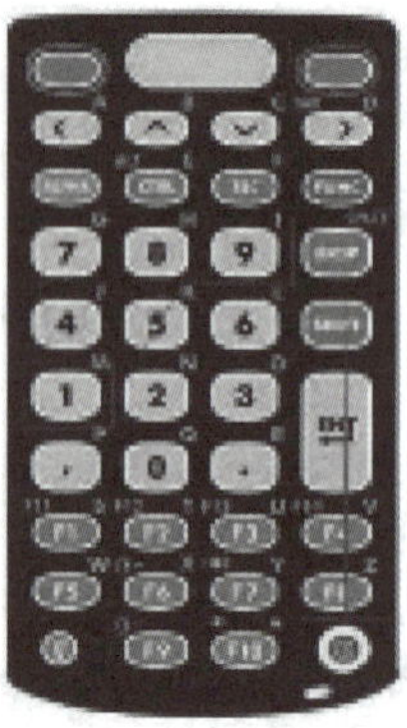	冷启动：同时按 <1> <9> < 开机 > 键，手持终端将恢复出厂设置

注意事项：RF手持终端网络连接设置中步骤二“Options”选项中一定要注意操作顺序，否则无法正确连接网络，若场地周围有其他无线网络，请选择实训室正确的无线SSID名称，在配置IP时注意不要与局域网内其他计算机或设备的IP地址冲突，IP和网关地址设置在同一号段。扫描中一定要注意方向。冷启动后所有数据会丢失，要谨慎使用。

任务2　安装RF手持终端应用软件

任务描述

各小组取RF手持终端，通过底座数据线将应用软件安装包拷贝至手持终端的桌面上，按照操作步骤完成手持终端应用软件的安装作业。

任务准备

场地准备

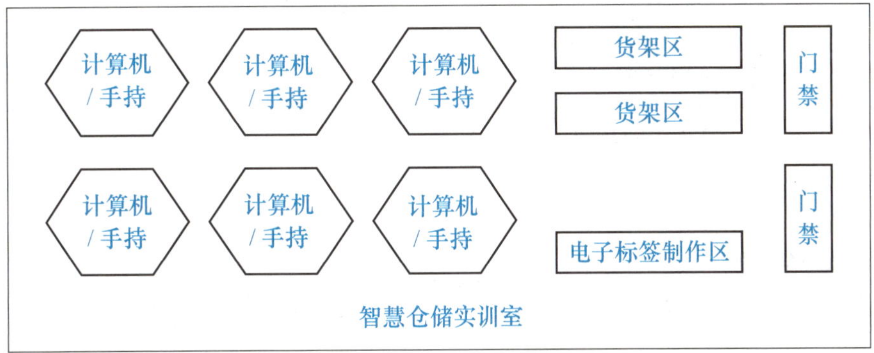

设备准备

RF手持终端，RF底座，USB数据线，驱动程序及软件安装包。

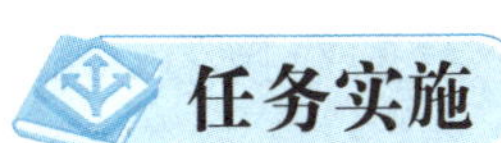

任务实施

RF手持终端应用软件的安装步骤图示与说明见下表：

序号	步骤图示	步骤说明
1	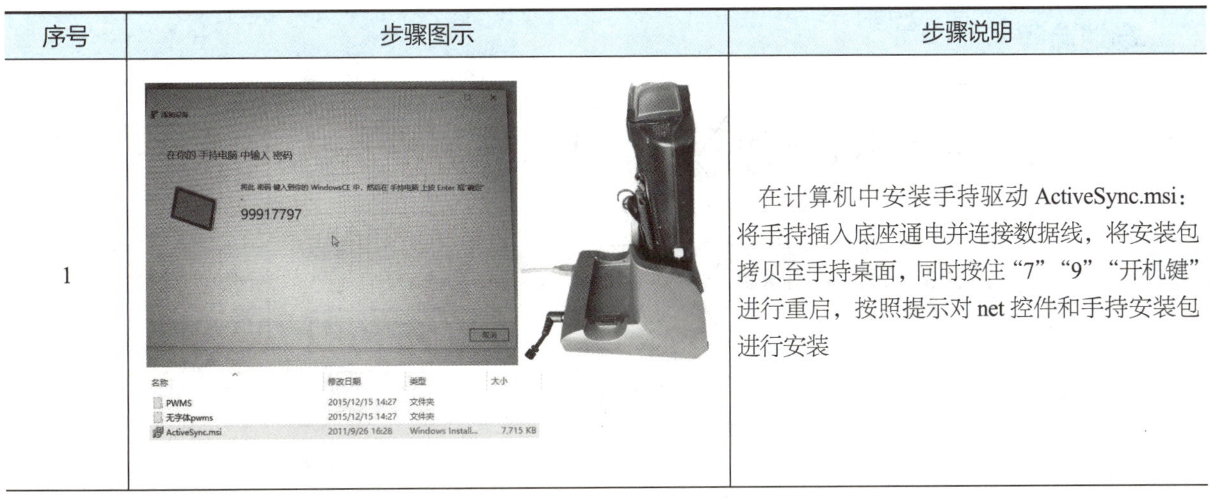	在计算机中安装手持驱动ActiveSync.msi：将手持插入底座通电并连接数据线，将安装包拷贝至手持桌面，同时按住“7”“9”“开机键”进行重启，按照提示对net控件和手持安装包进行安装

（续）

序号	步骤图示	步骤说明
2		点击菜单→程序→ Logis → Setting，输入服务器 IP 地址、端口号和打印机 MAC 地址
3		登录系统 PWMS，进行使用。使用方法：服务器的 IP 加主机 IP（8060/pwms），如 http://192.168.1:8060/pwms

注意事项：根据计算机系统选择正确的驱动程序进行安装，软件安装包建议安装在根目录下，配置IP时一定要输入服务器IP地址并保存。

任务 3 操作 RF 手持终端实现入库作业

任务描述

取入库通知单，按照操作步骤及实训标准，依次完成入库订单录入、入库搬运及入库上架（信息流）操作，反复练习，直至掌握RF手持终端入库流程作业及操作技巧。

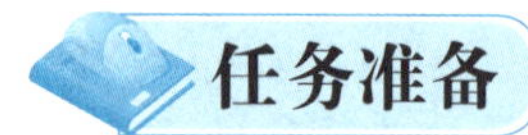

任务准备

场地准备

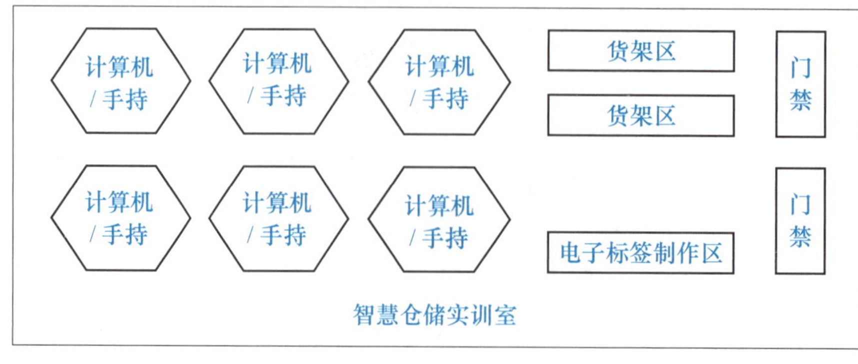

设备准备

RF手持终端，带条码的标准托盘（1200mm×1000mm），带条码的货箱，带标签储位的货架。

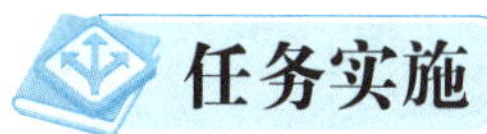

任务实施

使用RF手持终端进行入库作业的操作步骤图示与说明见下表：

序号	步骤图示	步骤说明
1	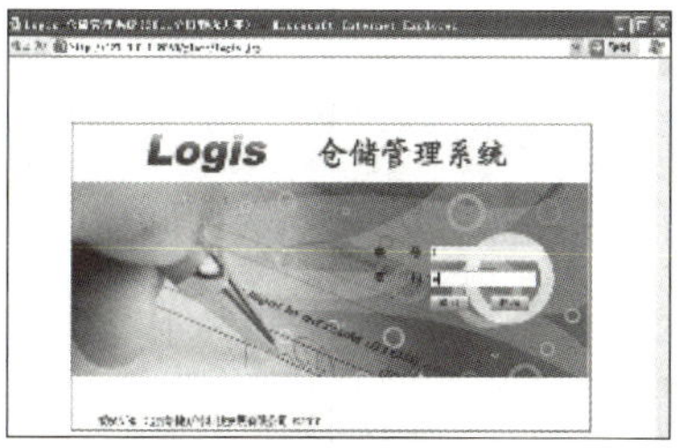 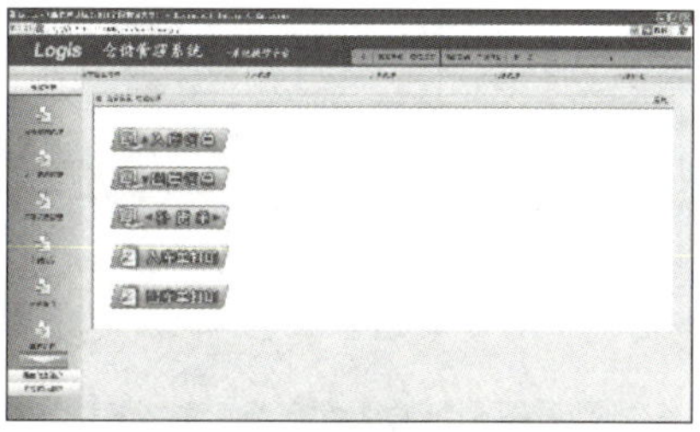 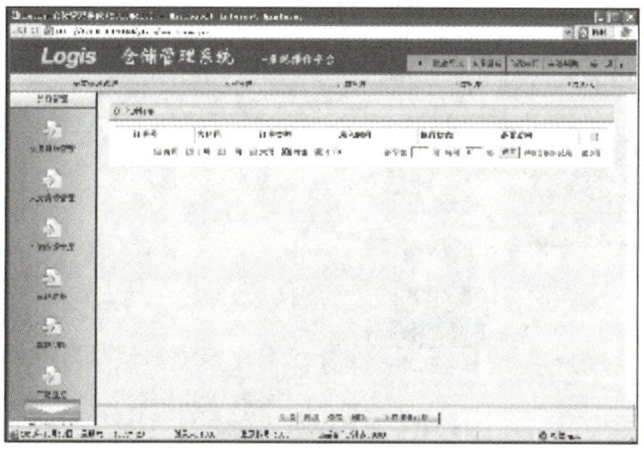	领取入库通知单，在Logis仓储管理系统中登录账号，点击“订单录入”→“新增”选择需要新增的订单（入库通知单）并录入订单
2	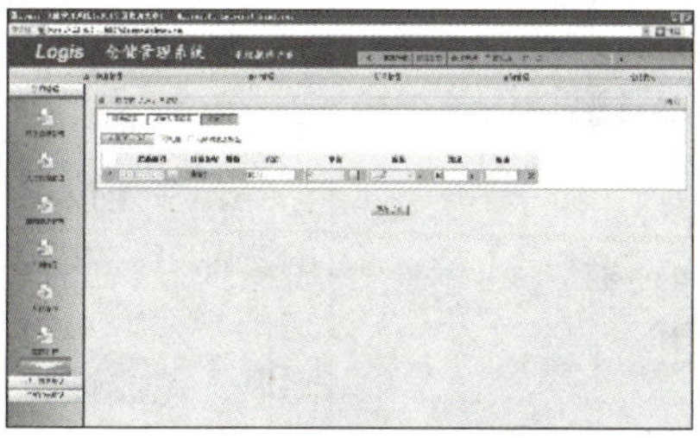 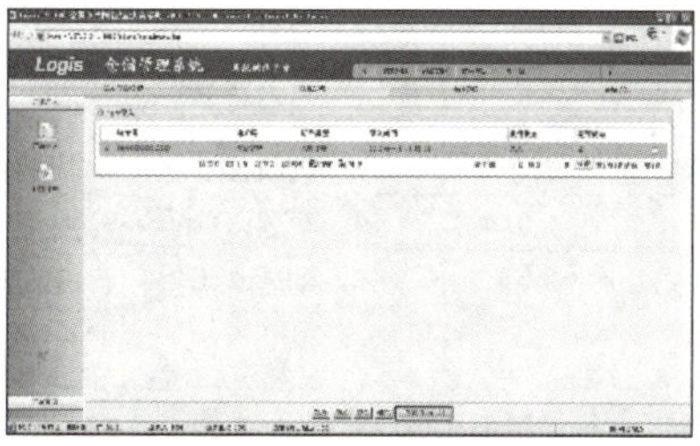 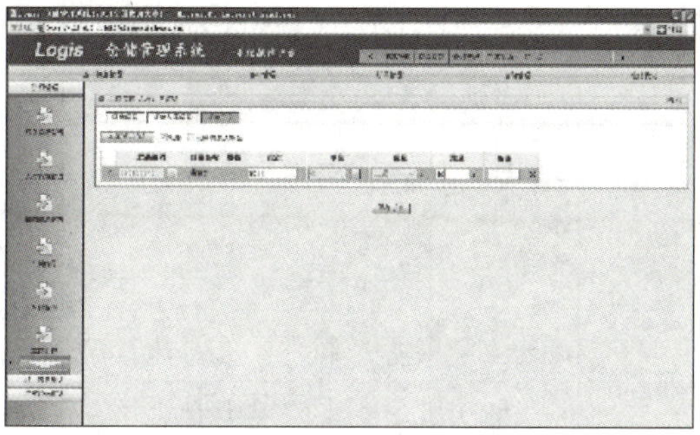	录入完成后点击“保存订单”，完成订单录入，返回到列表界面点击“生成作业计划”，再点击“确认生成”，将订单提交到作业环节

（续）

序号	步骤图示	步骤说明
3	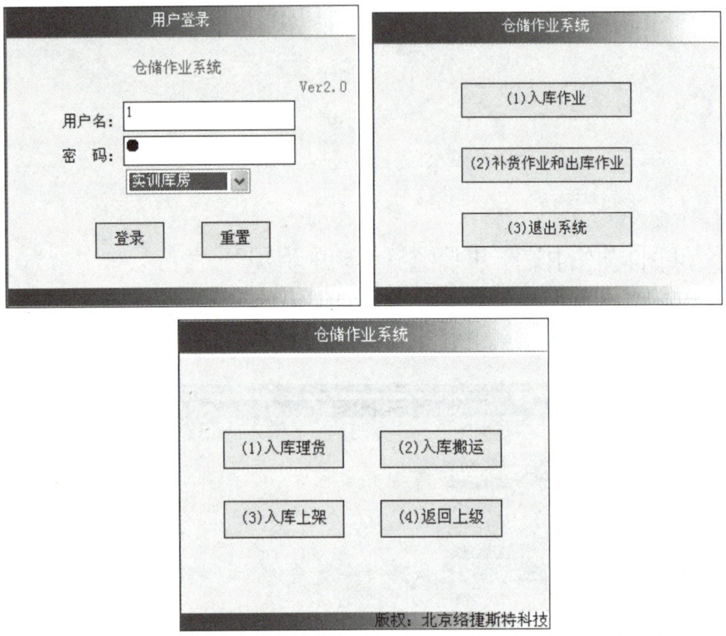 用户登录 仓储作业系统 Ver2.0 用户名：1 密　码： 实训库房 登录　重置 仓储作业系统 (1)入库作业 (2)补货作业和出库作业 (3)退出系统 仓储作业系统 (1)入库理货　(2)入库搬运 (3)入库上架　(4)返回上级 版权：北京络捷斯特科技	点击手持终端桌面上的“PWMS”图标，登录账号，选择“入库作业”-“入库理货”
4	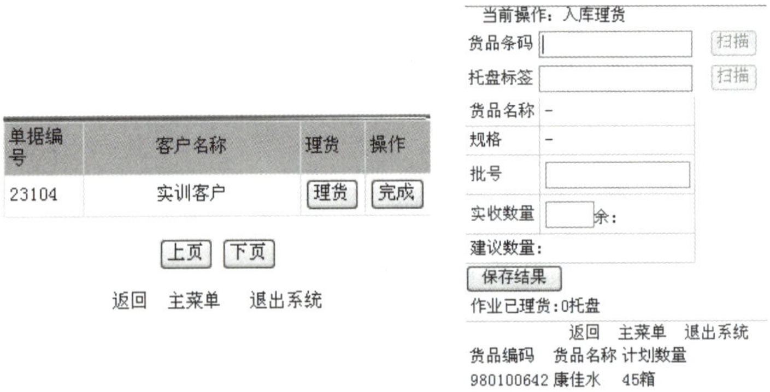 单据编号　客户名称　理货　操作 23104　实训客户　理货　完成 上页　下页 返回　主菜单　退出系统 当前操作：入库理货 货品条码　扫描 托盘标签　扫描 货品名称　- 规格　- 批号 实收数量　余： 建议数量： 保存结果 作业已理货：0托盘 返回　主菜单　退出系统 货品编码　货品名称　计划数量 980100642　康佳水　45箱	点击“理货”，扫描货品条码，系统提示此货品应存放至相应的存储功能区；扫描托盘标签号，录入相应的批次号，进行保存（只操作信息流）
5	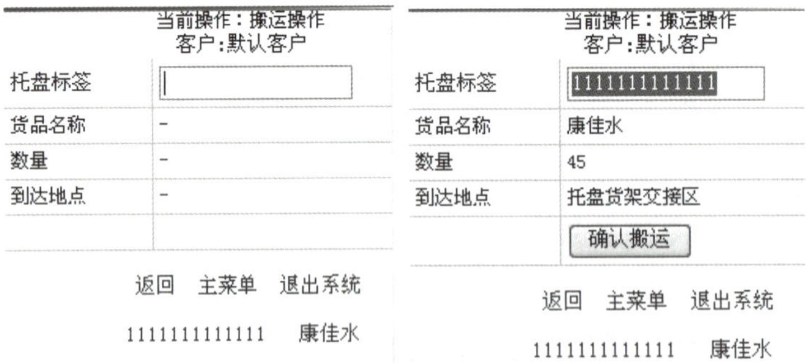 当前操作：搬运操作 客户：默认客户 托盘标签 货品名称　- 数量　- 到达地点　- 返回　主菜单　退出系统 1111111111111　康佳水 当前操作：搬运操作 客户：默认客户 托盘标签　1111111111111 货品名称　康佳水 数量　45 到达地点　托盘货架交接区 确认搬运 返回　主菜单　退出系统 1111111111111　康佳水	从主界面点击“入库搬运”，扫描待搬运的托盘标签，系统读取该托盘上的货品名称和所要搬运到达的地点，点击“确认搬运”，完成该托盘的搬运工作
6	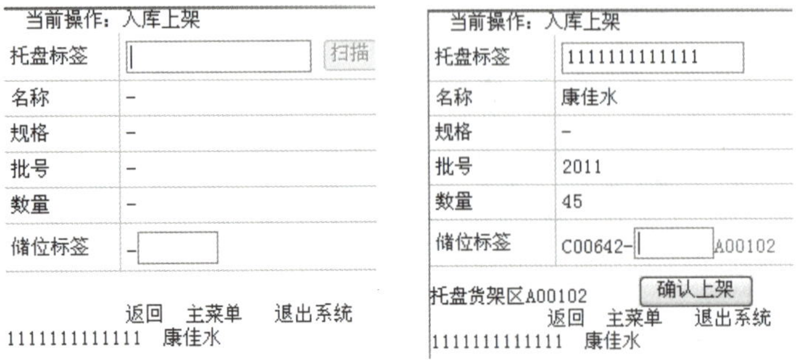 当前操作：入库上架 托盘标签　扫描 名称　- 规格　- 批号　- 数量　- 储位标签　- 返回　主菜单　退出系统 1111111111111　康佳水 当前操作：入库上架 托盘标签　1111111111111 名称　康佳水 规格　- 批号　2011 数量　45 储位标签　C00642-　A00102 托盘货架区A00102　确认上架 返回　主菜单　退出系统 1111111111111　康佳水	扫描待上架的托盘标签，系统读取该托盘上的货品名称和所要上架的货位；扫描上架的货位，点击“确认上架”，完成该托盘的上架工作

（续）

序号	步骤图示	步骤说明
7	单据编号 | 客户名称 | 理货 | 操作 23104 | 实训客户 | 理货 | 完成 上页　下页 返回　主菜单　退出系统	上架操作完成后，再次点击“理货”，点击“完成”，结束入库作业

注意事项：在录入订单过程中，红色“*”选项为必填项，订单中没有涉及的选项可以不填；入库理货操作时，一定要填写实际验收数量；上架时要看清储位，最后需要点击“完成”选项。

项目评价

序号	评价任务	要素说明	扣分分值	次数	扣分小计	得分小计
1	RF 手持终端入库作业的信息操作（70 分）	未按要求完成订单处理（按未处理的货物品种数量累计）	2			
2		各种订单需要输入的字段不正确（按出错次数累计）	2			
3		未按要求使用手持终端扫描、录入和确认信息（按出错次数累计）	2			
4		手持终端跌落（按发生次数计数）	2			
5		运动中操作手持终端，包括在操作其他设备过程中同时使用手持终端（按发生次数计数）	1			
6	7S 管理（30 分）	手持终端未归位（按未归位次数计数）	1			
7		作业过程中人员、设备、设施之间发生碰撞或者人员受伤	5			
8		置设备于无人看管的状态（按发生次数计数）	5			

注：“扣分小计”不得超过“评价任务”总分值。

总得分：

项目拓展

摩托罗拉 MC3190 数据内存扩容的方法见下表：

序号	步骤图示	步骤说明
1	SD 卡扣 1	打开电池后盖，取出电池

（续）

序号	步骤图示	步骤说明
2	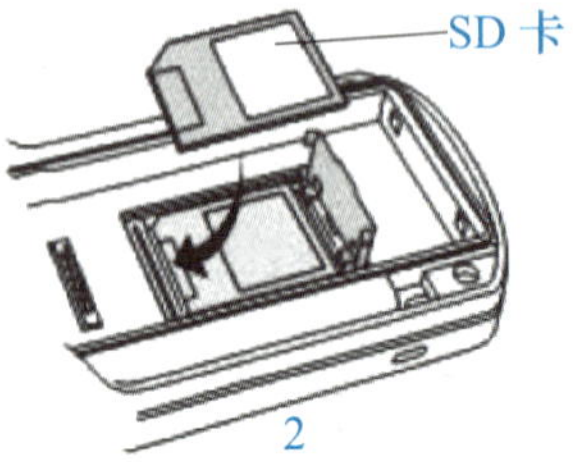 SD 卡 2	按图中箭头所示打开 SD 卡卡扣，放入 SD 卡
3	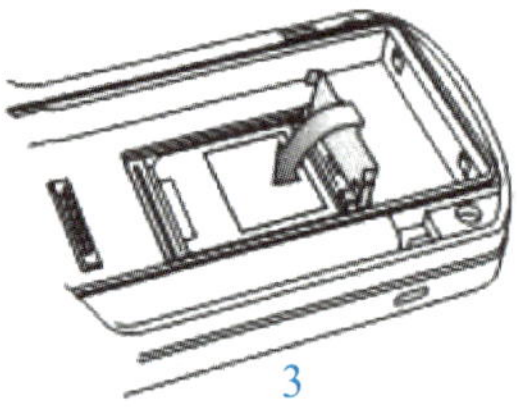 3	SD 卡对准芯片后，将卡扣翻下固定
4	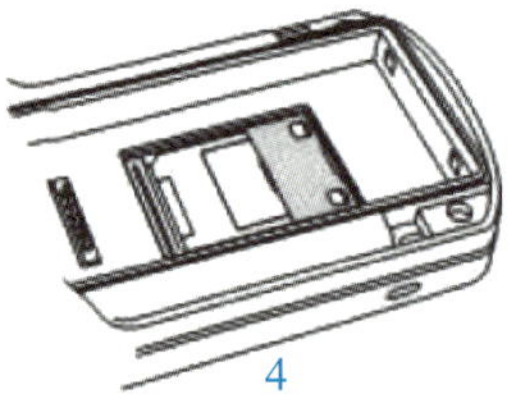 4	装入电池，盖好后盖，打开 RF 手持终端，系统目录中会显示“Storage Card”目录

项目三

RFID设备的认识与操作

项目概述

射频就是射频电流，是一种交流变化的电磁波，频率范围在300KHz～300GHz之间。想要将无线电信号通信转换成一定的无线电信号波形，并通过天线谐振发送出去，需要一块射频芯片来实现，射频芯片架构包括接收通道和发射通道两大部分。

众所周知，芯片是在集成电路上的载体，小到百姓日常使用的智能手机，大到彰显国威的航空母舰，芯片广泛应用于制造、军工、航天等各个领域，芯片技术是反映国家工业发展和关系到国家安全的重要因素之一。我国在芯片领域起步较晚，缺乏自主研发，且长期依赖进口，很多技术的研发和创新都受到制约，"中国芯"的发展成为了国人关注的焦点。如何培养出针对行业领域的高端技能人才、实现技能报国的重任，已成为当代中职学生值得思考的问题。

RFID（Radio Frequency Identification）简称射频识别，又称电子标签，是一种非接触式的自动识别技术，其基本原理是利用射频信号和空间耦合（电感或电磁耦合）或雷达反射的传输特性，实现对被识别物体的自动识别，这种通信技术可通过无线电信号识别特定目标并读写相关数据。最基本的RFID系统由标签、阅读器、天线三部分组成，不需要进行人工查看和复核，准确性高，节约劳动力成本，从而成为众多大型企业采用的系统之一。

RFID设备的认识与操作包括三个任务:

任务1　制作RFID电子标签

任务2　连接RFID无线局域网

任务3　操作RFID实现入库检验作业

项目目标

- 能够正确阐述RFID设备的主要结构。
- 能够规范完成电子标签的制作，对RFID设备进行无线局域网连接，通过RFID设备完成入库检验作业的信息操作。
- 能够正确认识电子标签的使用性能影响因素。

知识准备

小知识4-3
RFID产业链

一、RFID设备的概述

RFID技术的应用主要体现在RFID标签的广泛使用上，并已经慢慢深入到人们生活的各行各业中。RFID标签的使用主要包括两种方式：一种是当RFID标签进入解读器有效识别范围内时，接收解读器发出的射频信号，凭借感应电流所获得的能量发出存储在芯片中的信息；另一种是由RFID标签主动发送某一频率的信号，解读器接收信息并解码后，传送至中央信息系统进行有关数据处理。如今，RFID技术在国内外发展迅速，尤其在欧美等发达国家运用广泛，我国也开发了拥有自主知识产权的RFID系统技术。

二、RFID设备的类型

RFID设备主要可以分为三类：无源RFID设备、有源RFID设备和半有源RFID设备。

（1）无源RFID设备：主要工作频率有低频125KHz、高频13.56MHz、超高频433MHz和915MHz。此类设备需要近距离接触式识别，如饭卡、银行卡、公交卡和身份证等，该类设备也是生活中比较常见、发展比较早的产品，如图4-6所示。

（2）有源RFID设备：主要工作频率有微波2.45GHz、5.8GHz和超高频433MHz。该类设备具有远距离自动识别的特性，相应地可以应用到一些大型环境下，如智能停车场、智慧城市、智慧交通及物联网等领域。智能通道门读写器如图4-7所示。

图4-6 无源RFID设备

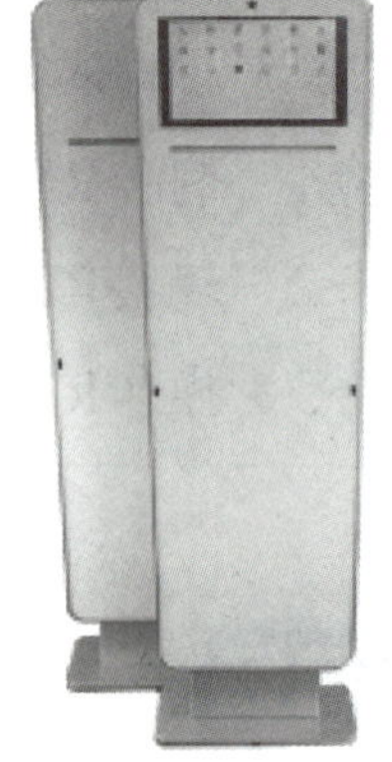
图4-7 智能通道门读写器

（3）半有源RFID设备：可以在低频125KHz的触发下，让微波2.45GHz发挥优势，解决了有源RFID设备和无源RFID设备不能解决的问题，如门禁出入管理、区域定位管理及安防报警等方面的应用，可实现近距离激活定位和远距离传输数据功能。

三、RFID设备的优缺点

RFID设备具有以下优缺点：

（1）优点：识别速度快、抗干扰性强、数据容量大、可动态操作、安全性高。

（2）缺点：设备成本高、系统集成要求高、网络依赖性强、后期维修费用高。

四、常见RFID设备的结构

常见RFID设备的结构如图4-8所示。

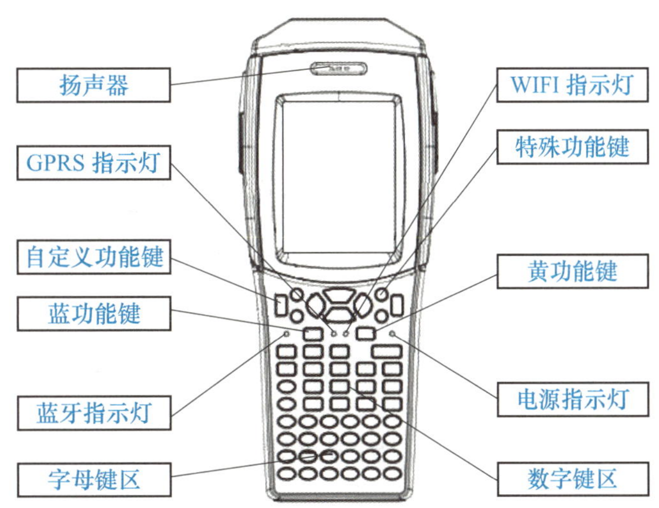

图4-8 常见RFID设备的结构

下面介绍RFID设备键盘功能区主要控制部件，见表4-5。

表4-5 RFID设备键盘功能区主要控制部件

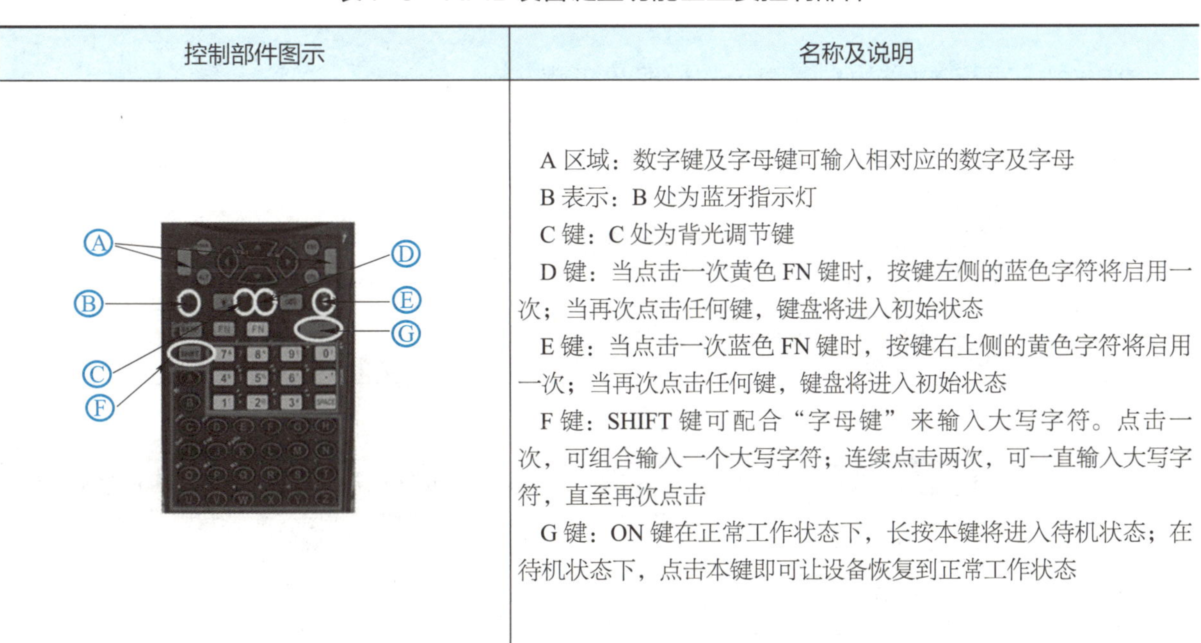

控制部件图示	名称及说明
A B C F D E G	A 区域：数字键及字母键可输入相对应的数字及字母 B 表示：B 处为蓝牙指示灯 C 键：C 处为背光调节键 D 键：当点击一次黄色 FN 键时，按键左侧的蓝色字符将启用一次；当再次点击任何键，键盘将进入初始状态 E 键：当点击一次蓝色 FN 键时，按键右上侧的黄色字符将启用一次；当再次点击任何键，键盘将进入初始状态 F 键：SHIFT 键可配合“字母键”来输入大写字符。点击一次，可组合输入一个大写字符；连续点击两次，可一直输入大写字符，直至再次点击 G 键：ON 键在正常工作状态下，长按本键将进入待机状态；在待机状态下，点击本键即可让设备恢复到正常工作状态

任务1 制作RFID电子标签

任务描述

取电子标签，按照操作步骤及实训标准，依次完成电子标签的制作。

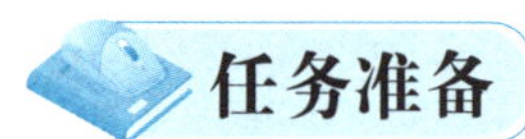

任务准备

场地准备

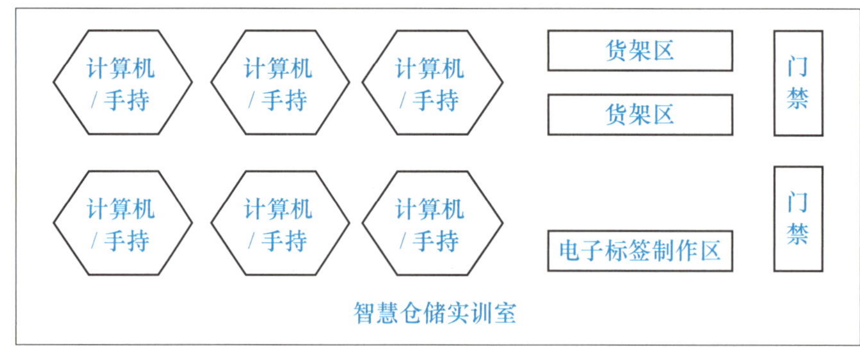

设备准备

RFID设备，电子标签，读写器，RFID门禁系统。

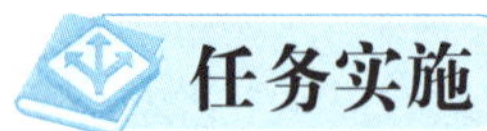

任务实施

RFID电子标签制作的步骤图示与说明见下表：

序号	步骤图示	步骤说明
1	RF_QX_invengo 的快捷方式 选择系列 启动800系列读写器演示软件 启动500系列读写器演示软件	双击桌面“读写器”，在“选择系列”提示框中选择“启动800系列读写器演示软件”，进入主界面
2	确定连接IP: 连接IP： 192 . 168 . 0 . 200 确定连接 取消	单击左上角“建立连接”，弹出“确定连接IP：”提示框后单击“确定连接”，观察左边“连接”下面“○”变绿即可

（续）

序号	步骤图示	步骤说明
3		将准备好的电子标签放在读写器上，单击“EPC”，信息栏中出现标签编号信息时单击红色“□”停止读取
4		单击菜单栏中“EPC写入”（F6），在“写入EPC”数据栏中写入物料条码（只需输入前12位即可），如写入农夫山泉饮用天然水，输入“692116850925”，单击“确定”，弹出“系统信息”提示框，单击“确定”

注意事项：电子标签TID码是唯一的，EPC码可以反复读写，电子标签制作完成后可以用RFID设备进行条码验证。

任务2 连接RFID无线局域网

任务描述

取RFID设备，按照操作步骤及实训标准，进行RFID设备无线局域网连接的操作。

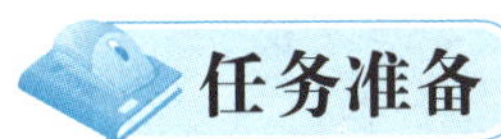

任务准备

场地准备

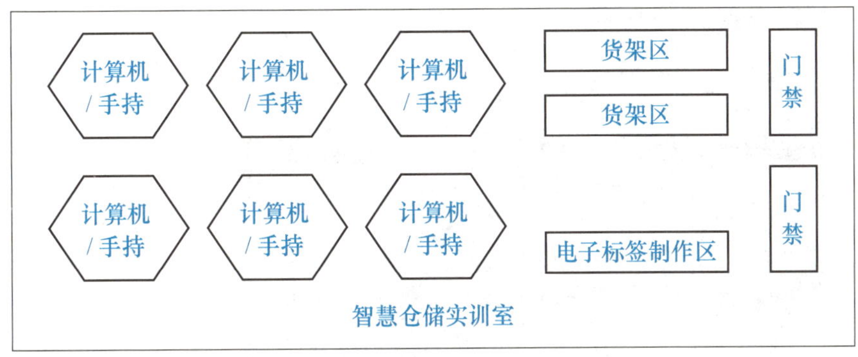

设备准备

RFID设备。

任务实施

RFID无线局域网连接操作步骤图示与说明见下表：

序号	步骤图示	步骤说明
1	 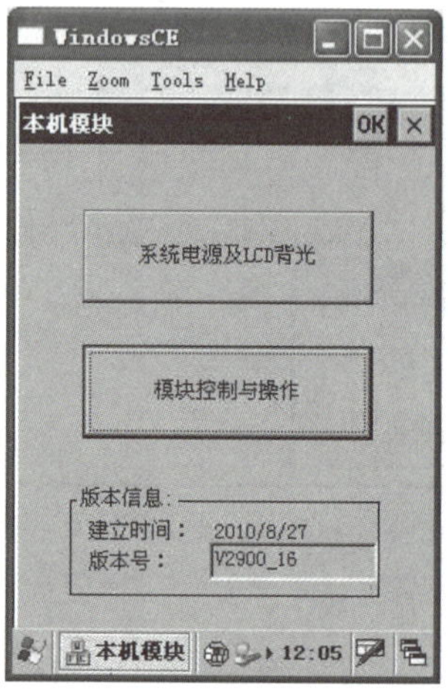	双击桌面“本机模块”图标，点击“模块控制与操作”
2	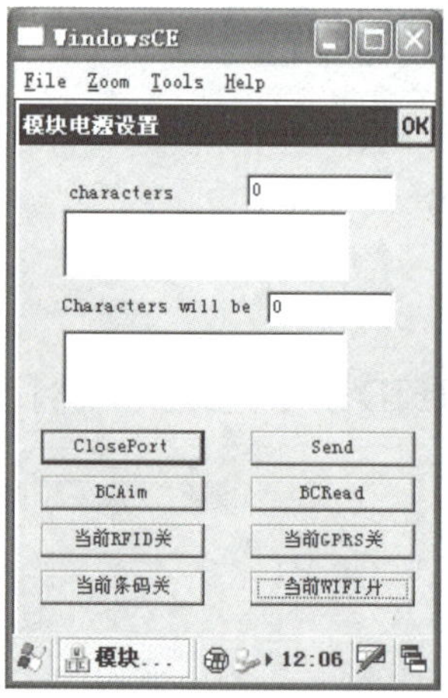 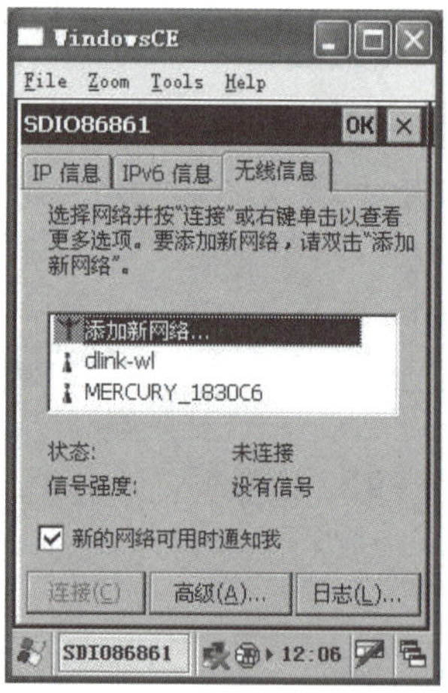	当前状态下WIFI没有开启，可以观察右下角“当前WIFI关”图标并点击该图标，使设备自动搜索网络
3	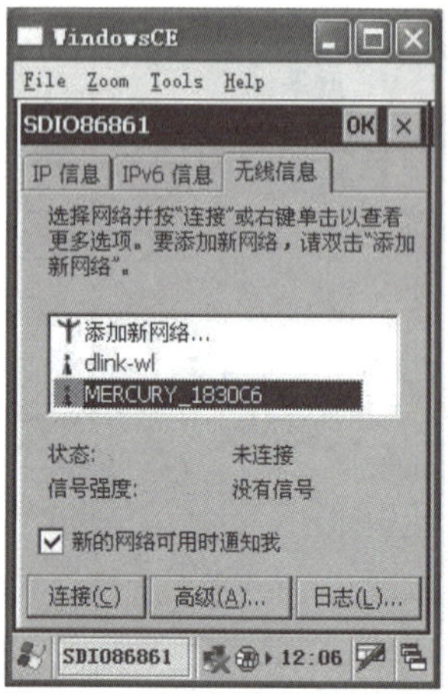 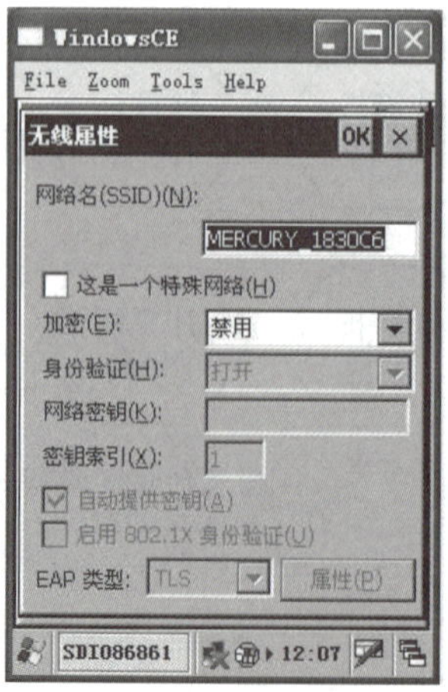	选择实训室网络“MERCURY_1830C6”，点击左下角“连接”，之后点击右上角“OK”

（续）

序号	步骤图示	步骤说明
4	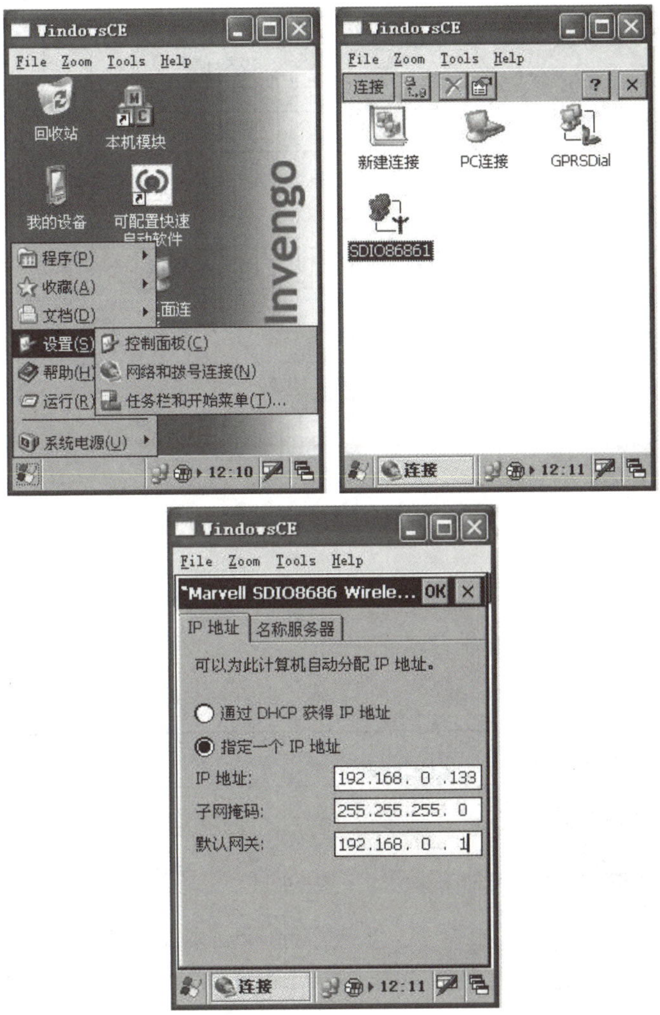	点击“开始”→“设置”→“网络和拨号连接”，双击“SDIO86861”，输入指定IP地址、子网掩码、默认网关

注意事项：在“模块控制与操作”选项中，一定要点击“当前WIFI关”按钮，确保开启无线网络搜索功能，并选择实训室正确的无线SSID名称，在配置IP时注意不要与局域网内其他计算机或设备的IP地址冲突，IP和网关地址设置在同一号段，设置到最后一步需要按“OK”键确认保存，之前设置才有效。

任务3　操作RFID实现入库检验作业

任务描述

取制作好的电子标签，模拟货物的入库检验作业流程操作。

任务准备

场地准备

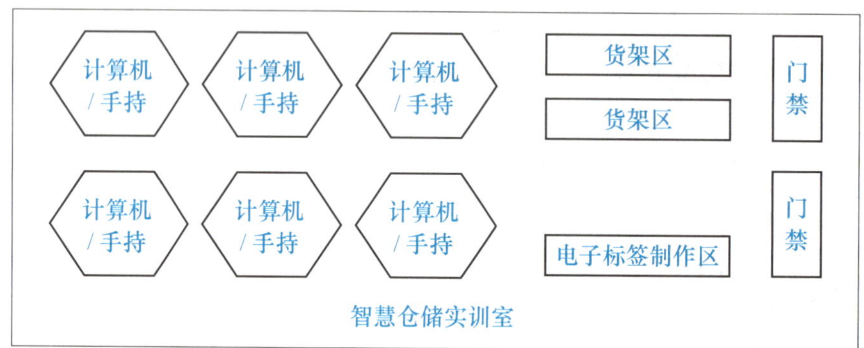

设备准备

RFID设备，电子标签，货物。

任务实施

使用RFID设备完成入库作业流程的步骤图示与说明见下表：

序号	步骤图示	步骤说明
1		点击桌面“我的设备”→“InvengoFlash”→“RF_QX_invengo”→“bin”→“Debug”→“RF_QX_invengo”，选定后点击“文件”→“发送到”→“桌面快捷方式”
2		双击“RF_QX_invengo 的快捷方式”图标，进入超市管理软件界面

（续）

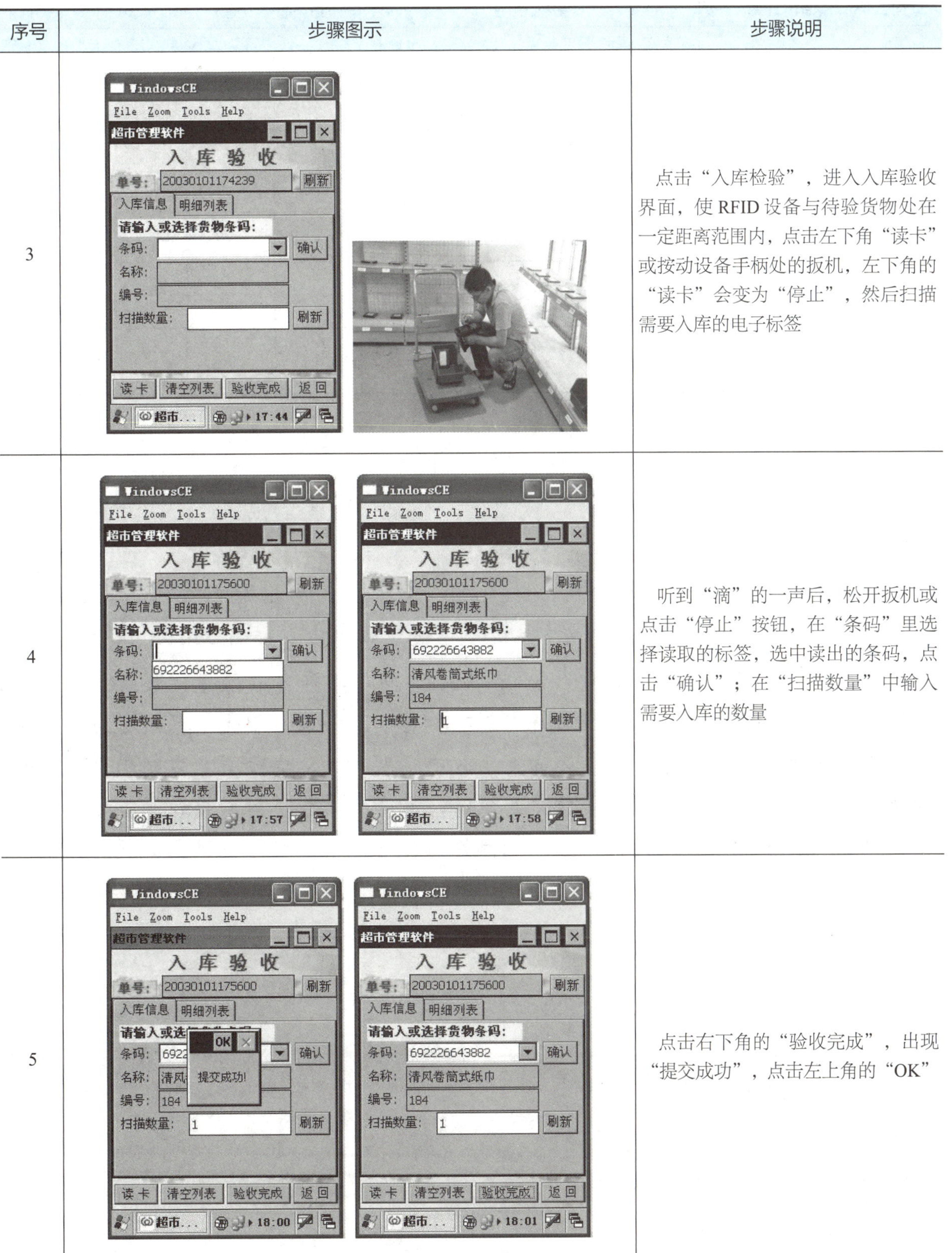

序号	步骤图示	步骤说明
3		点击“入库检验”，进入入库验收界面，使RFID设备与待验货物处在一定距离范围内，点击左下角“读卡”或按动设备手柄处的扳机，左下角的“读卡”会变为“停止”，然后扫描需要入库的电子标签
4		听到“滴”的一声后，松开扳机或点击“停止”按钮，在“条码”里选择读取的标签，选中读出的条码，点击“确认”；在“扫描数量”中输入需要入库的数量
5		点击右下角的“验收完成”，出现“提交成功”，点击左上角的“OK”

注意事项：在RFID设备读取电子标签时，尽量不要来回走动，以免读取附近不需要入库的电子标签；选择标签时一定要核对编码，防止入库信息与实际不符；入库后将标签货物放入指定库区和储位。

项目评价

序号	评价任务	要素说明	扣分分值	次数	扣分小计	得分小计
1	RFID设备操作训练包括无线局域网连接、入库检验两个环节（70分）	未按要求使用设备扫描、录入和确认信息（按出错次数计数）	2			
2		设备跌落（按发生次数计数）	2			
3		运动中操作设备，包括在操作其他设备过程中同时使用RFID设备（按发生次数计数）	2			
4		设备未归位	2			
5	7S管理（30分）	作业过程中人员、设备、设施之间发生碰撞或者人员摔倒	5			
6		置设备于无人看管的状态（按发生次数计数）	5			

注：“扣分小计”不得超过“评价任务”总分值。

总得分：

项目拓展

电子标签的使用性能影响因素

电子标签要求防护等级为IP68或以上，适宜的工作温度为–40～85℃，存储温度为–45～105℃，相对湿度为5%～95%。同时，强力的碰撞、弯曲、折断会使电子标签内部天线的结构造成破坏，影响标签读取性能；阳光下暴晒容易导致电子标签表面材料老化；电子标签表面有水分或湿度过大，会吸引电磁波导致电子标签性能下降；电子标签周围金属物体过多时，易产生信号反射，导致不能控制信号的方向，可能造成误读。因此，在电子标签的日常使用中要避免以上情况的发生，延长电子标签的使用寿命。

模块五 智能物流设备的操作与维护

项目一 分拣机器人的操作与维护

项目概述

当前，物流行业在技术创新驱动下，发生着日新月异的智慧化变革。随着高新技术的发展，物流智能水平不断提升，极大地促进了机器人在物流领域的应用，物流行业逐渐向“无人化”时代挺进。《2019—2025年中国自动分拣机器人行业市场全景调研与竞争格局分析报告》显示：物流机器人的年均增长量超20%，2018年全年市场规模将近1.9万台。而后随着京东、阿里巴巴、申通、顺丰等电商巨头和快递龙头企业对物流机器人的大幅度加码，智慧物流已成为物流行业的大势所趋。而分拣机器人作为推动智慧物流发展必不可少的重要技术装备，正借助智慧物流发展的东风，呈现勃勃生机。

分拣机器人基于对分拣流程的精准把控，在包裹分拣系统方案的应用上进行持续的探索和创新，通过高度智能化和柔性化的系统调度，最大程度来应对市场需求的快速波动。分拣频率高、连续性强、误差率低、协同性好、基本实现无人化，这些标签来自于分拣机器人在快递行业中的运用，智能物流设备已然向人类展示了其明显的工作优势。

分拣机器人的操作与维护项目包括三个任务：

任务1　布设分拣机器人工作场地

任务2　调试分拣机器人及系统

任务3　操作分拣机器人完成包裹分拣作业

项目目标

- 能够正确认识分拣机器人的工作流程和结构。
- 能够完成分拣机器人工作场地的布设。
- 能够正确操作分拣机器人完成调试和包裹分拣任务。
- 能够正确认识分拣机器人的维护和保养。

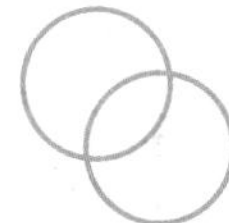

随堂记

知识准备

一、分拣机器人概述

分拣机器人是指装有自动导引装置，能够沿着计算机程序设定的路径行驶，完成对应货物的移载工作，并具有安全保护功能的短距离运输机器。一般以可充电蓄电池为其动力来源。传统分拣机器人主要以磁力线导航为主，需要在仓库地面铺设磁导线，大大增加了实施难度及成本。发展至今，新型的分拣机器人已经能够支持多种先进的导航方式，比如二维码导航、激光导航等。同时，在强大的后台系统的支持下，它们也能够适应更复杂的工作环境。

如今，很多大型快递企业都在规划和建设自动化分拣仓库，一般工作流程如下：工作人员将到达的单个快递包裹放置在分拣机器人上，分拣机器人成功领到包裹后，会头顶包裹穿过配有工业相机和电子秤等外围设备的龙门架，借助工业相机读码功能识别快递面单信息，利用电子秤对包裹进行称重。计算机系统根据包裹目的地规划出最优运行路径并发送指令给分拣机器人。机器人利用扫描器检测、提取、识别地面上的二维码，从而获得位置坐标，准确到达目标投递口。包裹被分拣机器人投递下去，经过一个滑道后会集中等待被运往下一站。这样，机器人就完成了包裹的整个分拣任务，工作流程如图5-1所示。

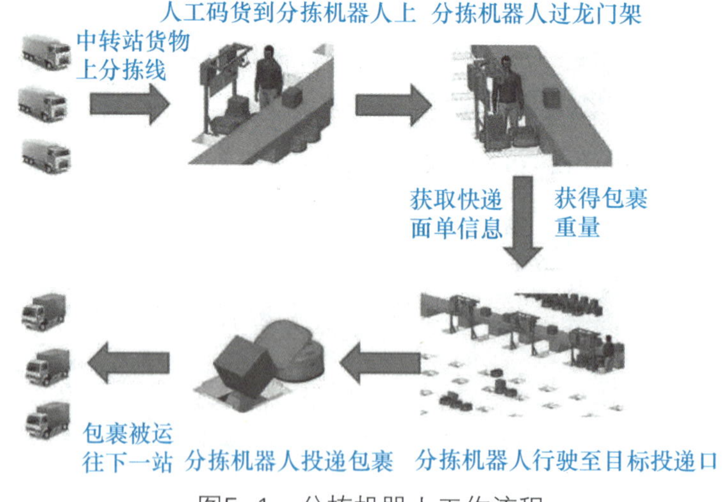

图5-1 分拣机器人工作流程

小知识5-1
垃圾分拣技术

二、分拣机器人的特点

分拣机器人体型小、转向灵活，可实现自动化操作，取代了人工走动分拣包裹的过程，提高了工作的稳定、可靠和持久性，其主要优点可概括为以下三点：

（1）能连续、大批量地分拣货物。分拣机器人不受气候、时间、劳力等的限制，可以连续工作。同时，分拣机器人在单位时间内分拣的包裹数量远超人力操作的极限，极大地提高了工作效率。

（2）分拣误差率低。分拣机器人一般采用条码扫描货物面单获取目的地信息，除非条码本身印刷错误或者条码污损缺失等，否则不会出错。

（3）分拣作业基本实现无人化。除偶尔的路径出错需要人工调整外，基本做到了全自动和无人化，最大限度地减少了人员的使用，减轻了员工的劳动强度。

三、分拣机器人的结构

分拣机器人主要由六个系统组成，分别是举升系统、导航系统、碰撞检测系统、充电系统、行驶系统和控制系统。分拣机器人外观如图5-2所示。

图5-2　分拣机器人外观

分拣机器人的主要部件及功能见表5-1。

表5-1　分拣机器人的主要部件及功能

序号	部件图示	名称及说明
1		举升系统：当分拣机器人带货到达目标投递口时，通过举升装置将货物举起，货物利用自身重力和货盘的倾斜进入滑道
2		导航系统：分拣机器人底部装有激光扫描器，可读取路面上的二维码，获得位置坐标
3		碰撞检测系统：分拣机器人的前面装有红外超声或激光传感器和碰撞杆。该系统能够检测到分拣机器人前方出现的物体，迅速反应避免发生碰撞
4		充电系统：当分拣机器人电量不足时，需前往充电站台进行充电
5		行驶系统：分拣机器人底部的两侧安装了橡胶驱动轮，其运动由两个直流电机独立控制
6		控制系统：负责分拣机器人的导引、路径选择、行走和举升等功能

分拣机器人的主要技术参数见表5-2。

表5-2 分拣机器人的主要技术参数

序号	项目	技术参数
1	定位导航	二维码光学导航
2	有效负载	30kg
3	行驶速度	0.8m/s
4	电池	60Ah，24V，有效工作 13h，寿命 7 年
5	充电	3.5 小时
6	负重	30kg，自重不大于 50kg
7	驱动方式	差速驱动
8	通信方式	无线网络
9	接口	USB 接口
10	精度	精度要求：姿态正负 1 度，位置精度正负 10mm

另外，与分拣机器人配套的计算机系统主界面如图5-3所示。当单击“启动服务”时，分拣机器人将会与计算机系统连通，再进一步得到系统发送的指令后分拣机器人便可开始按照指定路径行驶。

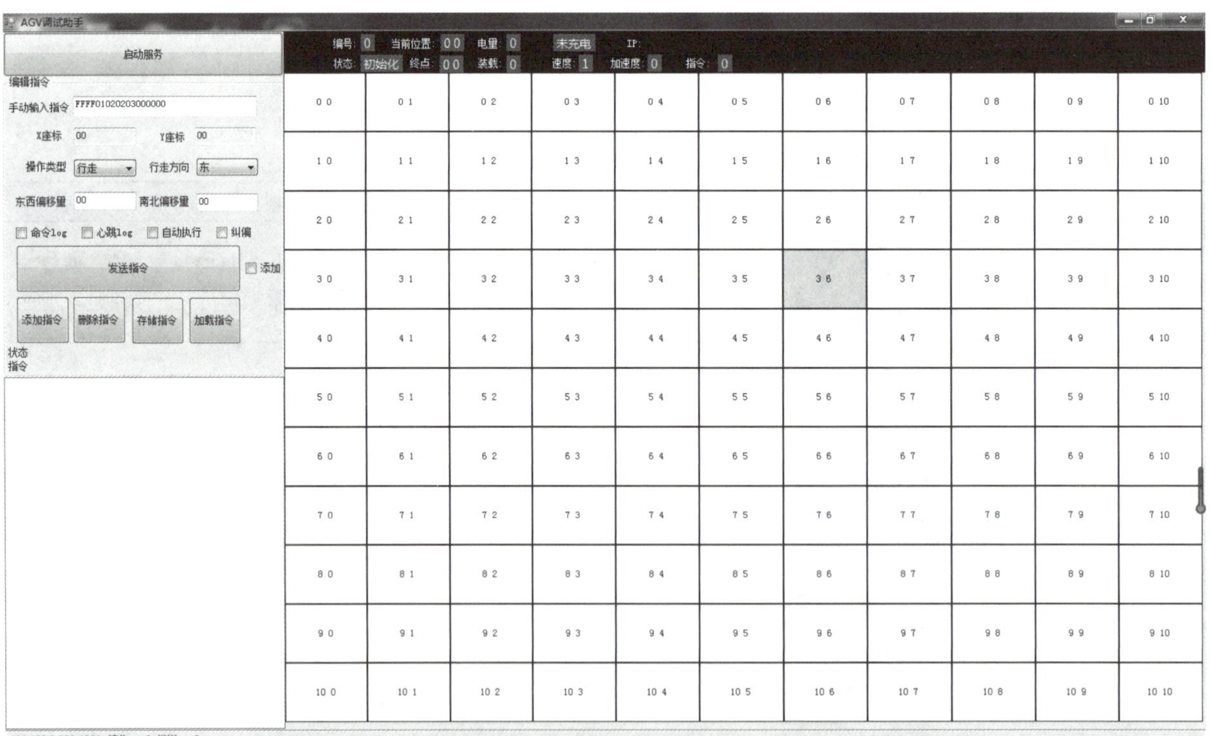

图5-3 分拣机器人计算机系统主界面

四、二维码的运用

在行驶过程中，分拣机器人利用激光扫描器检测、提取、识别地面上的二维码，从而获得位置坐标。二维码作为方位指向的媒介发挥着极其重要的作用，它是由按一定规律分布在平面（二维方向）上的黑白相间的图形来记录数据符号信息的简单几何图形。这里用到的二维码中间有四位数字，这串数字即为两条网格线交点所处的坐标信息。以图5-4为例，此二维码代表的坐标信息为（1，6）：X轴为1，Y轴为6。二维码粘贴到地面上有严格要求，所有二维码需统一朝向，且同一横向或纵向上的二维码中心点需严格保持在同一直线上，否则容易造成分拣机器人在行驶过程中出现偏差，导致无法正常工作。

图5-4　工作场地中的二维码

另外，因为场地限制，本书中涉及的机器人工作场地没有配备龙门架和工业相机，所以需要人工查看包裹目的地信息和人工称重，并通过人工在系统中设置路径。同时，在投递口也没有配备相应滑道，所以包裹只能被投递在相应目的地的地面区块上。

随堂记

任务1　布设分拣机器人工作场地

任务描述

按照操作步骤及实训标准，各小组在指定的网格线上粘贴二维码，在投递口位置粘贴目的地名牌。

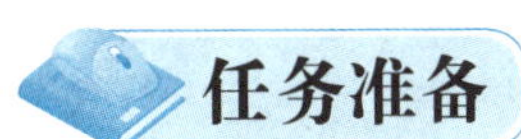

任务准备

场地准备

码货区
起点坐标：0，0
Y轴
投递口1
投递口2
投递口3
X轴

设备准备

二维码，目的地名牌。

任务实施

分拣机器人工作场地布设的步骤图示及说明见下表：

序号	步骤图示	步骤说明
1		选择地表有网格线的平整地面或在地面上绘制网格线，认真清洁网格线交点处
2		将二维码标签的中心对准网格线交点中心，并粘贴到地面上，依次粘贴好多个坐标的二维码
3		将目的地名牌依次粘贴到相应投递口，例如： 投递口1：上海 投递口2：广州 投递口3：北京
4		检查二维码和目的地名牌是否粘贴正确，并清扫场地

注意事项：在操作过程中，不要踩踏弄脏二维码；粘贴二维码时不要起皱，不要歪斜。

任务2 调试分拣机器人及系统

任务描述

各小组成员依次按照操作步骤及实训标准，完成分拣机器人及系统的调试。

任务准备

场地准备

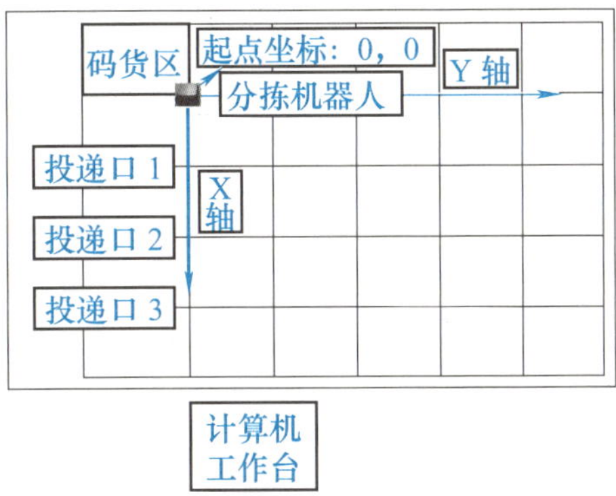

设备准备

分拣机器人，计算机。

任务实施

调试分拣机器人及系统的步骤图示与说明见下表：

序号	步骤图示	步骤说明
1		将分拣机器人停放到起点坐标位置，按下电源键，听到“滴滴”两声后说明分拣机器人已正常开启
2		打开计算机系统，单击“启动服务”，当“状态”显示为“停址”、左下方“接收”有数字信号时，说明分拣机器人已成功连接到系统。图中灰格子即为小车目前所在起点坐标（0，0）

（续）

序号	步骤图示	步骤说明
3	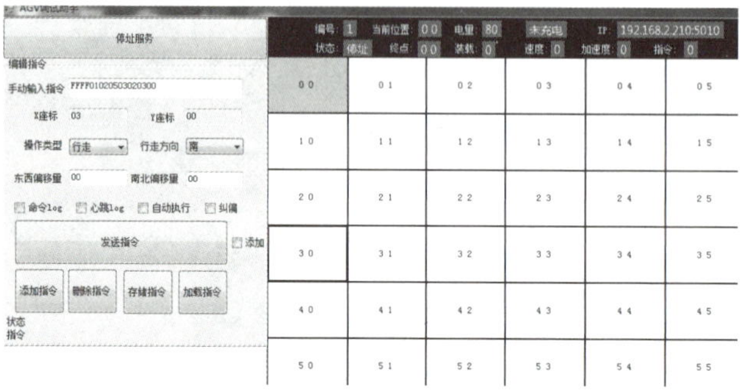 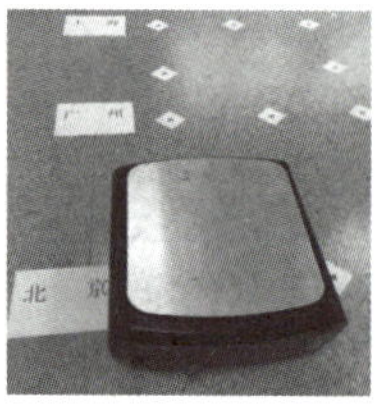	系统中“操作类型”选择“行走”，并在网格区域内单击选择坐标为（3，0）的格子（投递口为北京），然后单击“发送指令”，分拣机器人接收指令并按照指定路径行驶
4	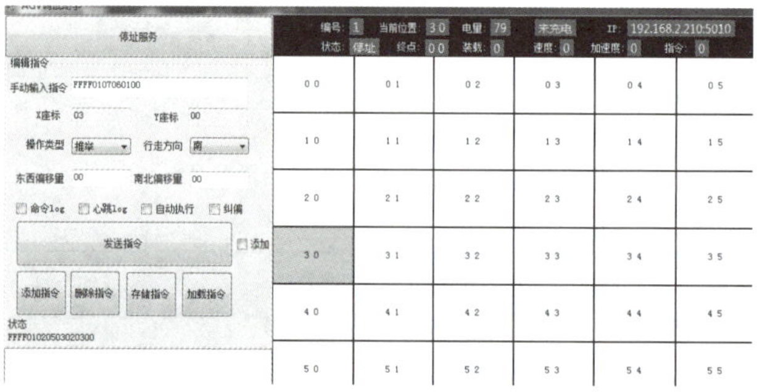 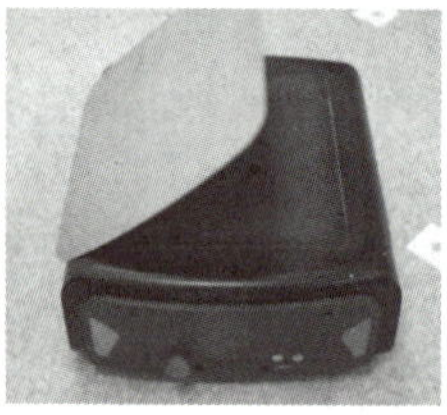	图中灰色格子即为分拣机器人目前所在坐标（3，0），即投递口为北京。系统中“操作类型”选择“推举”，单击“发送指令”，分拣机器人接收指令并完成推举动作
5	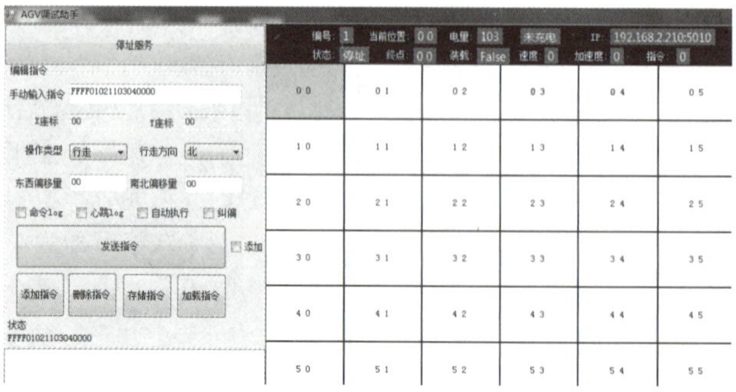	系统中“操作类型”选择“行走”，并在网格区域内单击选择坐标为（0，0）的格子，然后单击“发送指令”，分拣机器人接收指令并按照指定路径返回到起点位置

注意事项：分拣机器人行驶前需头朝前进方向，不可在前方放置物品，否则会影响分拣机器人的正常行驶。

任务3　操作分拣机器人完成包裹分拣作业

任务描述

各小组取包裹，按照操作步骤及实训标准，使用分拣机器人依次将包裹运送并投递到相应的投递口。

任务准备

场地准备

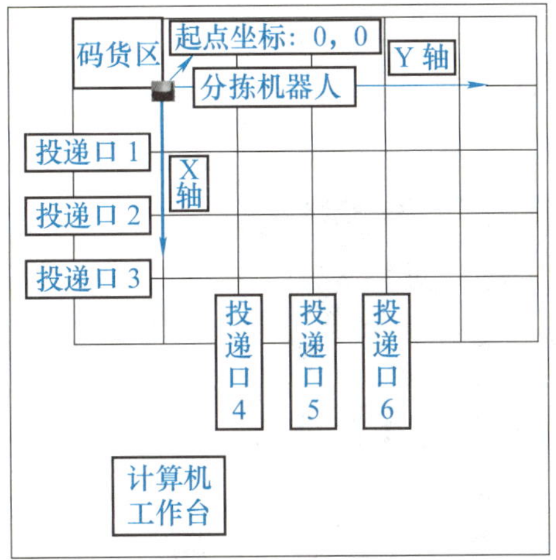

设备准备

分拣机器人，计算机，包裹，电子秤。

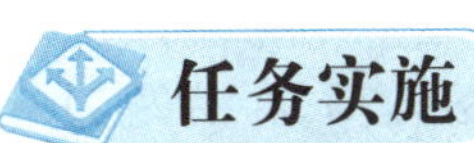

任务实施

使用分拣机器人完成包裹分拣作业的步骤图示与说明见下表：

序号	步骤图示	步骤说明
1		利用电子秤对 2 个包裹进行称重，确认重量在分拣机器人的负重范围内。查看并记录 2 张快递面单的目的地信息（北京、重庆）

（续）

序号	步骤图示	步骤说明
2	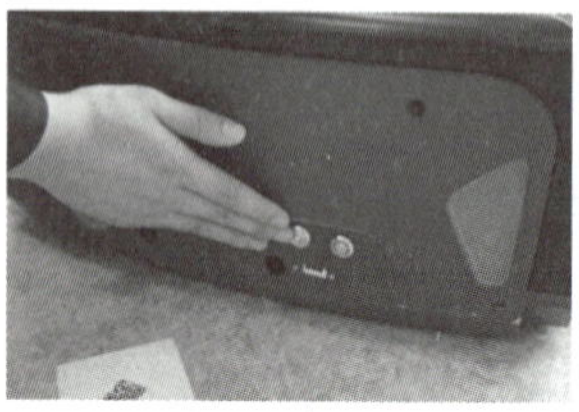 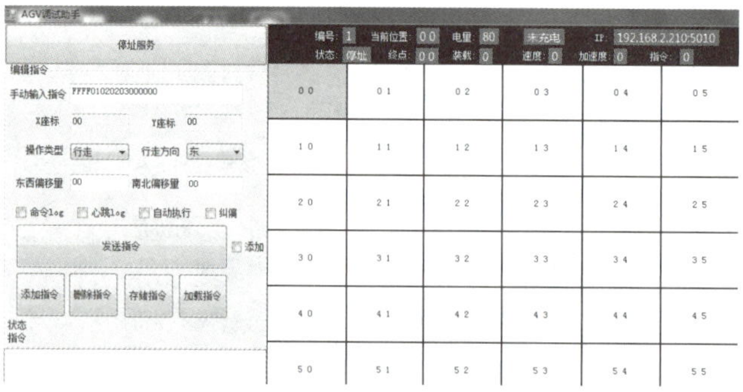	按照任务2中的步骤，开启分拣机器人和计算机系统，单击“启动服务”，完成分拣机器人和计算机系统的连接
3		将第一个包裹码放在分拣机器人的中央位置
4	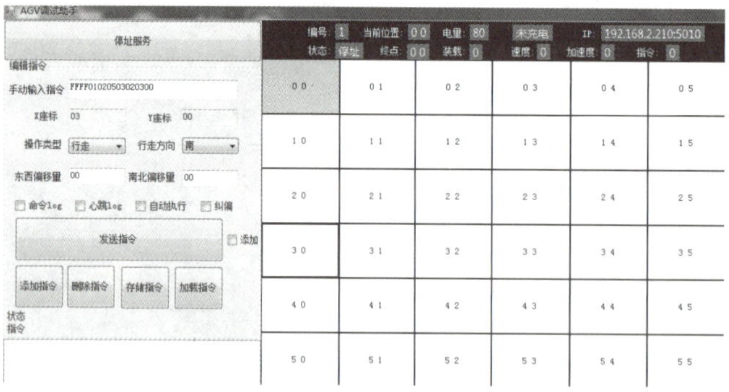 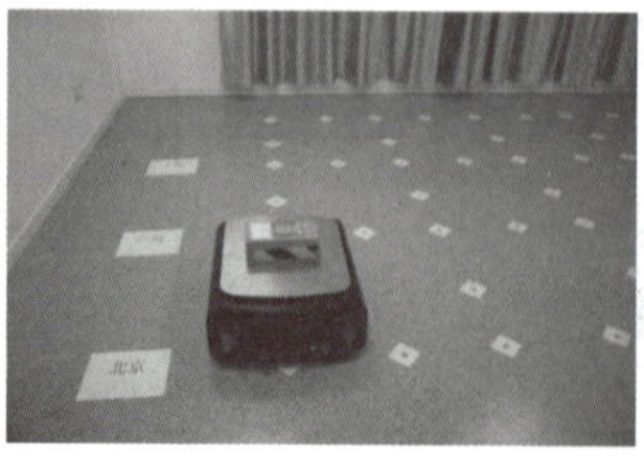	系统中“操作类型”选择“行走”，并在网格区域内单击选择坐标为（3，0）的格子（投递口为北京），然后单击“发送指令”，分拣机器人接收指令并按照指定路径行驶

（续）

序号	步骤图示	步骤说明
5	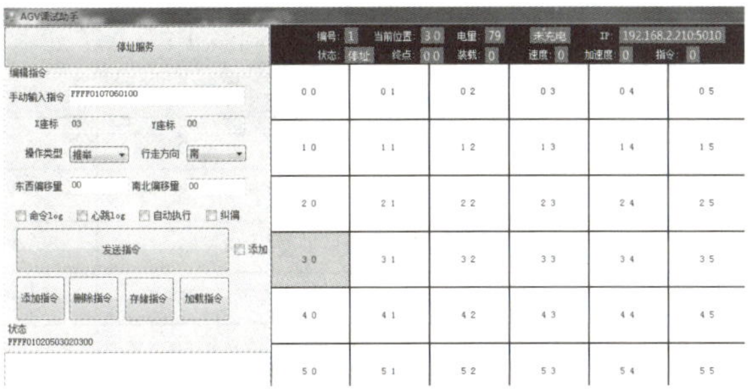 	图中灰色格子即为分拣机器人目前所在坐标（3，0）。系统中“操作类型”选择“推举”，单击“发送指令”，分拣机器人接收指令并完成推举动作，包裹被卸到相应的投递口中（北京）
6	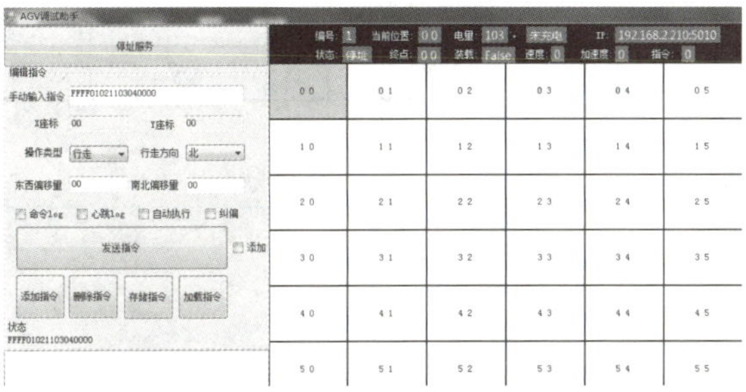	系统中“操作类型”选择“行走”，并在网格区域内单击选择坐标为（0，0）的格子，然后单击“发送指令”，分拣机器人接收指令并按照指定路径返回到起点位置
7	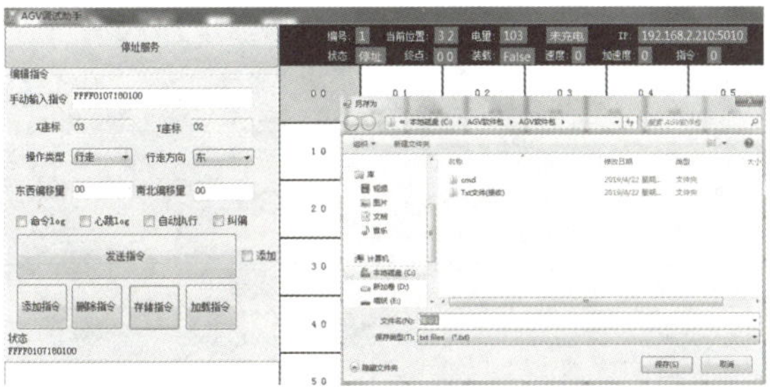	按照上述步骤完成第二个包裹的分拣工作，包裹被卸到相应投递口中（重庆）并返回起点。单击系统中的“存储指令”，将刚才多个系统指令存储到计算机的本地文件夹中
8	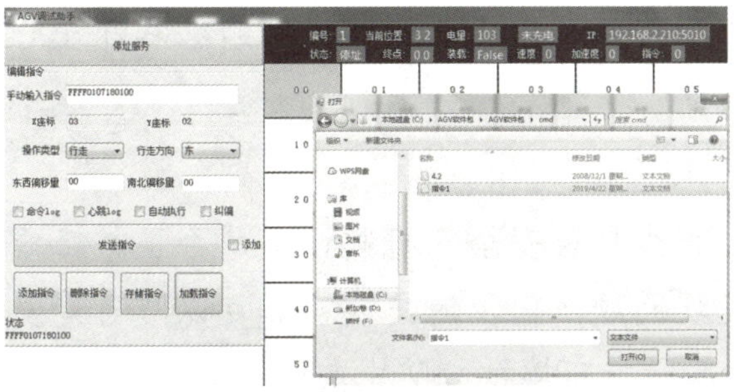	单击“加载指令”，选择上一步中保存路径的文件名，在“自动执行”上打钩后，分拣机器人将按照保存的路径循环执行分拣作业
9	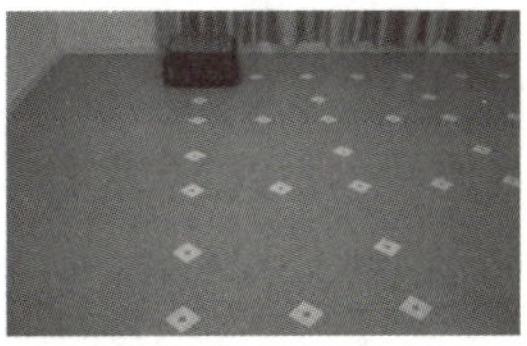	完成分拣工作后，关闭计算机，断开分拣机器人的电源，并将分拣机器人放置到指定位置

注意事项：包裹需码放在分拣机器人的中央位置，且需均匀分布；全部操作完成后，需及时查看分拣机器人的电量，电量低时要进行充电。

项目评价

序号	评价任务	要素说明	扣分分值	扣分小计	得分小计
1	分拣机器人的操作，包括场地布设、调试和分拣任务的执行（75分）	二维码粘贴是否正确	10		
2		目的地名牌粘贴是否正确	5		
3		分拣机器人与计算机系统的连接是否正确	5		
4		包裹称重是否正确	5		
5		目的地信息获取是否正确	5		
6		包裹码放是否正确	5		
7		行走路径指令设置是否正确	10		
8		举升动作指令设置是否正确	10		
9		返回路径指令设置是否正确	5		
10		多个指令存储操作是否正确	5		
11		加载指令的自动执行是否正确	10		
12	7S管理（25分）	作业过程中人员、设备、设施之间发生碰撞或者人员受伤	20		
13		未按规定将设备放置到指定位置	5		

注：“扣分小计”不得超过“评价任务”总分值。

总得分：

小视频5-1
操作机器人小车完成分拣

项目拓展

分拣机器人的维护与保养

分拣机器人作为一种新型技术产品，除了要按照正确的方式操作和使用外，日常的维护保养和检查也是至关重要的。

1. 定期检查和清洁设备

定期检查各部件是否完好，布线是否安全，机载设备是否正常工作。特别是激光扫描器、碰撞杆、轮子等，若发现问题，需及时更换或修复以防意外发生。同时，要对设备进行定期清洁，使用柔软的干抹布擦拭，防止灰尘积聚。

2. 锂电池的保养

锂电池过度放电会造成不可逆的容量损失，所以当电量过低时需要马上充电，并使用正规匹配的锂电池充电器给电池充电。每隔一段时间可以进行一次深充深放以修正电池的电量统计。长期不使用分拣机器人时，应将设备置于阴凉的地方，且需充入一定的电量，以防在贮存中放电过量导致损坏。

项目二

无人机投递设备的操作与维护

项目概述

2020年至今，在这场疫情防控阻击战中，无人机发挥了重要的作用。疫情防范宣传、远程无感测温、防护物资投递、交通治安管理、企业生产复工等方面，无人机用“小小的身躯”展示了它“大大的能量”。无人机是一种通过远程指令实现无人驾驶的空中飞行器，从最初在军事领域的运用到现在在物流行业的兴起，无人机正逐步渗透到大众的生活中。目前，无人机在物流行业主要用于包裹货物的投递，随着高新技术的迅速发展，无人机投递设备孕育而生。但这种“无人”技术并不是指完全没有人操控或者监控，无人机投递设备的飞行还是需要人工进行前期程序的设定以及远程的适当干预。国家邮政局发布的《无人机快递投递服务规范》已于2021年1月1日正式施行。该标准对无人机快递投递服务的服务主体、服务条件、服务流程、服务评价、服务安全和服务赔偿等做了明确规定，为邮政快递企业未来从事无人机投递服务提供了标准借鉴。

无人机投递设备的操作与维护项目包括三个任务:

任务1　飞行前检查、安装与调试

任务2　设置飞行路径

任务3　操作无人机运送包裹货物

项目目标

- 能够正确认识无人机投递设备的概念及类型。
- 能够正确阐述旋翼无人机投递设备的主要部件及功能。
- 能够规范检查、安装和调试无人机投递设备，设置飞行路径并操作无人机完成试飞行，操作无人机投递设备将包裹货物安全送达目的地。
- 能够正确认识无人机投递设备的维护与保养。

知识准备

一、无人机投递设备概述

无人机投递设备是指接受远程指令，利用自备的程序控制装置操纵飞行，将包裹货物自主投递至目的地，且可适当人为调整飞行的无人驾驶飞行器。

整个投递过程的飞行受地形影响较少，且不受交通状况限制，能节省大量的时间成本。特别是在急件的派送中使用无人机来进行投递，可以有效解决因堵车或交通管制等情况造成的无法及时送达的问题。无人机投递的缺点在于受恶劣天气影响较大，且在飞行过程中可能会遇到人为破坏等。

小知识5-2
我国无人机产业概况

二、无人机投递设备的类型

国内外无人机相关技术飞速发展，无人机系统种类繁多，用途广且特点鲜明，致使其在尺寸、质量、航程、航时、飞行高度、飞行速度等多个方面存在较大差异。无人机按不同方式可分为：

（1）按结构分类可分为固定翼无人机、旋翼无人机、无人飞艇、伞翼无人机、扑翼无人机等。

（2）按用途分类可分为军用无人机和民用无人机。

（3）按尺寸分类可分为微型无人机、小型无人机以及大型无人机。

（4）按活动半径分类可分为超近程无人机、近程无人机、短程无人机、中程无人机和远程无人机。

三、常见旋翼无人机投递设备的主要结构

从使用情况来看，物流企业一般选择使用旋翼无人机投递设备，包括四旋翼、六旋翼和八旋翼无人机等类型，最常见的为四旋翼无人机。旋翼无人机是利用旋翼转动产生升力的飞行器，具有垂直起降、空中悬停、低空飞行和原地回转等飞行技能。可搭载各种专业设备仪器，承担和完成包裹货物的运输投递工作。本书主要以四旋翼无人机投递设备为例进行讲述，其主要结构如图5-5所示。

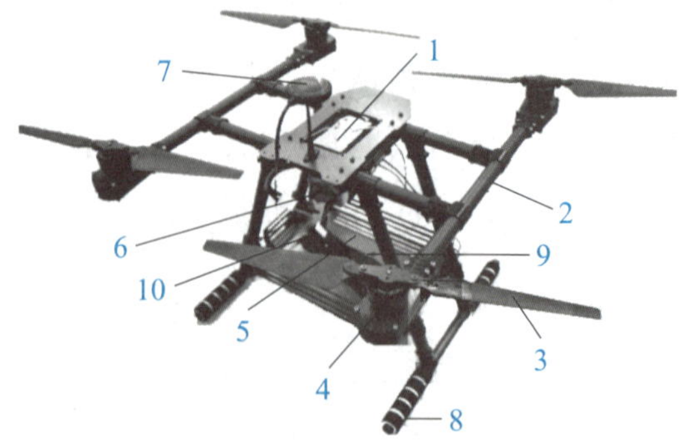

图5-5 四旋翼无人机投递设备的主要结构

1—飞行控制器 2—机架 3—桨翼 4—电机 5—载物台
6—电池 7—GPS定位 8—减振垫 9—绑带 10—电压检测器

旋翼无人机投递设备的主要部件见表5-3。

表5-3 旋翼无人机投递设备的主要部件

序号	部件图示	名称及说明
1	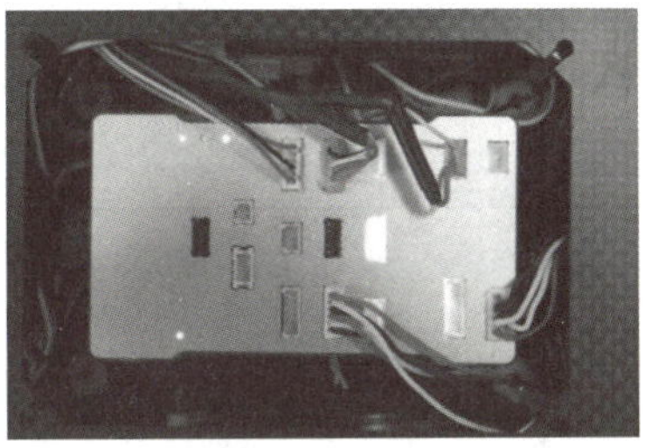	飞行控制器：控制无人机投递设备完成任务
2		机架：承载无人机投递设备各部件，并起到平衡飞行的作用
3		桨翼：在空气中旋转，将电机动能转化为飞行起升的动力
4	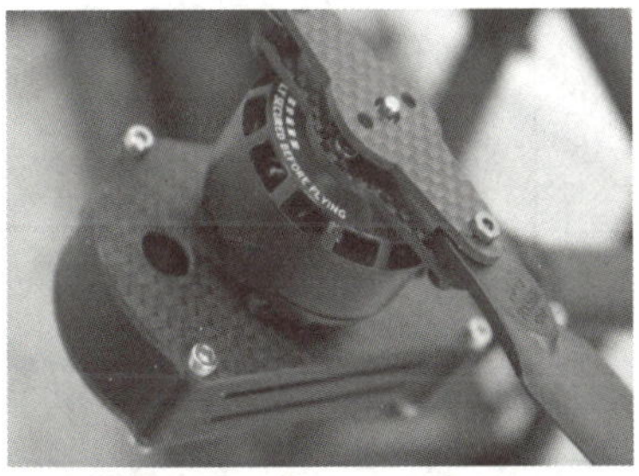	电机：电机自身转动带动桨翼的旋转
5	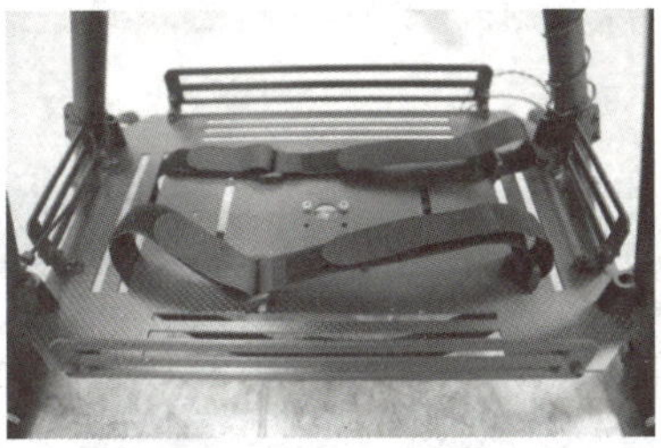	载物台：可放置包裹货物

（续）

序号	部件图示	名称及说明
6		电池：为无人机投递设备供电
7		GPS 定位：全球卫星定位系统，为无人机投递设备提供准确的定位
8		减振垫：降落时，减少机架与地面的直接碰撞，起到缓冲保护作用
9		绑带：通过长短的调整，固定电池和需要投递的包裹货物
10		电压检测器：在电池电量不足时会发出嘀嘀声以示警报

与无人机投递设备衔接的远程控制系统需安装在计算机上，其主界面相关功能如图5-6所示。

图5-6 无人机投递设备远程控制系统主界面功能

（1）飞行数据：主要用于获取无人机在飞行过程中的数据信息。

（2）飞行计划：主要用于设置无人机飞行路径。

（3）初始配置：主要用于进行无人机飞行前的校正。

（4）配置/调试：查看无人机的配置以及进行相关调试。

（5）模拟：可以在实际飞行前进行模拟训练。

为了进行人为的干预从而防止突发状况的发生，无人机还配备了手动遥控器，其主要控制部件如图5-7所示。

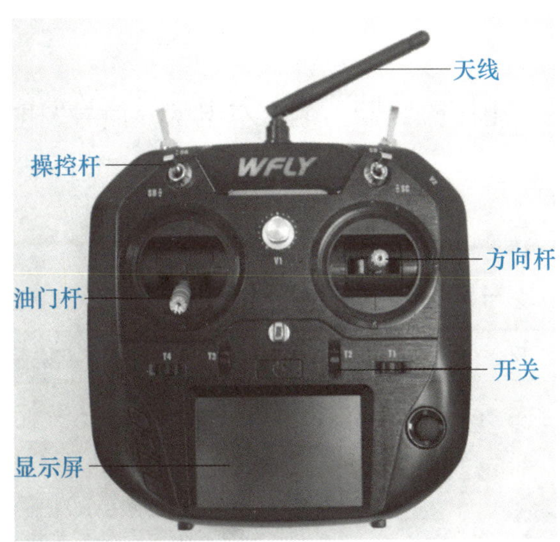

图5-7　手动遥控器的主要控制部件

四、安全飞行

影响无人机飞行的气象环境主要包括：风速、雨雪、大雾、空气密度、大气温度等。无人机的建议飞行风速在4级（5.5～7.9m/s）以下。大多数无人机设备无防水功能，所以雨雪天气可能会造成飞行器电子电路部分的短路或漏电；其次，机械结构部分零件为金属材料，进水后会腐蚀或生锈，影响无人机正常使用。另外，飞行前需注意观察飞行区周边电磁干扰源情况；尽量避免在人群稠密或闹市区飞行；注意地面相对环境的变化，起飞和降落时，应特别注意周边人群或者动物的位置。

任务1　飞行前检查、安装与调试

任务描述

各小组取旋翼无人机投递设备，按照操作步骤及实训标准，进行无人

随堂记

机投递设备的检查、安装与调试。小组成员依次进行递进式反复练习，直至掌握操作流程和技巧。

任务准备

场地准备

空旷的户外场地。

设备准备

旋翼无人机投递设备，电池，电压检测器，笔记本电脑，信号发射器，遥控器。

任务实施

无人机投递设备的检查、安装与调试步骤图示及说明见下表：

序号	步骤图示	步骤说明
1		将无人机投递设备放置于平稳区域，依次打开八个桨翼，仔细检查桨翼是否完好
2		拔出 GPS 定位杆并再次插入，确认定位杆插入到位
3		双手紧握电池，慢慢将电池插入到安装槽中，调整绑带的松紧来固定电池位置
4		将电池的接头与无人机电源接口进行连接。此时，飞行控制器上的绿灯开始闪烁。无人机自检（大约 5s），自检过程中不得移动或摇动无人机

（续）

序号	步骤图示	步骤说明
5	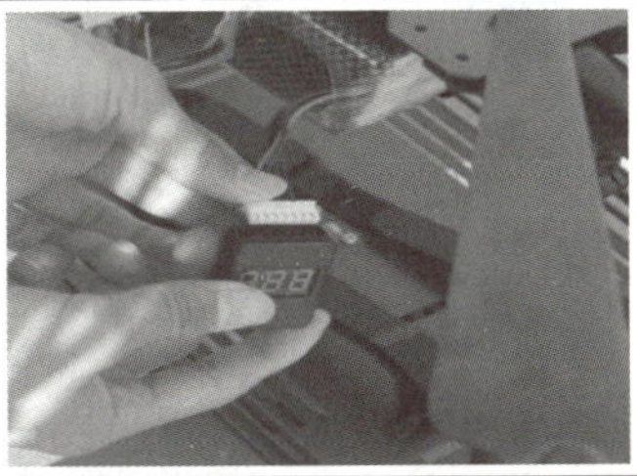	将电压检测器与无人机进行连接，检测电量是否充足
6	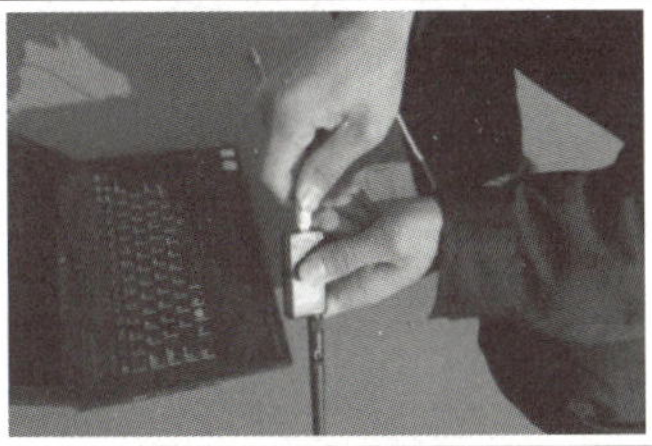	将信号发射器连接到笔记本电脑上，使无人机投递设备与计算机操作系统进行连接
7	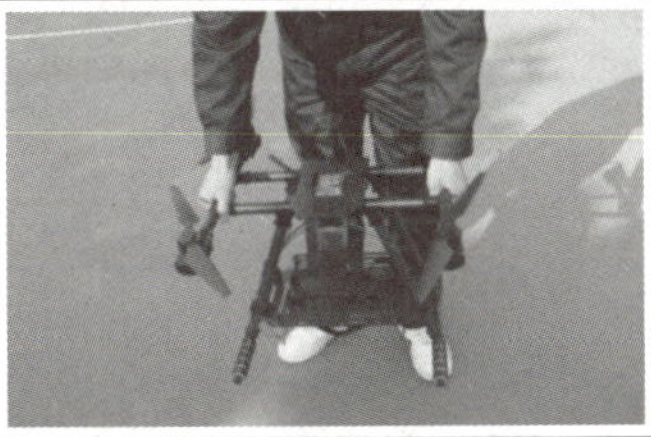	双手拿起机架，环顾无人机投递设备并进行整体检查
8	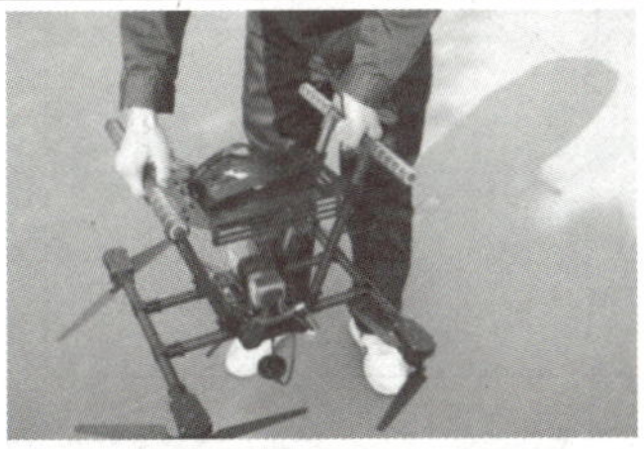 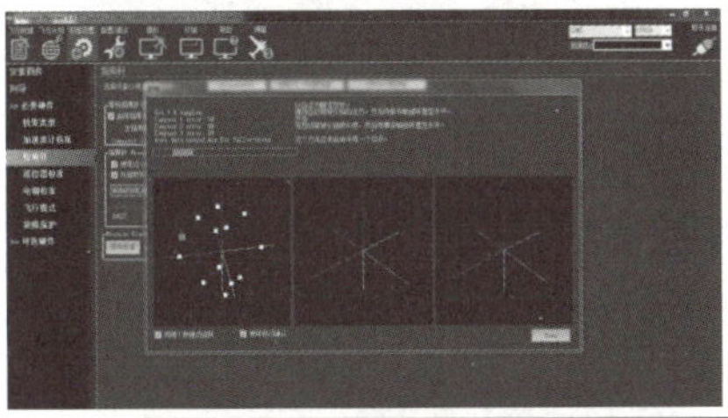	从六面（上下、前后、左右）来转动无人机投递设备，连通计算机系统自动进行无人机方向定位的感知与确认
9	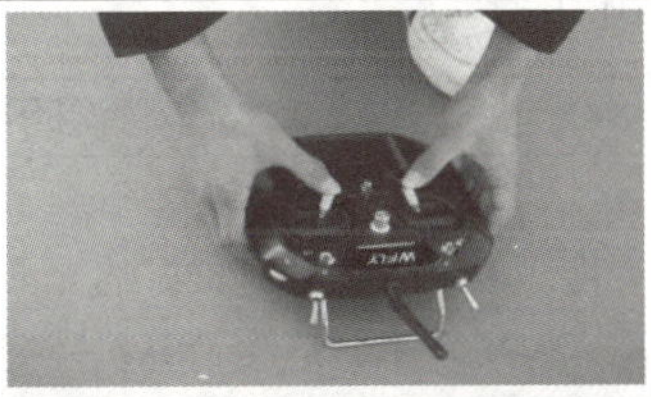 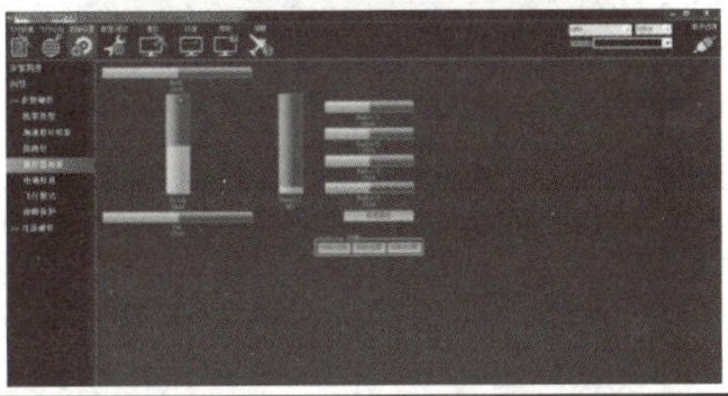	打开遥控器，上下左右转动遥控器上的操控杆、油门杆和方向杆，连通计算机系统自动进行遥控器的校准

注意事项：在操作过程中，操作人员的手要保持干燥；安装和检查部件时，不要碰撞到桨翼；各部件的连接一定要牢固，避免无人机进行大幅度动作时松动或掉落；抬起机身时，双手要握紧；确保遥控器各开关与操控杆放置位置均处于初始位置后，方可打开遥控器。

任务 2　设置飞行路径

任务描述

各小组取旋翼无人机投递设备，按照操作步骤及实训标准，设置一次转角飞行路径并完成试飞。小组成员依次进行反复练习，直至掌握操作流程和技巧。

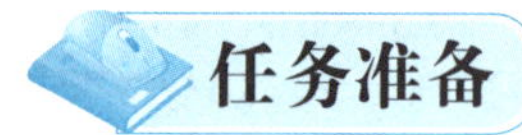

任务准备

场地准备

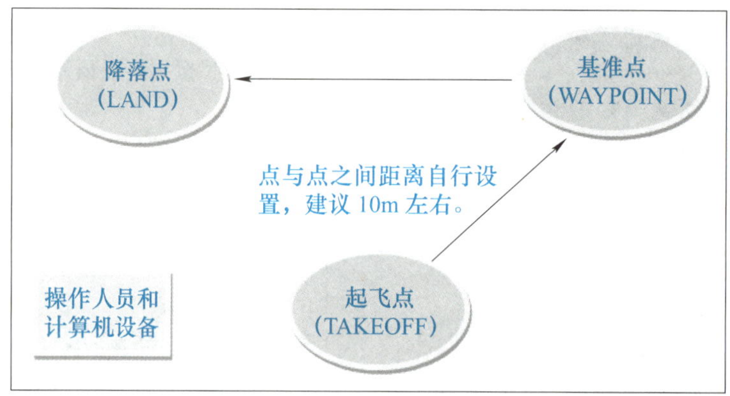

设备准备

安装调试好的旋翼无人机投递设备，遥控器，信号发射器，笔记本电脑，停机坪。

任务实施

设置飞行路径并进行试飞的步骤图示与说明见下表：

序号	步骤图示	步骤说明
1		将任务 1 中安装调试好的无人机投递设备放置于起飞点停机坪上，连接计算机系统，获取当前位置的定位信息，并用经纬度在系统上标明（保留至少 6 位小数），即起飞点
2		将无人机投递设备放置于路线上的转角处，在计算机系统中获取当前位置的定位信息，并用经纬度在系统上标明（保留至少 6 位小数），即基准点

（续）

序号	步骤图示	步骤说明
3		将无人机投递设备放置于降落点停机坪上，在计算机系统中获取当前位置的定位信息，并用经纬度在系统上标明（保留至少6位小数），即降落点
4		在计算机系统中得到飞行路径的示意图，并设置飞行高度为15m
5		将遥控器上的油门杆拨到右下角保持3s，成功完成遥控器与无人机的远程衔接
6		将遥控器上的操控杆拨到下方，成功连通遥控器与无人机的GPS定位
7		轻推遥控器上的油门杆，让无人机缓缓向上飞起，待离地后，无人机自动根据系统设定路径完成飞行

注意事项：在操作过程中，操作人员要与无人机投递设备保持一定的安全距离，防止安全事故的发生；附近有高层建筑、高压线、发射塔、树木、人群等时，飞行时要避免接近，保持30m安全距离和25m安全高度。

随堂记

小视频5-2
设置飞行路径

任务3　操作无人机运送包裹货物

任务描述

各小组取旋翼无人机投递设备，按照操作步骤及实训标准，操作无人机承载包裹货物以设定好的路径飞行并完成投递。小组成员依次进行反复练习，直至掌握操作流程和技巧。

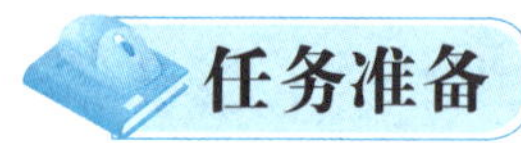

任务准备

场地准备

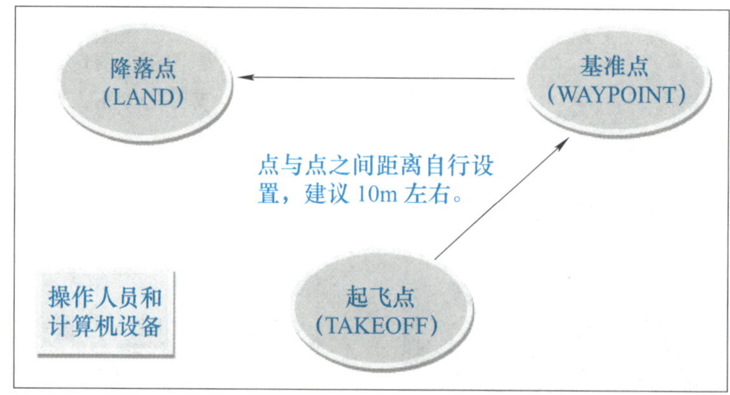

设备准备

安装调试好的旋翼无人机投递设备，遥控器，信号发射器，笔记本电脑，停机坪，包裹货物。

任务实施

操作无人机投递设备运送包裹货物至指定地点操作步骤图示与说明见下表：

序号	步骤图示	步骤说明
1		取包裹货物放置于载物台上，调节绑带长度使包裹牢牢固定

（续）

序号	步骤图示	步骤说明
2		按照任务 2 中的步骤，完成遥控器与无人机的远程衔接，并连通 GPS 定位
3		轻推遥控器上的油门杆，让无人机缓缓向上飞起，按照设定路径飞行至目的地
4		包裹货物安全降落到目的地
5		收件人打开绑带，拿取包裹
6		断开无人机和遥控器的电源，拆下电池、电压检测器、信号发射器等部件；退出计算机系统，关闭计算机；将所有设备和部件放置到指定位置

注意事项：在操作过程中，操作人员要与无人机投递设备保持一定的安全距离，防止安全事故的发生；在所有桨翼停止转动后，收件人方可拿取包裹。

随堂记

小视频5-3
操作无人机运送包裹货物

项目评价

序号	评价任务	要素说明	扣分分值	扣分小计	得分小计
1	无人机投递设备的操作，包括检查、安装、调试、路径设置、试飞行和运送包裹至指定地点（75 分）	桨翼的打开和检查是否正确	5		
2		GPS 定位杆检查是否正确	2		
3		电池安装是否正确	5		
4		电压检测器安装是否正确	2		
5		信号发射器安装是否正确	2		
6		无人机方向定位的调试是否正确	10		
7		遥控器校正是否正确	5		
8		飞行路径中起飞点、基准点和降落点的设置是否正确	10		
9		遥控器与无人机的远程衔接操作是否正确	2		
10		遥控器与无人机的 GPS 定位是否成功连通	2		
11		无人机投递设备试飞行是否成功（安全着陆在降落点）	10		
12		包裹货物的放置是否操作正确	5		
13		无人机投递设备运送包裹是否成功（安全降落在目的地）	10		
14		收件人拿取货物的操作是否正确	5		
15	7S 管理（25 分）	作业过程中人员、设备、设施之间发生碰撞或者人员受伤	20		
16		未按规定将设备或部件放置到指定位置	5		

注：“扣分小计”不得超过“评价任务”总分值。

总得分：

项目拓展

无人机投递设备的维护与保养

无人机投递设备作为一种高新技术产品，除了要按照正确的方式操作和使用外，日常的维护保养和检查也是至关重要的。

1. 定期检查和清理设备及部件

无人机飞行时间长、环境变化大，尤其是连接部分，由于经常拆装和震动冲击，容易发生老化损坏，所以需要定期检查各部件是否完好，连接是否牢固，布线是否安全，机载设备是否正常工作。若发现问题，需及时更换或修复以防意外发生。同时，要对设备和部件进行定期清理，用柔软的干抹布擦拭表面。

2. 锂电池保养

锂电池过度放电会造成不可逆的容量损失，所以当检测器提醒电量低时需要马上充电；使用正规匹配的锂电池充电器给电池充电；刚充好的锂电池需要搁置半个小时，等带电性能稳定后再使用；每隔一段时间可以进行一次深充深放以修正电池的电量统计；长期不使用的电池，应放在阴凉处，且需充入一定的电量以防在贮存中放电过量导致损坏；无人机不使用时，务必将电池取出。

参考文献

[1] 蓝仁昌．仓储作业实训[M]．北京：高等教育出版社，2007.

[2] 潘炎建．物流综合实训[M]．北京：高等教育出版社，2013.

[3] 庞明．物联网条码技术与射频识别技术[M]．北京：中国物资出版社，2010.

[4] 冯国苓，任岳华．物流设施与设备[M]．2版．大连：大连理工大学出版社，2014.

[5] 商磊．仓储作业实务[M]．北京：机械工业出版社，2015.